HERMES

在古希腊神话中,赫耳墨斯是宙斯和迈亚的儿子,奥林波斯神们的信使,道路与边界之神,睡眠与梦想之神,亡灵的引导者,演说者、商人、小偷、旅者和牧人的保护神……

西方传统 经典与解释
Classici et Commentarii
HERMES

启蒙研究丛编

刘小枫 ● 主编

增订本

论古人的智慧
Of the Wisdom of the Ancients

［英］培根 Francis Bacon ● 著

刘小枫 ● 编
李春长 ● 译

华夏出版社

古典教育基金·"资龙"资助项目

"启蒙研究丛编"出版说明

如今我们生活在两种对立的传统之中，一种是有三千年历史的古典传统，一种是反古典传统的现代启蒙传统。这个反传统的传统在西方已经有五百多年历史，在中国也有一百年历史。显然，这个新传统占据着当今文化的主流。

近代以来，中国突然遭遇西方强势国家夹持启蒙文明所施加的巨大压迫，史称"三千未有之大变局"。一百年前的《新青年》吹响了中国的启蒙运动号角，以中国的启蒙抗争西方的启蒙。一百年后的今天，历史悠久的文明中国焕然一新，但古典传统并未因此而荡然无存。全盘否定"五四"新文化运动以来的反传统的传统，无异于否定百年来无数中国志士仁人为中国文明争取独立自主而付出的心血和生命。如今，我们生活在反传统的新传统之中，既要继承中国式的启蒙传统精神，也要反省西方启蒙传统所隐含的偏颇。如果中国的启蒙运动与西方的启蒙运动出于截然不同的生存理由，那么中国的启蒙理应具有不同于西方启蒙的精神品质。

百年来，我国学界译介了无以计数的西方启蒙文化的文史作品，迄今仍在不断增进，但我们从未以审视的目光来看待西方的启蒙文化传统。如果要更为自觉地继承争取中国文明独立自主的中国式启蒙精神，避免复制西方启蒙文化传统已经呈现出来的显而易见的流弊，那么，我们有必要从头开始认识西方启蒙传统的来龙去脉，以便更好地取其精华、去其糟粕。事实上，西方的启蒙传统在其形成过程中也同时形成了一种反启蒙的传统。深入认识西方的启蒙与反启蒙之争，对于赓续清末以来我国学界理解西方文明的未竟之业，无疑具有重大的现实意义和历史意义。

　　本丛编以译介西方的启蒙与反启蒙文史要籍为主，亦选译西方学界研究启蒙文化的晚近成果，为我国学界拓展文史视域、澄清自我意识尽绵薄之力。

古典文明研究工作坊
西方经典编译部丁组
2017 年 7 月

目　录

增订版说明（刘小枫） ……………………………………… 1
编者前言（刘小枫） ……………………………………… 1

论古人的智慧 ……………………………………… 1
前言 ……………………………………………………… 4
一　卡珊德拉或实话实说 ……………………………… 9
二　堤丰或造反者 ……………………………………… 11
三　赛克罗波斯或残酷大臣 …………………………… 13
四　那喀索斯或自恋 …………………………………… 15
五　司提克斯或协定 …………………………………… 17
六　潘或自然 …………………………………………… 19
七　珀修斯或战争 ……………………………………… 26
八　恩底弥翁或受宠爱的人 …………………………… 29
九　巨人的妹妹或谣言 ………………………………… 30
十　亚克托安和彭忒乌斯或好奇心 …………………… 31
十一　俄耳甫斯或哲学 ………………………………… 33
十二　卡卢姆或物质的起源 …………………………… 36
十三　普洛透斯或物质 ………………………………… 39
十四　门农或早熟 ……………………………………… 41
十五　提托努斯或腻味 ………………………………… 42

十六	朱诺的求婚者或羞耻	43
十七	丘比特或原子	44
十八	狄俄墨得斯或宗教狂热	47
十九	代达罗斯或技工	49
二十	厄尼克托尼俄斯或欺骗	51
二十一	丢卡利翁与再生	52
二十二	涅墨西斯或世事无常	53
二十三	阿克罗斯或战争	56
二十四	狄俄尼索斯或欲望	57
二十五	阿塔兰特或利益	60
二十六	普罗米修斯或人类的状况	62
二十七	伊卡罗斯的飞行；斯库拉和卡律布狄斯；或中间道路	71
二十八	斯芬克斯或科学	73
二十九	普罗塞皮娜或精神	76
三十	墨提斯或商讨	79
三十一	塞壬或享乐	80

宣告一场圣战 83

新大西岛 109

附录

派西克 欲望、科学与政治 148

佩特森 培根的俄耳甫斯神话 179

温伯格 论《宣告一场圣战》 204

英尼斯 培根的新大西岛 226

增订版说明

这次重印,译者对译文做了若干订正。义疏部分删去了朗佩特的《哲学大法官》(见朗佩特,《尼采与现时代》,华夏出版社,2009),另补充了两篇绎读文章。

刘小枫
2017 年 5 月
古典文明研究工作坊

编者前言

英国文艺复兴时期的大文豪培根（1561—1626），在我国学界名气也很响亮，也许因为，"知识就是力量（权力）"这样的名言正好可以用来鼓励在现代化进程中迅跑的人们。

虽然培根名气大，国朝学界对培根的悉心阅读（遑论研究）恐怕还谈不上。在人们的印象中，培根是个大哲学家，于是，在哲学系念书或研究近代西方哲学的人才可能去读培根，历史系学世界史的不会去读，尽管培根有史书传世（《亨利第七本纪》《亨利第八本纪》以及《大不列颠史纲要》等），中文系或外文系学文学史的也不会去读，尽管培根有文学名著传世。倘若你是读文史"专业"的，要提出一篇以培根为题的学位论文大纲，大概很难通得过"开题报告"——培根是哲学家，读培根是哲学系的事嘛。可是，在哲学系，占主导地位的是从康德到海德格尔的形而上学，即便要研究培根，也不会涉及培根写的史书或小说，清查所谓"形而上学史"的事情都还忙不过来。

在培根的时代，哲学家还算不上一类学人，哲学也还没有成为专门学科（这是康德搞哲学启蒙以后的事情）。对培根或者其他类似的古人，我们最好按培根自己的叫法称作"著作家"——培根模仿古人，称"古代著作家"，在说到"洞穴假象"时则提到"哲学家"，似乎无论唯理论还是经验论的哲学家所有的都不过是"洞穴知识"。①

这个集子收入了培根的三篇最著名的文学作品（其中两篇为首次汉译），从体裁来看，像是寓言性质的作品，其实都可以统称为"小说"。这三篇作品中，《新大西岛》最有名（据说表面看来没写完，其实是模仿柏拉图的《克里提阿》，故意半中拦腰没了下文），1938年已刊行中译本（附于上海商务版的培根《崇学论》之后）。上个世纪五十年代，何新老先生被打成"右派"后，在北京西郊清河农场重译了一个本子（北京商务版1959，这位老先生在当"右派"期间还译过好些其他名著），刊行八千册。到改革开放那年，这个译本4次加印，累计三万册（北京商务版1979）。二十多年来，读《新大西岛》的人恐怕不少，但读明白一点的，只怕不多。笔者从二十世纪的八十年代一直读到二十一世纪，二十多年也没读出什么名堂。为此，笔者只好请教西方学界悉读培根作品有所得的人士，遂有了编这个集子的想法。

笔者在开设"古典拉丁文言课程"时遇到李春长（江西财经大学外国语学院教授），约请到他翻译，十分难得，这样说不仅仅因为他的译笔生动、恰切地传达了培根的文采。大家都知道，国朝学界的外语专业如今热衷的是现代语言学，而非古典文学。教书和念书的知道不少"能指""所指""解构""分延"之类，却没读过几本历代文学经典（与从前我国大学的外文系完全不同）。译者在这样（据说如此恶劣）的"学术环境"中还会钟情古典文学经典，真的难得。感谢译者的辛勤劳动，使得笔者多年来怀有的一个构想终于实现。

---

① 参见《新工具》，卷一，32条，62条；还说各派哲学家比起古人来都要"血气薄弱"得多。参见《论说文集》，1。

培根的三部作品按写作年代先后编排，中译依据《培根全集》的权威编本（Works of Francis Bacon, 15 vols, collected and edited by James Spedding, Robert Leslie and Douglas Denon Heath, St. clair Shores：Scholar Press, 1976）。《论古人的智慧》（*Of the Wisdom of the Ancients*）和《宣告一场圣战》（*Advertisement Touching A Holy War*）见第十三卷（1860 年出版），《新大西岛》见第五卷（vol 5，出版于 1862 年）。《论古人的智慧》用拉丁文写，后人的英译本不止一个，这里的中译本虽依据 Spedding 全集本，还参考了《培根道德和历史著作集》（*The Moral and Historical Works of Francis Bacon*, edited by Joseph Devey. London：Bohn, 1873）。

把附录中的这些义疏与培根的原作对照起来看，可以感觉到，倘若学会了读古典文学名著，的确比在形而上学中思辨或在语言学中追究"能指"和"所指"更滋润生命的时光。

刘小枫

2005 年 8 月于中山大学哲学系

论古人的智慧

——献给著名的剑桥大学

献给尊敬的英格兰财政大臣兼剑桥大学校长索尔兹伯里伯爵

　　献给剑桥大学的东西自然也属于校长您，我所有的作品也属于您。问题是，这些属于您的东西是不是配得上您？至于作者在书中的才智，则一钱不值，请原谅我不讨论此事，别的也没有什么会让您感到有失脸面。若尊重时代，古代作品应是顶礼膜拜的对象；若尊重叙述形式，寓言则一直就是各门科学的精华部分积淀而成的彩虹；尊重内容则要尊重哲学，它是美化和装点生活及人类灵魂的第二重要因素。据说，当今的哲学已跌入老年，被托付给了年轻人甚至孩子，虽然如此，我仍然认为，在所有东西当中，哲学仅次于宗教，是最重要也最配得上人性的东西。由于您本人的天才和功劳以及国王的睿智和明辨，您在政治上大受欢迎，但政治学也来自同一个源泉——哲学，并是它的一部分。如果有人认为我的作品平庸，作品达到的效果当然不能由我来说，但我的目标是忽略显而易见陈旧庸俗的东西，为解决生活的困境和揭示科学的奥秘贡献一臂之力。对于平庸的头脑，这些创作将会是平庸的，但是，对于更为深沉的思维，它们可能不会使其搁浅，而是助其继续扬帆前行。我尽力为这部作品贴金是因为要献给您，这样一来，我冒险越过了谦逊美德所定下的界线。但您肯定会明白，这是向您表白我对您的爱戴、尊重和忠心，您也会认为这是在维护您的名誉。既然您肩负着繁多的国家大事，就不再占用您的时间，就此罢笔，祝一切顺利！

我的一腔热血和您的资助让我对您万分感激！

您永远的培根

献给母校：著名的剑桥大学

没有哲学，我就会考虑死亡，是您给予了我这些生活的盾牌和慰藉，所以我要向您致以崇高的敬意。在这一点上，我宣称我本人及我所有的一切都归功于您，因此，我用您的东西回报您也不足为奇，因为自然的运动可能使它返回故里。但我迷惑不解的是，从您那里走出了不可胜数的人，返回的却寥寥无几。本人对自己生活的必经之路一知半解，仍然殷切希望本人的这些作品能让饱学之士的发明创造有所增加，但没有过高的期望。当然，我认为，理论研究一旦进入活跃的生活领域就会获得新的血液和活力，由于有了更多的养分，根基会扎得更深，至少会长得更为高大繁茂。我想，您本身不清楚自己研究的广度以及研究涉及的诸多事物。但无可厚非的是，一切都要归功于您，都在为您增光添彩，因为千里之行，始于足下。然而，您不会指望公务缠身的人会送给您美好的东西；除非有奇迹出现或特权才能让我有一点闲暇，但您也不会指望得到这种奇迹或特权。在我充满荆棘的生活中，这些事情都烟消云散了，但一直还为您保存着本属于您的大部分东西，请把这看作是我对您及您的一切的热爱。

爱您的学生：培根

前　言

最为幽远的古代一部分保存在《圣经》中，其余的则尘封于遗忘之中，归于沉寂。后来，诗人的寓言取代了沉寂，接着，书面文字又取代了寓言，流传至今。这样，在尘封的古代与口口相传证据确凿的年代之间隔着一层由寓言编织的面纱，后者占据的中间地带把消亡的东西与残存的事物划分开来。

我想，大多数人会认为我只是在赏玩玩具而已，任意解释诗人的寓言，与诗人创作这些寓言的方式不无二致。的确，若我有心思从事这样的娱乐活动，调节和减轻繁重的研究工作，供自己或读者消遣，那么我可能会乐此不疲。但我的本意不在于此。我深知，寓言的内容具有很强的伸缩性，你可以随意改变它的形状，一丁点技巧和诡辩就可轻而易举地把不属于它的意思强加到它头上，但看起来仍然合情合理。我仍然记得，以前就有这种滥用的先例。很多人竭力歪曲诗人的寓言，只是想让自己的学说或发现获得古代的认可和尊重。这并不是现代才有的虚荣行为，也不是个别现象，而是由来已久司空见惯。很久以前，克里西普斯（Chrysippus）① 利用解梦人的方法解释古代的诗人，把他们说成是廊下派（Stoics）；更为荒唐的是，关于物体变化的娱乐性故事竟然让炼金术士（Alchemist）们发现了炼金实验的蛛丝马迹。对所有这些，以及人们沉迷于寓言时的那种草率，我都做过相当多的研究与思考。尽管如此，我不能改变想法。首先不能让个别寓言的谬误和放纵去损毁所有寓言的荣誉，这确实是具有渎神意

---

① ［译按］克里西普斯（前280—前207），廊下派创始人之一。

味的鲁莽之举；既然宗教喜爱面纱和阴影，把它们去掉就几乎中断了神与人之间的所有交流。这个先置之不论，仅就人类智慧而言，我坦然承认，自己毫无疑问同意下面这种观点：在古代诗人大量的寓言背后，一开始就隐匿着某种神秘和寓意。对古代的尊重可能让我有些过分，但事实上，有些寓言连同故事的框架结构以及合乎人物身份的名字让我发现，它们与所指物之间具有紧密而明显的联系与一致性，这不能不让人认为，这种含义是事先安排好的，经过了深思熟虑，并被故意掩盖起来。据说，巨人（Giant）们被镇压后，他们的妹妹谣言女神法玛（Fame）降临了。听到这个故事的人立刻会明白，这是指各个派别的纷纷议论与煽动性的流言蜚语，这些东西在叛乱平定之后总要流传一段时间。谁能对这样显而易见的事情无动于衷、熟视无睹呢？还有，巨人堤丰（Typhon）曾挑断并带走朱庇特（Jupiter）的筋，墨丘利（Mercury）从堤丰那里把筋又偷回来，还给朱庇特。听到这个故事的人马上会意识到，这讲述的是造反取得了成功，剥夺了国王的财富和权力即筋骨，后来通过动听的言辞和通情达理的法令才很快安抚或偷回了臣民的心，恢复了国王的力量。再者，大家都记得，在众神对巨人族的讨伐中，西勒诺斯（Silenus）的驴声起了关键作用，它让巨人们抱头鼠窜。听到这个故事的人都知道，编造这个故事是暗指，叛军像通常那样，被一些捕风捉影的流言和无端的恐惧吓得溃不成军。另外，大家肯定都清楚，人名本身也具有一致性和重要意义。朱庇特的前妻墨提斯（Metis）的名字意思是商讨，堤丰指膨胀；潘（Pan）指宇宙，涅墨西斯（Nemesis）指复仇，等等。我们发现，寓言有时会暗含一些零星的历史，有时会有添枝加叶的东西，颠三倒四的年代，与其他寓言的相互借用以及采用新的寓言。遇到这种情况该怎么办呢？包含此类现象的故事只能是生活在不同时代怀着不同意图的人编造的，他们有些离现在较近，有些则在遥远的古代，有些在沉思自然哲学，有些则在考虑政治事务，所以，我们不用担心这些情况。

然而，有个值得注意的问题是，这些寓言隐含着复杂的意思，换句话说，从表层叙述看，一些寓言本身荒诞不经，但可能隐隐约约在提醒人们它的背后还暗含他意。我们认为，创作可能发生的寓言，其目的可能仅在于模仿历史提供娱乐。然而，听完任何人都不可能想到或叙述的故事，我们一定会想，这个故事另有深意。比如，朱庇特和墨提斯之间是什么样的故事呀！朱庇特娶墨提斯为妻，后者一怀孕，就把她吃掉，却让自己怀上了孩子，结果从脑袋里生出了身着盔甲的帕拉斯（Pallas）。① 我想，按正常的思维，一定没人做过这种可怕反常的梦。

我关心的主要问题是，在我看来，这些寓言的广为传颂虽然归功于荷马与赫西俄德等人的讲述，但只有极少寓言是由他们本人创作的。假使这些寓言是他们在那个时代创作的，并通过他们的叙述流传至今，我就不会考虑要从这种源泉中寻找伟大或崇高的东西。仔细研究就会发现，他们讲述的这些寓言不是首次问世的新创作，而是早已为人所接受和相信的故事。几乎与他们同时代的作家曾以不同的方式叙述过这些寓言，因此，很容易看出，所有版本的共同之处来自于古老的传统，相异的部分则是不同作家增加的噱头。我认为噱头使寓言更具价值，它表明，这些寓言既不是新作品，也不属于诗人本人的时代，而是更为美好的时代遗下的圣物和哼出的小调，它们来自于更为古老的民族传统，进入了希腊人的笛子和喇叭。

然而，有人坚持认为，寓言的寓意根本不是创作之初就有的，也不是出于作者的本意，总是先有故事，再有寓意，若是

---

① ［译按］帕拉斯，即希腊智慧女神雅典娜，在罗马神话中称米涅瓦（Minerva）。

这样，我不会再争辩，随他在自己做出的慎重判断中自得其乐（尽管这种判断单调乏味）。如果值得的话，我会以新的理由用另一种方式攻击他。寓言一直用于两种相互矛盾的目的，令人感到不可思议。它们一方面掩饰某种意思，另一方面又让它一清二楚地显现出来。为避免争执，我们暂且放弃第一种用法。假设这些寓言没有任何特定目的，只是用于消遣，第二种用法仍然存在。任何能言善辩都不能剥夺这种用法，学识平平之人也会认为它重要、合理、不带任何虚荣，是各门科学基本的、有时是必需的方法：我指的是利用寓言来教学，它能让人更易理解新发现或新发明，因为后者比较陌生和抽象，与大众的看法相去甚远。因此，在古代，人类理性的有些发现和结论（甚至包括在今天看来平淡无奇的发现和结论）在当时让人感到新奇，世界上到处是寓言、难解之谜和比喻，这些形式作为方法不是用于掩饰和隐藏意义，而是让人明白意义。当时，人们的思维尚未开化，静不下心来研究不能诉诸感官的细微区别，实际上，他们也无能为力。正如象形文字先于字母文字，寓言要先于推理。即使在当今，任何人若希望让别人明白关于某课题的新发现，他仍然必须遵循同一种方法，要借助于比喻，否则，会招来敌意或批评。

总之，上古时代的智慧要么伟大要么幸运。创作人若明白自己的所作所为，并运用比喻去掩饰，那么就伟大；他们若漫无目的，只是无意碰到了某种素材，激发了这些卓越的思想，那么就幸运。我想，自己的辛劳若有助于他们，也将会集中在某一方面：要么揭示古代，要么揭示自然。

我当然知道，这项工作已有人在做，但是，撇开那些拐弯抹角的话，坦白地说，他们的工作虽然伟大而艰辛，却丢掉了研究本身的美感和价值，因为他们没有实际经验，只有一些平庸的知识，却把寓言的意思应用于普遍现象和日常判断，没有搞清楚寓言的要旨、真正的适用范围或深层意蕴。与此相反，若我没说错的话，大家会发现，这里是旧瓶装新酒，我们要把平坦开阔的地方抛到身后，勇往直前，向前方更高的山峰迈进！

一 卡珊德拉或实话实说

据诗人们说,阿波罗爱上了卡珊德拉(Cassandra),① 后者施展各种计谋一方面躲避前者的追求,另一方面,在没得到前者的预言能力之前,又不断燃起他希望的火花。一旦得到自己孜孜以求的能力,她即刻公开拒绝了他的求爱。复仇心切的阿波罗由于不能收回一时鲁莽许下的诺言,又不甘心受到富有心计的女人的戏弄,于是在送出的礼物上附加了惩罚:卡珊德拉预言总是很准,但没人相信。因此,她的预言真实但没有信誉。这种情况一直伴随着卡珊德拉,甚至当她再三提醒国家有灭顶之灾时,仍然没人聆听她或相信她。

编造这个寓言似乎意在批评不合时宜出力不讨好地给出意见或忠告。他们这些刚愎自用的人根本不愿意向和谐之神阿波罗学习怎样注意事情的分寸,掌握所谓言谈的轻重缓急,分清鸿儒与白丁,懂得何时应该开口,何时应该沉默。这些人不谓不聪明,不谓不坦诚,他们的建议不谓不合理,不谓不有益,但他们所有的劝说努力都于事无补,相反,听他们喋喋不休劝告的人却更快地走向灭亡。只有他们预言的灾难成为现实时,人们才尊其为富有远见的先知。这方面,尤提卡的卡图(Marcus Cato of Utica)是个著名的例子。伽图仿佛站在烽火台上,通过观察庞培(Pompey)与恺撒之间先合后分的关系,很早就发现并像神的信使那样预言国家行将灭亡,篡权行为会接踵而至,但他的所作所

---

① [译按]卡珊德拉,特罗伊国王普里阿摩斯(Priam)最漂亮的女儿。

为有百害而无一益,更加速了国家的灭亡。西塞罗(Marcus Cicero)在给朋友的信中曾敏锐地注意到这一点,并用优美的文笔做了描述:"伽图用心良苦,但他有时却危害了国家,因为他讲起话来仿佛在柏拉图的理想国,而不是在罗穆卢斯(Romulus)① 的群氓中"。

---

① [译按] 罗穆卢斯,神话中罗马城的建立者。

二 堤丰或造反者

　　据诗人说,朱庇特没有朱诺(Juno)就生出了帕拉斯,让朱诺大为不满。朱诺请求众神,让她没有朱庇特的帮助也生出某种东西。众神厌烦了朱诺的胡搅蛮缠,就答应了她的请求。朱诺猛击地球,后者产生震动而出现裂缝,生出丑陋无比的巨形怪物——堤丰。朱诺把他交由蛇来抚养。长大后,他攻击并俘虏了朱庇特,把后者扛到人迹罕至的偏远地区,割下并带走后者的手筋和脚筋,丢下无依无靠被肢解的朱庇特。后来,墨丘利把朱庇特的筋从堤丰那里偷回,还给朱庇特,后者体力恢复后,又一次向怪物开战。他先用霹雳击中堤丰,后者伤口流出的鲜血变成了毒蛇。当堤丰溃败逃跑时,朱庇特举起埃特纳火山①将其压住。

　　这个寓言似乎旨在影射国王和造反命运的兴衰,这些在君主制国家中是常事。国王和国家本像朱庇特和朱诺那样是正常的夫妻关系。但国王在位时间较长时可能会腐化堕落,变得专横跋扈,事事他一人说了算,从不考虑贵族和元老院同意与否,单靠他一人"生孩子",即根据自己的独裁管理政府。这就是为什么受苦的人要极力推举自己的领袖。通常,造反派首先要秘密征求贵族和诸多要人的意见,获得他们的默许后,开始煽动群众。接着,国内的不满情绪日益高涨,这对应于堤丰的幼年时期。平民本性固有的邪恶和敌意对于国王来讲像心怀恶意的毒蛇,为这种情况火上浇油。不断高涨的不满情绪终于爆发为公开的叛乱,为国王和人民带来了无穷灾难。堤丰的可怖形象正说明了这一点:

---

① [译按]埃特纳火山,在意大利南部西西里岛。

一百个头表示政权割据；喷火的嘴巴指火灾；一圈圈的毒蛇指流行的瘟疫，尤其是在围困期间发生的瘟疫；铁手指屠杀；鹰爪指强取豪夺；羽身指永不间断的谣言、消息、恐惧，等等。有时，这些叛军过于强大，国王好像被他们扛走一样，被迫放弃首都和主要城市，收缩军队，退到人迹罕至的偏远地区，他的财源和君权即他的筋骨也被斩断。若他正视自己的命运，加上墨丘利的智谋和辛劳，他会很快恢复元气。换句话说，他待人要和蔼可亲，制定法律要合理，讲话要亲切，这样才能安抚民心，让他们乐意供应给养，从而恢复自己的权威。然而，吃一堑，长一智，谨小慎微的国王通常不愿靠运气决定一切，因此他避免硬拼，但他首先要通过巨大的战绩打掉叛军的声望。如果成功，叛军就会动摇并丧失信心，开始摆出狐假虎威的架势，像毒蛇作咝咝状。他们发现失败在所难免时，就作鸟兽散。在他们开始四分五裂、溃不成军时，国王应该带着所有军队，集中全国力量，像举起埃特纳火山一样，追捕并征服叛军。

三 赛克罗波斯或残酷大臣

据说,三个独眼巨人赛克罗波斯(Cyclopes)起先因为野蛮和残酷被朱庇特赶进地狱的最底层塔尔塔洛斯(Tartarus)深渊,被永远囚禁在那里。后来,大地女神(Earth)劝朱庇特把他们放出来,利用他们为自己打造霹雳武器,朱庇特就照着做了。这三个巨人工作起来尽职尽责,非常卖力,在一片震耳欲聋的碰撞声中锻造出了霹雳和其他骇人听闻的武器。很久以后,阿波罗的儿子神医埃斯科拉庇俄斯(Aesculapius)用医术将死人救活,①触怒了朱庇特,但后者不好发作,因为这是人人皆知的善事。朱庇特强压怒气,暗地里派赛克罗波斯去杀害埃斯科拉庇俄斯,这些独眼巨人丝毫没有犹豫,即刻用霹雳火把他打发了。阿波罗出于报复,当然也得到了朱庇特的允许,射死了赛克罗波斯。

这个寓言似乎与国王们的所作所为有关。国王起初惩罚了残忍苛刻的大臣,免去他们的官职。后来听从了厄斯或小人的建议,从实用角度出发,再次启用这些大臣,因为国王这时需要执行严厉的刑罚和征收高额的税收。这些生性残忍的大臣对前车之鉴仍心有余悸,他们很清楚主子要让他们做什么,因此干起活来兢兢业业,不敢有丝毫怠慢。结果,由于缺乏警惕和急于讨好国王,他们偶尔会把国王的点头或一句模棱两可的话当作许可证,做出令人生厌的事情。国王本人不愿为此承担责任,他也很清楚,这样的工具还有很多,于是就卸磨杀驴,把这些大臣绳之以

---

① [译按]指希波吕托斯(Hippolytus),他被杀后,埃斯科拉庇俄斯在雅典娜的请求下将其救活。

法,让他们遭到受害者的亲戚朋友们的报复和大众的痛恨。这样,在人们的欢呼声中,在对国王的称赞和祝福声中,这些人终于受到姗姗来迟的罪有应得的惩罚。

四　那喀索斯或自恋

那喀索斯（Narcissus）据说是位美少年，但高傲自大，目中无人，让人难以忍受。他喜欢自己，鄙视别人，在森林和围猎场上过着独来独往的生活。在仅有的几个伙伴中，他也是个首要人物。无论他走到哪里，后面都跟着一名叫厄科（Echo）① 的仙女。一天，他偶然遇到一眼清泉。由于是正当午，烈日炎炎，他就靠泉水边躺下。看到泉水中自己的影子，他仔细端详了一番，不禁迷恋起自己来。他一直盯着水中的影子，任何东西都没能让他挪开半步。他呆在那里，像生了根。最后，他失去了感觉，变成了鲜花，他的名字成了花的名字。这种花在早春开放，献给阴间的神祇即冥王普路托（Pluto）、冥后普罗塞皮娜（Proserpina）和复仇女神（Furies）。

这个寓言表现了一些人的禀性和命运。他们不费吹灰之力从自然那里获得了美貌或其他天赋，导致了他们的自恋。自恋之人通常不适于从事公共事务，否则，人们会蔑视和嘲笑他们，让他们感到灰心丧气忐忑不安。所以，他们一般过着孤独的隐居生活，活动的小圈子仅限于忠实自己的崇拜者，后者对他们的一切话像回声一样一呼百应。天长日久，这种生活习惯逐渐败坏了他们的心灵，使他们变得趾高气扬，忘乎所以，最后完全沉浸于自我欣赏。他们无所事事，结果变得非常愚蠢，失去了活力和热情。选春天的花朵象征此类人物，这种想法很高明。因为这些人在事业之初盛极一时，受到人们的关注，后来却令人感到失望。

---

① ［译按］厄科，其名字意为回声或回响。

这种花献给阴间的神祇指的是同一个意思。这种人最终百无一用,像海中行驶的船只,留不下一丝痕迹。在古人看来,他们应献给阴间及阴间的神祇。

五 司提克斯或协定

众所周知,神祇们说出的誓言无法撤回的只有一条,这在寓言中司空见惯。他们起誓时证人不是天神或神性,而是冥河女神司提克斯(Styx)。这条河流迂回曲折,环绕着冥府狄斯(Dis)。唯有这条誓言被认为不可改变,也不能违背,因为破坏誓言的惩罚是众神最为害怕的,即他们好多年都不准参加众神的宴会。

这个寓言似乎暗指君主之间的和约和协定。君主们确实曾极其庄严神圣地起誓,缔结合约,但很少指望这些合约,因为签订合约的真实目的在于名声和形式,而不在于相互信任、保证安全和实际效果。即使唇亡齿寒的自然关系或互惠互利的关系不无好处,但大多数情况下,与野心、利益和权力欲比较起来,一切都显得不堪一击,更何况,君主们可以轻而易举地找到大量貌似合情合理的托辞(这种托辞不能说服任何法官),用来掩饰和合理化自己的贪欲和背信弃义的行为。因此,他们只采纳了一种无法改变的独特的起誓方式,而且不是对天上的神灵起誓。发誓的对象是奈赛西塔斯(Necessity),① 即伟大的权贵之神,也就是要以地位和利益作担保。如今,奈赛西塔斯被巧妙地换成了司提克斯这条致命之河,过河之后,无人能返。雅典人伊菲克雷特斯(Iphicrates)② 就是让这个神祇为条约见证。他坦白讲出了大多数人敢想不敢讲的话,因此有必要在此引证。他注意到,斯巴达人(Lacedaemonian)为保证条约的可靠性,不断制定和提出各

---

① [译按] 奈赛西塔斯,掌握人类命运的女神,是命运三女神之母。
② [译按] 伊菲克雷特斯(?—353),雅典将军。

式各样关于结盟的安全条款、制裁措施和应尽义务。他于是打断他们,说:

> 实际上,我们之间只有一条安全条款:你们必须证明,你们已把所有该交的东西都交到了我们手中,以后即使图谋伤害我们,也没有办法。

确实如此,只有取走了用于伤害的工具,或破坏条约将危及国家的存亡和税收,条约才可以说得到了批准和认可,就如对司提克斯发了誓一样:违背誓言则不得参加神祇的宴会,在古代人那里,神祇的宴会表示着财富、幸福与帝国的权利和特权。

六　潘或自然

古人通过潘这个人物详尽地描述了大自然。没人准确知道他的父母是谁。有人说他是墨丘利的儿子,还有些人的看法则完全不同,说他是珀涅罗佩(Penelope)① 与众多求婚者乱交的结果。在第二种意见中,珀涅罗佩这个人物毫无疑问是后人强加给原先寓言的。把古老的故事情节安到后来人的头上是常有的事,这种做法有时显得荒唐愚蠢,上面说的就是一个例证。潘是最古老的神之一,早在尤利西斯(Ulysses)之前就出现了。珀涅罗佩也因保持女性的贞洁受到古人的敬仰。关于潘的身世还有第三种不容忽视的观点,有人说他的父母分别是朱庇特和傲慢女神休珀利斯(Hybris)。不管他身世如何,命运三女神据说是他的姐姐。

古代传说中的潘长有直插云霄的羊角,全身都是乱蓬蓬的粗毛,胡子特别长。上身为人形,下身为兽形,下面是山羊脚。他左手拿由七根芦苇做成的笛子,右手拿着顶部弯曲的牧羊杖,这两件东西是他权力的象征。潘身上披着豹子皮。他的权力和职责包括他是猎人、牧羊人和所有乡村居民之神,同时掌管山脉,继墨丘利之后成为神祇们的信使。他还被认为是林中仙女的首领,后者常在他周围跳舞嬉戏。撒特尔(Satyr)和他们的长者西勒诺斯们(Sileni)② 也是他的朋友。他可以让人突然产生恐惧,

---

① [译按]珀涅罗佩,尤利西斯的妻子。
② [译按]撒特尔为半人半羊的森林之神,西勒诺斯为半人半马动物,是森林之神的首领。后者早先用作复数,后来用作单数,仅指酒神狄俄尼索斯(Dionysus)的老师和忠实伙伴。

特别是无缘无故的神秘恐惧，恐慌（Panic）一词由此而来。他的事迹流传下来的并不多。最主要的一个是他向小爱神丘比特（Cupid）提出比赛摔跤，结果一败涂地。他还曾网住巨人堤丰，把后者捉住。据说，由于普路托强暴了谷物女神刻瑞斯（Ceres）的女儿普罗塞皮娜，刻瑞斯十分悲伤和愤怒，把自己隐藏起来，神祇们全部出动，兵分几路，决意要把她找出来。是潘在打猎时有幸碰见她，把她找了出来。他竟然敢于与阿波罗比试音乐，还获得了胜利，但作为裁判的迈达斯（Midas）因为此事耳朵变成了驴耳，不过别人看不到。据传说，潘没有什么风流韵事，即使有也寥寥无几，这在处处留情的诸神中显得不可思议。他唯一一桩爱情是追求厄科，后者据说也是他的妻子。另外，由于他胆敢向丘比特提出挑战，愤怒的丘比特出于报复揍了他一顿，才使他爱上一个叫悉林佳（Syringa）① 的仙女。他只有一个女儿，在儿女众多的诸神特别是男性诸神中间，这又是一处让人感到奇怪的地方。他的女儿是个小女仆，叫艾安珀（Iambe），常讲一些稀奇古怪的故事，逗客人玩。有人说艾安珀是潘和厄科的后代。

　　这可能是古代最为出色的寓言，其中充溢着自然的奥秘和神秘。"潘"这个名字就表示了整个自然。关于它的起源有两种观点，可能也只有两种观点。一种认为它是墨丘利的后代，即神言（Divine Word）的后代，《圣经》毫无疑问确立了这种观点，并为所有的神学家所附和；另一种认为它是各种事物的种子杂交后的产物。认为万事万物来自一个本原的人会认为这个本原就是上帝，如果他们认为本原是物质的，就会认为，本原实际上只有一个，但也可能有多个。所以，关于这个问题的所有意见均可纳入两个名下：世界或来自于墨丘利或来自于所有的求婚人。维吉尔（Virgil）让人唱道：

---

　　① ［译按］通常写作 Syrinx，意思是文字。

> 各种事物的种子又是怎样越过虚空
> 聚集在一起？那来自地、火、水、风
> 的种子呀！你们又是怎样
> 孕育出了一切？伟大的世界又是怎样
> 一点点膨胀为球形？①

第三种关于潘的出身的说法让人觉得，希腊人通过埃及人或从其他渠道听说了希伯莱的神秘宗教，因为它讲述的不是世界如何生成，而是在亚当堕落之后由死亡和罪恶主宰着的世界，这种状态由上帝和罪（Sin）而产生并延续至今。因此，若区别对待各自讲述的事实和时代，这三个关于潘出身的故事都是正确的。让我们目瞪口呆、苦思冥想并敬若神明的潘实际上来自于神言，其间得力于上帝创造物的杂交和罪恶的介入。

根据事物的自然属性，它们的命运被准确地表示为三姊妹，因为事物的出生、生活、成长到死亡是自然因果链，其中包括所有它们命中注定要经历的东西，如事业的升降沉浮和生活中的酸甜苦辣。

用上尖下阔的角表示世界的原因在于整个自然界像一座金字塔。数不胜数的个体被归为种（Species），种本身也有很多，进一步归为属（Genera），多个属再到高一级上进行分类。自然越向上越窄，最后聚集到一点。既然自然的顶点或普遍形式都要指向上帝，难怪潘的角要直达天上。因此，从形而上学到自然神学的捷径实际上就是现成的。

自然满身是毛，这种描述非常贴切真实。毛发暗指所有物体发出的光线，它们之间比较相像。任何东西都多多少少会发出一

---

① 维吉尔，《牧歌》第六首 31 行。

些光辉，眼睛能看到东西就是一个明显的例证。各种具有磁性的东西以及在一定距离之外产生的各种印象也同样可以说明这个问题，因为能在远处产生某种印象的东西准确说来也在发光。在潘的毛发中，胡子最长，因为天体的光线要比其他任何光线穿过的距离都长。我们可以看到，太阳上半部被云遮住之后，光线从下面射出，样子就像长着胡子的脸。

另外，自然的身体被准确地描述为双形体，是在说明上界里的事物不同于下界里的事物。天国里的物体具有完美的外观、有规律的运动、左右地球的能力以及其他特点，用人形来表示恰到好处。但其他物体由于烦躁不安，运动不规律，还要受天体的控制，只好用兽形来表示。这种自然身体也可解释为种类之间的杂合现象。自然中的事物没有一种是纯种的，所有的事物似乎都有两种构成成分。人有野兽的成分，野兽有植物的特性，植物又有无机物的特点，所以，所有事物实际上都是双形体，由高一级和低一级两方面构成。山羊脚的寓意别出心裁，它指地上的事物趋向空中的运动。山羊有攀登的习性，喜爱依附在悬崖峭壁上。这也很精彩地表现了下界事物的真正习性——观看云彩和各种天文现象。①

潘手中的两件东西分别象征着和谐与帝权。不言而喻，七根芦苇制成的笛子说明事物之间的和谐，它还表明，七大行星②运动导致的和谐中也有杂音。牧羊杖也是个巧妙的暗喻，指自然运行中的是非曲直。木杖的弯曲部分集中在上部，因为上帝都是以间接或迂回的方式做出安排，他只是在做计划，而由另外的事物

---

① ［译按］培根的天文现象指雨、雪、冰雹和闪电，参见《新大西岛》。

② ［译按］在培根那个时代人们只知道太阳、水星、金星、地球、火星、木星和土星。

来实施，如把约瑟（Joseph）卖到埃及①这类的事情。对于世间开明的政府也是一样，统治者欲造福于民，采用托辞或间接的方式比直来直去取得的效果更好。因此，所有象征帝权的权杖在上面实际上都是弯曲的。潘的外罩被杜撰为斑斑点点的豹皮，这种构思的确别具一格，因为天上点缀有点点星辰，海上分布有大大小小的岛屿，地球上开放着五彩缤纷的花朵，即使是个体，它们的表面通常也是五颜六色，就像它们的外罩。

把潘称为猎人之神最令人叫绝，因为自然的一举一动都像猎人一样在追逐目标。科学和艺术要出"作品"，建议要达到预定目的，所有自然界的生物都要凭娴熟伶俐的技巧或猎取食物或寻觅欢乐。

> 狮子悄然尾随狼，豺狼紧跟小山羊，
> 小羊追食金雀花，穿过山谷越山岗。②

潘还是所有乡村居民的神，因为后者的生活更加合乎自然本性。在宫廷和城市，本性被过多的文化破坏了，也难怪诗人谈到自己的情人时说："女人本身无足轻重"。③

潘还特别被称为山神，因为站在大山和高地上，下面的各种事物可以一览无余。至于潘继墨丘利成为神的信使，这明显是关于神的寓言。除神的话之外，整个世界充分显示了上帝的智慧和善意，《诗篇》19 歌唱的即是这方面："诸天述说神的荣耀，穹苍传扬他的手段"。④

再者，潘喜欢以林中仙女即灵魂为伍，因为活的灵魂是世界

---

① ［译按］见《圣经·出埃及记》。
② 维吉尔，《牧歌》第二首 63 行。
③ 奥维德，《爱的艺术》第五卷 343 行。
④ ［译按］见《圣经·诗篇》19: 1。

的欢乐。称潘为这些仙女的首领再合适不过了，因为她们根据自己的自然天性和地方特点永不停息地跳着不同的舞蹈。和她们一起的还有很多撒特尔和西勒诺斯，这两个分别象征着青年和老年，因为任何事物都有各自欢快的时候和老态龙钟两眼昏花的时候。若对这两个年龄段进行严肃的思考，人们可能会像德谟克利特（Democritus）、撒特尔和西勒诺斯那样认为，二者的事业追求都怪诞、荒谬和可笑。

从潘制造的恐慌即无端的恐慌中可以得出一条非常明智的结论。生物天生都有某种恐惧感，这种感觉是要保护它们的生命，避开或抵御临近的危险。由于掌握不了恰当的尺度，它们把合理有益的恐惧与无缘无故的恐慌纠缠在一起。我们若能深入事物的内部，会发现它们全部充满着潘制造的无根无据的恐慌。特别是人类，他们受到迷信无穷无尽的困扰，在艰辛、焦虑、不幸时，更是如此，这实际上就是无端的恐慌。

潘斗胆向丘比特提出挑战这件事表明，物质有某种倾向和欲望，即消融世界并退回到原始的混沌状态，但爱神丘比特代表的事物和谐占了上风，阻止了它的企图，让它重归于秩序。因此，对于人和世界来讲，潘在武斗中被挫败倒是一件好事。潘用网逮住堤丰也是暗指这个意思。尽管自然中偶尔会出现一些巨大怪异的隆起或膨胀现象（这是堤丰名字的含义），比如海洋上、云彩中、地面上及其他物体上，但是，按照事物的自然规律，所有这些节外生枝的变形都要被抓到铁锁链一般的网中，捆绑起来，让其插翅难飞。

潘在打猎时无意发现了刻瑞斯，其他诸神虽然一心一意地寻找，却无功而返，这里确实提出了一条富有哲理的忠告：要发现有益于生活的东西，如刻瑞斯代表的谷物，不要像那些高等神祇一样，为此特定的目的全力以赴从抽象的哲学中去找，而是要从潘那里寻找，要从明智的生活和自然的普遍知识中去找。这种发现常常是偶然的，在旁顾其他如打猎的过程中，会无意碰到。

音乐比赛及其结果也说明了一个不无裨益的道理，正好用于制止人类理性和判断力的自负和狂妄，使之归于稳重。和谐或音乐似乎有两种，神的和人类理性的。对俗人的判断力和耳朵来说，自然世界由上帝统治和管理，并由上帝秘密做出裁决，简直是呕哑嘲哳难为听。当然，这是无知的表现，只能与驴耳相配，但这些驴耳被隐藏起来了，没有露在外面，因为常人看不到事物的畸形之处。

最后一点，潘只与厄科有爱情故事也不难理解。自然界自得其乐，本身具有全部东西。有爱欲的人有所缺乏，一切都极大丰富的地方不会有缺乏这个概念。自然世界没有爱欲，自满自足，也不缺少什么，唯一欠缺的就是言谈，因此有了林仙厄科，准确来说是悉林佳。但在所有的言谈或声音中，把厄科定为自然世界的妻子不失为明智之举。实际上，真正的哲学最能贴切忠实地反映世界的声音，其仿佛是把世界的吩咐付诸文字，实际上就是世界的影像。自然界没有子嗣又一次暗示出它的自给自足和完美。繁衍现象发生于世界的各个部分，既然整体本身以外没有其他物体，它又怎能生育后代呢？至于把那个小女仆说成是潘的女儿则是后来附会之辞，但也具有很强的哲理性。她用来表示那些谈论自然界的学说，它们只会夸夸其谈胡言乱语。在任何时候任何地方都会发现这些学说的踪迹。它们缺乏事实根据，无中生有，讲起来喋喋不休，有时饶有趣味，有时则令人生厌。

七　珀修斯或战争[1]

据说，帕拉斯让珀修斯（Perseus）去砍掉墨杜莎（Medusa）的头，因为后者给西班牙最西边的许多国家带来了深重灾难。墨杜莎是个可怕的怪物，人只要看她一眼就会变成石头。她是蛇发三女怪戈耳工（Gorgon）之一，是她们当中唯一有死的怪物，其他两个都可以长生不老。为完成这项伟大的功绩，珀修斯从三个神那里得到了武器和馈赠。墨丘利给他的脚安上翅膀，普路托给他头盔，帕拉斯给他一面盾牌和一面镜子。有了这些装备，珀修斯并没有直接去杀墨杜莎，而是千里迢迢去看望格里伊（Graeae）三姊妹。她们是戈耳工的同父异母姐妹，生下来就是白发苍苍的老人。三个人只有一只眼一颗牙，供她们轮流使用，谁出去谁戴上，回来后再放下。现在，她们把眼与牙齿都借给了珀修斯。珀修斯这时觉得可以开战了，就急急忙忙飞往墨杜莎的居所。虽然发现墨杜莎还在睡觉，他仍然不敢直视她，害怕她突然醒来，他转过头看着帕拉斯的镜子，通过反射出的影子瞄准，砍下了墨杜莎的脑袋，从伤口流出的鲜血中跳出了双翼飞马珀伽索斯（Pegasus）。割下的头被珀修斯安在帕拉斯的盾牌上，直视它的人仍然会全身僵直，像受到雷击一样。

这个寓言仿佛旨在讲述明智的战略战术。首先，就如何选择战争，它通过帕拉斯的建议提出了三条重要的合理忠告，以指导战争谋划。

第一，不要费尽周折去臣服周边国家。增加世袭财产的办法

---

[1]　关于这个寓言的详细论述，参见培根的《论学术的发展和价值》。

并不适用于帝国的扩张。要想增加私有财产,重点考虑邻近的地产。但要扩大帝国的版图,重点考虑的不是邻近地方,而是战争的时机、难易程度及征服后的价值。我们知道,罗马人向西只入侵到利古里亚(Liguria)①,向东却把帝国的行省扩展到托罗斯山(Taurus)。②因此,住在东部的珀修斯也情愿远征到最西部。

其次,要为正义而战,这样才能让士兵乐意打仗,让百姓情愿提供军需物资,也有利于结盟和取悦于朋友,诸多好处,不一而足。最正义的战争莫过于推翻暴政。在暴政下,人民只能俯首听命,失去了精神和活力,如同被墨杜莎变成了石头。

寓言的第三条讲到,代表战争的有三个戈耳工,珀修斯只选取难免一死的那位,这一点很高明。也就是说,它表示珀修斯选取的战争可以速战速决,而不是进行大规模的持久战。

珀修斯拥有战争所需的一切装备,基本上保证他百战百胜。墨丘利让他行动迅速,普路托教他如何隐藏目的,帕拉斯保佑他。能够快速飞行的翅膀安在脚跟上而不是肩膀上,也具有非常聪明的寓意。因为需要兵贵神速的并不是第一仗,而是开战后的各种战斗。战争中最常见的失误莫过于不加紧后续战斗来响应如火如荼的开战。普路托的头盔可以把人隐形,这部分的寓意用不着解释。然而,通过盾牌和镜子的形象区分两种远见可以说非常巧妙。我们不仅要有像盾牌那样的远见,以自我保护,也要有像帕拉斯的镜子那样的远见,用于侦察敌军的力量、动向和目的。

珀修斯拥有了武器和勇气,但在开战前仍需要做一件至关重要的大事,即他必须绕远路到格里伊那里去。这些格里伊表示叛变,这确实是戈耳工即战争的姐妹,但不是一个母亲所生。相比之下,前者的出身不那么高贵,因为战争是高尚的行为,叛变则

---

① [译按]利古里亚,在意大利西北部。
② [译按]托罗斯山,在土耳其南部。

是堕落卑鄙的表现。格里伊们一出生就老态龙钟满头白发，这种描写很巧妙，暗示叛徒永远处于担惊受怕的状态中。公开反叛之前，她们的威力全指望那只眼或那颗牙，因为所有与政府不和的党派都会到处窥探和乱咬。她们共用一只眼因为所有的信息都从一个人传递给另一个，直至整个党派；她们共用一颗牙因为她们共用一个口咬，说同一个谎言。只要听一个人说，就知道所有人讲的是什么。因此，珀修斯要讨好这些格里伊，从她们那里借得眼和牙，眼用于侦察敌情，牙用于散布流言、挑拨离间、动摇民心。

这些事准备好之后，就该进行战争了。我们注意到，寓言中的珀修斯发现墨杜莎正在熟睡。这是因为精明的战略家总是打得敌人措手不及，自己则安然无恙。现在该用帕拉斯的镜子了。在危险来临之前，许多人都能认真仔细地研究敌军的动静，但只有在危险中才显出镜子的主要用途，通过镜子可以看出危险情况，而不至于感到恐惧，这就是为什么把眼睛背过去看的原因。

战争产生了两种结果，一个是珀伽索斯的诞生，这显而易见表示荣誉。它飞到四面八方，颂扬胜利。另一个是把墨杜莎的头安在盾牌上，比较而言，这是最有威力的保护神。一件名扬四海的赫赫战功就这样顺利完成了，让敌军的所有行动陷于瘫痪，彻底摧毁了恶毒行为。

八　恩底弥翁或受宠爱的人

据说，恩底弥翁是个牧羊人，受到月亮女神的爱慕。他们之间的结合令人匪夷所思。他像往常一样在拉特谟斯（Latmos）山上一个天然岩洞里小憩，这时，月亮女神从天上下来，趁他熟睡时吻了吻他，又回到天上。恩底弥翁虽然偷懒睡觉，但对自己的财富并没有什么妨碍，月亮女神让他的绵羊长得特别肥壮并大量繁殖，结果，在所有的牧羊人当中，他的羊群最好。

我认为，这个寓言讲述的是君主的性情和态度。君主们思虑颇多，生性多疑，不轻易亲近眼光敏锐、事事寻根究底的人，这些人警醒异常，仿佛总不睡觉。相反，君主们愿意宠幸老实顺从的人，这些人听任他们的指挥，也不多问，看起来愚昧无知粗心大意，像睡着的人，即只会遵从，不会细心观察。对于后一种人，君主们总是乐意放下架子，像月亮女神从天上下来一样。他们摘下平时压抑自己的面具，与这些人亲密交谈。他们认为在这些人面前，自己的所作所为没有什么危险。提比略（Tiberius Caesar）① 就是一个典型的特别难处的君主。他所宠幸的人很了解他，但都强装不知，近乎愚蠢。从谨小慎微诡计多端的法国国王路易十一身上也可以发现这一点。寓言中恩底弥翁常去休息的岩洞用意也很巧妙，因为得到君主宠爱的人一般都有宜人的休闲场所。在那里，他们可以享受闲暇时光，放松一下大脑，不再考虑繁重的公务。的确，受到君主宠幸的这类人一般都比较富有，因为君主虽然不会让他们担任要职，但却是出于真心而不是实用目的喜欢他们，所以常常给他们大量的赏赐。

---

① ［译按］提比略，古罗马第二位皇帝（14—37）。

九　巨人的妹妹或谣言

据诗人讲，大地女神厄斯生下的巨人们向朱庇特和其他诸神发动战争，结果败在朱庇特的霹雳下。厄斯为此对众神恨恨不已，生出了巨人们最小的妹妹谣言女神法玛，为她的儿子们报仇雪恨。

这个寓言的意思似乎是这样：厄斯指百姓的本性，他们总是对统治者充满恶意，时刻准备造反。如此一来，在特定情况下会产生叛逆和煽风点火的人，他们罪恶滔天，肆无忌惮，企图推翻君主的统治。反叛被镇压之后，百姓们仍然倒向狐朋狗党，不安于平静的生活，恶意编造流言蜚语，进行挑拨离间、诽谤中伤等等，试图引起人们对当局的不满。所以，煽动性的谣言与造反行为的不同之处不在于种族和出身，而在于性别：前者是女人所为，后者是男人所为。

十　亚克托安和彭忒乌斯或好奇心

人类执著于揭示秘密，对这种好奇心和不良嗜好，古人曾用两个例子做出了批评，一个是亚克托安（Actaeon），另一个是彭忒乌斯（Pentheus）。前者无意中撞见裸体的狄安娜，被变成了鹿，遭到自己的狗撕咬。后者因爬上大树窥视酒神巴克科斯（Bacchus）① 的奥秘而致疯，结果，他看到的事物全部是两个，两个太阳，两个忒拜（Thebes）城。他出发到忒拜时，不一会儿发现身后又有一个忒拜，于是就折回去。他就这样走过来折回去，永无休止。

> 疯狂的彭忒乌斯看到
> 复仇女神结队而来，那时，天空有两个太阳，
> 地上出现了两个忒拜。

第一个寓言似乎在讲君主的秘密，第二个讲的是神的秘密。任何人违背君主的意愿，在未经许可的情况下了解到了君主的秘密，肯定会遭到他的痛恨。知道君主盯上了自己并准备寻机报复，这个人的生活就像鹿一样，充满了恐惧和疑虑。通常，他自己的家仆为讨得君主的欢心，可能会指控他，置他于死地。君主表现出的不满几乎会使一个人所有的仆人都背叛他，结果，亚克托安的命运可能就是他的下场。

彭忒乌斯的灾难性质有所不同。彭忒乌斯这类人草率鲁莽，

---

① ［译按］巴克科斯，狄俄尼索斯的罗马名。

忘记了自己是凡夫俗子，企图像彭忒乌斯一样爬上树，即借助自然和哲学的高度，去洞察神的秘密。对这些人的惩罚是让他们永远犹豫不决，困惑重重。自然之光是一码事，神之光是另一码事，因此，他们看到了两个太阳。既然行动和决心取决于智力，他们必然在决心和舆论之间因感到迷惑而摇摆不定，在这个意义上，他们看到了两个忒拜城。因为忒拜作为彭忒乌斯的住地和休息地表示我们行动的目标，所以，他们不清楚该走哪一条路，对一切事物的数量和准确位置都犹豫不决，只好凭着一时的冲动从一个事物到另一个事物来回往复，忙个不停。

十一　俄耳甫斯或哲学

俄耳甫斯的故事虽然家喻户晓，但并不是每一点都得到了完美的解释。它似乎用来表现普遍哲学。受人敬佩的俄耳甫斯能力非凡，精通所有和谐的音乐，曾用甜美舒缓的乐曲驯服了周围的动植物，并把它们吸引到自己身边来。所以，用个简单的比喻来讲，俄耳甫斯可以看作是人格化的哲学。既然智慧的地位和威力要高于体力，俄耳甫斯的成就要超过赫拉克勒斯（Hercules）的功绩。

由于深爱着突然去世的妻子，俄耳甫斯决定下到阴间，用琴声恳求冥王和冥后把她放回来。他的努力没有白费。他悦耳动听的歌声和琴声打动了冥王和冥后，让后者高兴得心花怒放，于是允许他把妻子带回人间，但前提是，回去时，他在前，妻子在后，到达阳间之前他不能回头观望。但对妻子的爱意和担心让他不能自已。快到安全地带时，他破坏了原先的约定，回头望了望，发现妻子突然从身边掉了下去，很快跌入阴间。从此，俄耳甫斯独居于偏僻之地，闷闷不乐，不愿再见到女人。在那里，他以同样美妙的歌声和琴声引来了各种各样的野兽，去掉了它们的兽性，让它们忘记了所有的争吵和凶残，不再受七情六欲的驱使，不再为填饱肚子而追赶猎物。它们温和友善地站在他四周，像在剧院里一样，倾听他悠扬的琴声。不仅如此，魅力无比的乐曲甚至感动了树木和石头，使它们离开原来的位置，在俄耳甫斯的周围井然有序地站好。俄耳甫斯相当成功地把这种状况维持了一段时间，简直令人不可思议。后来，一些色雷斯（Thracian）的妇女在酒神巴克科斯的煽动下来到了俄耳甫斯的居住地。她们先是吹起了号角,令人讨厌的号声嘶哑低沉,盖过了俄耳甫斯的琴声,使乐曲失去了能够维持秩序和友情的魔力。如此一来,局面大乱。野兽又恢复了本性,像往常一样弱肉强食,石头和树木也不再各就各位,俄耳甫斯本人被愤怒的妇女撕成碎片,抛尸荒野。俄耳甫斯死后,缪斯女神的河流赫利孔(Helicon)悲愤交加,掩面于地下,到其他地方才露出地面。①

　　寓言表达的似乎是下面这个意思。俄耳甫斯的乐声有两种功能,讨好冥府与吸引野兽和树木。前者最好理解为自然哲学,后者为道德和政治哲学。因为自然哲学最崇高的任务首先是恢复和更新不能持久的东西,其次是把事物保持在当前的状态,延缓老化和死亡,这与前者实际上是一码事,只是低一个层次。假使这确实能够实现的话,也只能靠恰如其分地调节自然的各个部分,这与精确地调节琴弦,让其发出和谐的乐声,没有什么两样。这是一项最困难的工作,常常没有什么结果。其失败的原因可能只是因为好奇,没有耐心和过早地瞎忙碌。一旦发现自己不能胜任这项伟大的事业,哲学怀着忧郁的心情转向了适合自己的人类事务,通过说服和雄辩潜移默化地让人们热爱美德、公正与和平,教导他们团结友爱、服从政府、自我节制和遵纪守法。接下来就开始建造房屋和城市,让田野和花园绿树成荫。可以毫不夸张地说,石头和树木离开了原来的位置,来到了哲学周围。我们看到,先是孜孜不倦的实验,企图让死人复活,然后是实验失败,接下来恰当地描写了哲学如何应用于政治事务,也遵循了事件发生的顺序。的确,人们明确地意识到死亡不可避免时,就通过功名获取不朽。故事还巧妙地点出,俄耳甫斯讨厌女人和婚姻,是因为甜美的婚姻和儿女情长常常阻碍了人们为国家做出伟大崇高的贡献,让他们仅满足于在种族和血统上而不是在事

---

① [译按]在赫利孔山两处露出地面,形成泉水,为诗人灵感之源。

业上获得永恒。

依赖智慧所完成的事业尽管在人类世界中最为出类拔萃，但它们也有自己的兴衰沉浮。一般而言，国家在繁荣一段时间之后会出现动荡、骚乱和战争，这些动乱首先使法律失效，接着，人们恢复到堕落本性，田地荒芜，城市萧条。若动乱持续下去，文艺和哲学不久就会被撕得粉碎，仅仅会留下一些残篇，分散各处，像海难后漂流的船板。不久，野蛮时代开始了，赫利孔的水沉入地下，按照既定的事物盛衰规律，又可能在其他国家破土而出，而不是在它们原先的地方。

十二　卡卢姆或物质的起源

根据诗人们的说法，天神卡卢姆（Coelum）① 是众神中最古老的神，曾被自己的儿子农神萨杜恩（Saturn）用镰刀割掉了生殖器。萨杜恩儿女众多，但儿子一出生就会被他吃掉，而后来的朱庇特却幸免于难。朱庇特一长大就推翻了其父萨杜恩的统治，把他投入塔塔罗斯深渊，占有了他的王国。同样，朱庇特用镰刀（这把刀曾被萨杜恩用于割掉卡卢姆的生殖器）割下了萨杜恩的生殖器，并将之扔到海里，结果从里面生出了维纳斯。后来，据说朱庇特的江山还未坐稳，就经历了两场惊天动地的大战，一场是与提坦族（Titan）作战，当时只有一个提坦太阳神萨恩（Sun）站在朱庇特一边，他在降服提坦的过程中，立下了汗马功劳。第二场是与巨人族②作战，他们同样被朱庇特用霹雳和军队击败。平息了这些反叛之后，朱庇特的王位才算稳固。

这个寓言似乎在叙述事物的神秘起源，与后来德谟克利特的哲学如出一辙，后者更为公开明确地提出物质不灭，但否认世界不灭。这一点有些接近《圣经》中所宣称的真理，它表明在上帝从事六天工作之前，物质没有形体。

寓言可以这样解释。卡卢姆指一个包含着所有物质的凹形空间。萨杜恩指物质本身。只要物质的总量保持不变，自然的绝对量不增不减，就可以说物质剥夺了父母的生殖能力。起初，物质

---

① ［译按］卡卢姆，希腊神话中的乌拉努斯（Uranus），罗马神话中写作 Caelus。

② ［译按］提坦与巨人都是朱庇特的叔父。

的躁动产生了一些有缺陷的松散的事物，它们不能结合在一起。这只是创世的初步尝试。后来出现了结构，能够维持物质的形状。这就出现了两个时间段，第一个是萨杜恩统治时期，在这期间，事物短寿且频繁死亡，所以，萨杜恩被称为食子者；第二个是朱庇特在位时期，他结束了前一时期变动不居的物质，把它们投入塔尔塔洛斯深渊，即骚乱之地，这个地方好像位于上天的最底层和地的最深处之间，骚动、短命和死亡主要发生在这个中间地带。萨杜恩执政期间有一套繁衍机制，据说当时维纳斯还没有诞生，因为在物质世界中，只要冲突的力量压倒和谐的力量，发生变化的只可能是整体而不是局部。萨杜恩被阉割前，事物就这样产生和灭亡。但一旦这种繁衍方式停止，它就即刻由维纳斯的方式所取代，这时，和谐的力量强大起来并占了上风，变化一点点地进行，而整个物质结构则保持完整不变。然而，故事中的萨杜恩只是被赶下台，并没有被消灭，因为根据德谟克利特的观点，世界可能会再次跌入古时无政府的混乱状态，卢克莱修（Lucretius）① 曾祈求这样的事不要发生在他那个时代：

> 但愿强大的命运之神让其远离，
> 让我们通过理智知道它，但不要经验它。

形体和能量稳定之后，世界并不马上平静下来。首先是发生在天上的严重骚动。然而，一统天下的太阳神萨恩在那里使天国归于平静，保存了地球的现状。后来，在下界同样也发生了大变动，即洪水、暴雨、大风和地震，它们涉及的范围比我们现在的要广得多。等到这些也平息之后，世间万物终于归于长治久安的和谐状态。

---

① ［译按］卢克莱修，古罗马诗人、哲学家（前99—前55）。

然而，需要注意的是，不仅寓言中有哲学，哲学中也有寓言。信仰告诉我们，所有这些猜想只是理性的启示，而这些启示早已废弃失效了。由物质和结构构成的世界确实是造物主的创造。

十三　普洛透斯或物质

我们从诗人那里得知，普洛透斯（Proteus）是尼普顿①（Neptune）的牧人。他上了年纪，是个先知。实际上，他在三个方面都是首屈一指的先知，不仅能预知未来，还知道过去和现在，因此，除了预言，他还能揭示和解释各种奥秘和古代的所有东西。他住在巨大的洞穴里，在那里，他每天中午都要清点海豹的数目，然后再去睡觉。若有人想找他帮忙，唯一的办法是先把他的手捆起来，然后给他戴上铁链。为了逃走，普洛透斯会施展各种奇怪的变化，如火、水、野兽等，最后，他仍恢复原形。

这个寓言似乎意指自然的秘密和物质的状态。寓言用普洛透斯表示物质这种仅次于上帝的最古老的事物。物质位于天穹之下，就像在洞里一样。可以称其为尼普顿的仆人是因为物质主要采用液体的形式运动变化。普洛透斯的牧群只不过是通常的动植物和矿物之类的东西，物质可以说散失到这些东西当中去了，它本身却销声匿迹了。构成这些东西之后，物质好像睡着了，似乎工作已经完成，不再准备造出新的东西。普洛透斯点查豹群后回去睡觉就是这个意思。这个情节的发生既不在上午也不在晚上，而在中午。换言之，物质已经充分准备好并预先做了安排，只等时机成熟便从中制造出各式各样的物来。这个成熟时机就是中午，即未发育完全与衰退的中介点。我们从《圣经》上的历史就可以知道创世之初实际上也是如此。那时，在神的召唤下，由神言创造出的物质没有磨磨蹭蹭，而是马上聚集起来，在那一瞬

---

① 尼普顿：罗马神话中的海神，在希腊神话中为波塞冬（Poseidon）。

间产生完美的作品,形成了繁多的物种。普洛透斯与他的兽群在一起自由自在,在这一点上,寓言相当完美,因为自然以及其具有寻常结构和形状的物种和种群仅仅是外化了的无拘无束的物质。然而,若自然的仆人技艺娴熟,以武力威胁物质,激怒它,让其无计可施,仿佛要消灭它(当然,物质的灭绝只有全能的上帝才可以办得到),物质发现自己陷入困境,会变换成各种怪形状,从一种到另外一种,直到完成一个周期,如果继续对其施加压力,它最后会恢复原状。如果绑上物质的双手,即让它无计可施,施加压力才能更容易更快捷。寓言中还提到普洛透斯是个先知,通晓过去、现在和未来,这与物质的本性相一致。如果人明白了物质的条件、性质和发展过程,他肯定也通晓所有事物过去、现在和未来的数目和普遍问题,但我不是说他能够知道局部和个别问题。

十四 门农或早熟

据诗人讲,门农(Memnon)是黎明女神奥罗拉(Aurora)的儿子。他参加特洛伊战争时已名扬四海,精良的武器使他特别引人注目。战场上,他仓促上阵,一时兴起,竟然与最英勇善战的希腊大将阿基琉斯(Achilles)单打独斗,结果死在对方手下。朱庇特同情他,让小鸟去参加他的葬礼,它们从此终年悲鸣。他的塑像据说经朝阳一照就会发出哀叹。

寓言似乎指那些具有远大前程的青年,他们英年早逝,令人扼腕。这些人急功近利,表面的浮华常常使他们目中无人,冒险去做力不从心的事业,敢于挑战最勇敢的英雄,结果,力量对比悬殊的争斗让他们灰飞烟灭。但对于他们的死,无数的人会表示同情。在所有的突发死亡中,他们的去世最值得人们哀悼,最具感染力,因为美好的花朵尚未绽放就遭到扼杀。再者,他们生命短暂,还来不及享受生活和赢得人们的羡慕,否则,人们对他们的死也不会这么感伤。恸哭声像祭奠的小鸟的哀鸣,回荡于火葬堆四周,惋惜之情还要持续好长一段时间,新的意外死亡或重大战争和事件的爆发又会勾起并重续人们对这些人的惋惜之情,就像受到早上阳光的触动。

十五　提托努斯或腻味

诗人们创作的关于提托努斯（Tithonus）的寓言非常优美。黎明女神奥罗拉爱上了他，想与他永远生活在一起，于是恳求朱庇特赐他永生。但由于女人天生的粗心大意，她忘记请求朱庇特，让提托努斯永葆青春。提托努斯被免除了必死的命运，但他必须经受极其痛苦的老年。年龄的重负一年年加重，朱庇特怜悯他，最后把他变为蚱蜢。

这个寓言巧妙地描述了肉体享乐，后者在起初或黎明时分让人快乐，人们都祈求这些快乐持续下去，并永远为他们享受，但他们忘记了，对肉体享乐的腻烦和厌恶像老年一样会在不知不觉中侵袭他们。后来，人们没有了肉体享受的能力，却仍有欲望，他们只好谈论年轻时的享乐，并乐此不疲。好色之徒就是如此，他们时常滔滔不绝地讲述下流故事；士兵也是一样，他们总是在叙述自己的风流韵事。这些人像蚱蜢，只能耍嘴皮子。

十六　朱诺的求婚者或羞耻

据诗人们讲，朱庇特追求他的情人时曾做过多种变化，如公牛、老鹰、天鹅和金雨。但追求朱诺时，却变成了受人耻笑的最下贱的布谷鸟，这只鸟经历了暴风雨，浑身上下都湿透了，战战兢兢，半死不活，一副可怜兮兮的样子。

这个富有哲理的寓言来源于高层次的道德知识。它表明，人不能自负地认为，施展自己的才华就可以赢得其他任何人的尊重和好感。这要取决于对方的品性。如果对方没有真才实学，只是自命不凡，本性恶毒，像本寓言中的朱诺一样，那他应该明白，自己千万不能显出任何荣耀和尊严，哪怕微不足道的一丁点都不行，否则只会干出蠢事。对这种人仅仅降低自己的身份，奴颜婢膝，仍然不够，还要摆出落魄绝望的样子来。

十七　丘比特或原子

诗人们关于爱神丘比特的叙述并不大适用于丘比特,二者之间的差异或许可以让人看到其中的混乱和相似之处,从而让人有所扬弃。

据诗人们说,爱神是最古老的神,与混沌之神卡俄斯(Chaos)同时代,是除了卡俄斯之外最古老的事物,但古人从未把卡俄斯当神看待。诗人讲到,爱神根本没有父母,但有些诗人说他来自于黑夜(Night)的一个卵子。爱神从卡俄斯之中孕育出了包括众神在内的所有事物。他共有四个特征:永远是个幼儿、双目失明、全身赤裸、擅长射箭。另外还有个爱神丘比特,他是维纳斯的儿子,也是众神中最年轻的神。人们把老爱神的特征转给了丘比特,在某种程度上这些特征也适合他。

这个寓言讲述了自然世界的童年并做了进一步探讨。根据我的理解,这个爱神是原初物质的本能,说白了,它是原子的自然运动,这种运动实际上是独一无二的力量,它从物质中建构出了万事万物并加以形塑。爱神完全无父无母,也就是没有原因。既然原因会产生结果,它不可能有自然原因,因为除上帝之外,在它以前无物存在,也就没有动因;在自然中,爱神最先存在,所以它不属于某一类也不具有某种形式。无论爱神是何物,它都具有建设性和神秘性。即使有可能搞清楚它的运行方法和过程,也不能从原因方面解释,因为它仅次于上帝,是原因的原因,其本身没有原因。人类不可能希望认识和理解它的运作方式,所以,寓言把它描述为黑夜产下的卵,十分合理。这当然也是那位圣贤的观点:"上帝造万物,各按其时间成为美好,又将永生安置在世人心里。然而,上帝从始至终的作为,人不以参透。"① 上帝把自然规律的总则印于物质的微粒之上,让它们聚集起来,通过复制和增大衍生出多姿多彩的自然界。对于自然总则,人类的思维只能点到即止,不可能融会贯通。

希腊哲学研究事物的物质规律时又仔细又敏锐,研究运动规律时则粗枝大叶软弱无力,而运动规律是所有运行的关键所在。就当下讨论的这一点而言,希腊哲学好像在愚昧无知地胡言乱语,因为逍遥学派(Peripatetics)认为,物质趋向于减损的最初冲动仅仅是因为语词,但语词只是事物的名称,不是对事物的描述。把最初冲动归功于上帝的人完全正确,但他们只是径直得出这个崇高的结论,没有经过一步一步的论证。毫无疑问,我们仅有一条总则,它以自然为中心并从属于上帝。事实上,刚才的引文"上帝从始至终的作为"也表达了这个意思。德谟克利特对物质做了较为深刻的思考,他首先赋予原子以形状,认为原子有一种绝对唯一的根本欲望或运动。通过比较,他又得出第二种欲望。在他看来,所有的物体依照各自的本性向世界的中心运动,但含有物质多的物体运动得快,把含物质少的物体挤到一边,迫使后者另走他路。这个理论只总结了个别事例,过于偏颇,似乎不能解释也不兼容于膨胀和收缩现象以及天体的圆周运动。伊壁鸠鲁(Epicurus)草率无知地认为原子具有偏斜性和偶然性,这是个倒退。不言而喻,丘比特的出身是个揭不开的谜。

让我们看一看丘比特的特点。寓言中,他永远是个孩童,这种描写很高明,因为混合物个头大,有生老病死现象,而物体的最基本的种子——原子十分微小,永远处于幼年时期。

把丘比特描写成裸体无疑也很准确。仔细想想,所有的混合物其实都戴着面具,穿着衣服,只有它们的基本微粒才是真

---

① 圣贤指所罗门,参见《圣经·传道书》3:10。

正裸体。

同样，丘比特双目失明也包含了富有哲理的寓意。无论丘比特是谁，他看起来几乎没有远见，像盲人探路一样，依靠离其最近的事物引路。这使具有远见的最高的神更加令人敬仰。那些完全不具备远见的事物如同瞎子一样，神根据一条必然法则从它们身上推演出完美的井然有序的自然界。

丘比特最后一个特征是精于箭术，即一种远距离的行为。所有的远距离活动都如同射箭。有人认为真空仅仅渗透于空间之中，不能单独存在，但只要他同意原子与真空理论，那必定意味着原子有在真空造成的距离之间移动的特点，否则，就不会产生运动，所有的物体也将静止不动。

丘比特作为最年轻的神这种说法是合情合理的，因为在物种构成以前，丘比特不能采取任何行动。寓言描写他时，改变了目标，转到道德问题上来了，但他与老丘比特之间仍具有一致性。维纳斯激起结合与生育的普遍欲望，她的儿子丘比特把这种欲望应用于个体。因此，一般的性情来自于维纳斯，具体的共鸣情感则来自于丘比特。前者取决于触手可及的原因，后者取决于深层次的命运，仿佛来自于古老的丘比特，因为他是所有强烈共鸣的源泉。

十八 狄俄墨得斯或宗教狂热

智慧女神帕拉斯特别宠幸声名远扬的英雄狄俄墨得斯（Diomedes），并教唆他在战场上碰到维纳斯不要手下留情。本来就十分聪慧的狄俄墨得斯按照帕拉斯的吩咐大胆刺伤了维纳斯的手。当时，他未受到神的惩罚，凯旋回国，由于家庭变故，他被迫避难意大利。起初，他在这里一帆风顺。国王多努斯（Daunus）友好接待了他，赏赐给他诸多荣誉和礼物，并在全国树立他的塑像。后来，一场灾难突然降临到这个国家，多努斯认为，自己的客人曾对抗上天，野蛮地用剑击伤了摸都不能摸的女神，所以他不虔诚，遭到众神的忌恨。为让国家摆脱厄运，多努斯舍弃好客的风俗，听命于古老的宗教传统，陡然处死了狄俄墨得斯，推倒他的塑像，取消他的荣誉。对这样令人痛心疾首的飞来横祸表示怜悯都会有危险。狄俄墨得斯的随从们哀悼首领的死亡，哭声传遍了整个国家，结果他们被变成天鹅，这种鸟临死前会发出哀鸣。

这个寓言的主题很少见，几乎是独一无二的，因为其他故事中从未提到伤害神祇的英雄，也只有狄俄墨得斯一人这样做了。在狄俄墨得斯身上似乎真正体现了一些人的性格与命运，这些人明确表示，他们的目的是用暴力和利剑打击并推翻某种轻浮愚蠢的宗教信仰。古人没听说过宗教战争，因为异教诸神丝毫没有真正的上帝所具有的嫉妒之心，但古人的智慧卓越非凡，包罗万象，对于没有亲身经历之事，他们也可通过反思和想象获得那种思想。

维纳斯体现了愚蠢、邪恶、臭名昭著的教派。对这种教派进行宣战的人不是依靠理性、教义、圣洁的生活,也不是依靠榜样和政府的力量去纠正和驳斥它们,而是依赖火与剑以及严酷的惩罚去灭绝它们。这些人可能受到帕拉斯的恩惠,换言之,敏锐的辨别力和判断力使他们洞悉这些教派的谬误;此外,他们满腔热忱、疾恶如仇。一般来讲,这些人暂时会获得巨大的光荣。从不喜欢平淡的俗人颂扬和崇拜他们,几乎认为只有他们才是真理与宗教的斗士,令其他人看起来黯然失色、胆小如鼠。然而,光荣和幸福很少能持续到终点。所有暴力行为只有夭折才能避开命运的盛衰,否则,最终也不会有好结果。若后来情况发生了变化,原先被禁止和压制的派别壮大了力量,重新抬头,这时,那些热血沸腾争论不休的人就会遭到惩罚,他们的名字受人痛恨,他们的荣誉成了非难的对象。狄俄墨得斯被主人谋杀表明,宗教上的差异甚至在贴心朋友之间也产生了虚伪和背叛。据说,他的随从为此感到悲伤,举行哀悼活动也遭到了禁止和惩罚。这意味着,虽然每一种犯罪都会有人同情,痛恨犯罪行为本身的人可能在道义上也怜悯不幸的罪犯及其所受到的灾难,而且,禁止这种人道上的怜悯是最大的罪恶,然而,如果涉及宗教问题,流露同情之心就容易引人注意,不讨人喜欢。另外,狄俄墨得斯的同伴表示同一教派持相同观点的人,他们的哀悼声一般而言非常尖厉,富于乐感,像天鹅即狄俄墨得斯之鸟唱出的曲子。这部分寓言的深层具有明显的崇高思想,也就是说,人们因为宗教遭受苦难时,他们临终前的言语像天鹅临死前的哀鸣,会给人们留下极其深刻的印象,使人久久不能忘怀。

十九　代达罗斯或技工

代达罗斯（Daedalus）是个杰出的天才，但品性不好。古人通过他描述了机械技术和才能，以及一些不正当的奇技淫巧及其滥用。代达罗斯曾谋害了自己的同学兼对手，被驱逐出自己的国家，但在流亡中却受到很多国王和政府的欢迎。他设计并修造了大量宏伟壮丽的建筑，既有神庙，也有美化城市与公共场所的高品位工程，但真正让他闻名遐迩的则是其不道德的发明创造。他曾设计了一个装置，满足了帕西法尼（Pasiphae）① 对一头公牛的爱欲，不幸由此诞生了臭名昭著的人牛怪物弥诺陶洛斯（Minotaurus），这个怪物还需要吞食聪慧的童男童女。这都是代达罗斯恶意施展才华的结果。为掩饰第一桩恶作剧，他又谋划了另一桩，修建了一处迷宫，以保证怪物的安全，迷宫用意邪恶，但设计上却是鬼斧神工之作。后来，他的名声并不仅仅建立在奇技淫巧之上，他还可以帮人做凶器及帮人做金创药。他发明了精巧的线索，通过它进入迷宫之后还可回来。代达罗斯遭到国王弥诺斯不遗余力的严厉迫害，但他总能找到逃脱的方法和避难的地方。最后，他教儿子伊卡罗斯（Icarus）飞行，后者初学此道，想炫耀自己的本领，结果从天上落入海中而死。

寓言可以这样解读。作品开门见山地指出，嫉妒强烈地支配着伟大的工匠们，让他们坐卧不安，因为只有他们这类人嫉妒成性，常常因为嫉妒而耿耿于怀。

寓言接下来讲到，施加刑罚即驱逐出境欠缺考虑，量刑不

---

① ［译按］帕西法尼，国王弥诺斯（Minos）之妻。

当。杰出的工匠在世界各地都会受到欢迎,对于卓越的工匠来讲,流放几乎不算什么惩罚。工匠所在国的其他生活方式和习惯虽然不会轻而易举地在外国流行起来,但尊崇工匠的习俗却盛行于国外,因为就技术而言,人类贵远贱近的本性使他们轻视本国的工匠。

接下来谈论技术的用途,这部分浅显易懂。正是由于技术,人类才获得了进行宗教活动的用具,才美化了国家和生活。同时也产生了淫具和致命的武器。皮条客们的工具就不用提了,见血封喉的毒药以及像大炮之类具有毁灭性的机器都是技术的创造。我们十分清楚,这些东西的杀伤力和残酷程度要远远超过弥诺陶洛斯。

寓言的又一高明之处在于采用迷宫,它暗指技术的普遍本质。所有巧妙的货真价实的技术创新都可称为迷宫,因为它们精巧细微、复杂多样,并且各部分之间看起来几乎没有什么差别,只有实验线索才能发现它们之间的不同。设计迷宫的人同样展示了如何使用线索,这一点也没有偏离主题,因为技术具有两面性,既可用于伤害又可用于治疗,在多数情况下,技术都可消解自身的威力。

另外,技术的不正当应用与技术本身常常受到弥诺斯即法律的追究,后者对它们会施以刑罚,禁止人们使用。然而,这些技术被人隐藏起来,它们到处都可找到爱好者和藏身之地。塔西佗(Tacitus)当时就曾注意到类似的情况,他称占星家和算命先生是"我们国家永远需要保留和禁止的一类人"。随着时间的流逝,这些不合法的奇技淫巧大部分名不符实,像从空中摔落的伊卡罗斯,逐渐失去了人们的尊重,遭人鄙视,过多的炫耀让它们趋于消亡。说实话,要控制住它们,诉诸法律不如依靠这些技术本身自命不凡的特点。

二十　厄尼克托尼俄斯或欺骗

诗人告诉我们,火神伏尔坎(Vulcan)追求智慧女神米涅瓦,他当时欲火中烧,试图强暴她。在接下来的厮打过程中,他的精子散落在地上,由此诞生了雅典国王厄尼克托尼俄斯(Ericthonius)。厄尼克托尼俄斯上半身风流倜傥,但双腿畸形瘦弱,如同鳝鱼。意识到自己身体的缺陷,他第一个发明了马车,这样可以炫耀英俊的上身,掩饰丑陋的下身。

这个令人惊奇的故事似乎暗含着以下寓意。大量利用火来工作的伏尔坎表示技术,米涅瓦由于其创作中的智慧用来表示自然。技术意图通过暴力迫使自然就范,达到征服自然的目的,这种努力常常达不到目的。但在谋划实践过程中,即在厮打过程中,会附带产生一些怪胎和豆腐渣产品。这些东西中看不中用,禁不起敲打,但骗子却拿着它们到处招摇过市,大肆炫耀。这些东西常见于化工产品和一些新奇的小发明。当发明人专心致志于他们的产品,而没有改正错误的设计路线时,情况尤其如此。他们宁愿与自然厮打,也不愿意通过足够的细心和观察赢得自然的芳心。

二十一　丢卡利翁与再生

诗人们讲,灭世洪水将旧世界的居民统统灭绝,只留下丢卡利翁(Deucalion)和妻子皮拉(Pyrrha)。这两个人满怀热情,虔诚地希望恢复人类。他们寻求神谕,得到的回答是,他们向前走时要把母亲的骨头扔向身后,这样就能如愿以偿。起初,这让他们感到悲伤绝望,因为自然都被洪水抹平了,找个坟墓简直是白费力气。但最后他们发现,大地是万物之母,神谕所指的就是大地上的石头。

这个寓言似乎是在揭示自然的一个秘密,纠正人类思维常犯的一个错误。无知的人断定,物体会借助自身的腐朽达到再生的目的,并长此继续下去,仿佛凤凰从自己的灰烬中再生。事实并非如此,这类物质已走到了生命的尽头,对于其成长的初期无丝毫帮助,所以,我们必须回到更为普遍的原则上来。

二十二　涅墨西斯或世事无常

据说，人人敬畏的复仇女神涅墨西斯让权贵们和春风得意之人也感到恐惧。传说她是黑夜和海洋之神的女儿，长有双翅，头戴王冠，右手持白杨木制作的长矛，左手拿着装有埃塞俄比亚人的杯子，座下是一头鹿。

寓言可以这样理解。涅墨西斯的名字本身清楚地表示"复仇"或"报应"之意，因为这位女神的职责就是要打断幸运儿们的幸福状态，像古罗马的护民官一样使用"否决权"，不让任何人获得一成不变的永恒幸福。她不仅严惩无礼行为，而且也会让无辜的中等幸福之家遭受不幸，似乎只有在玩笑中，人才能分享众神的宴席。我曾认为奥古斯都（Augustus Caesar）① 是最幸运的人了，他知道如何享受运气，在他的思想中根本看不到自满、轻浮、软弱、迷惑和忧郁的迹象，他甚至曾决定按自己的意愿去死。但普林尼（Caius Plinius）用一章记述了奥古斯都所遭受的灾难和痛苦，我读过之后感到，复仇女神用这样一个人来祭奠她的神坛，可见她的威力的确巨大。

女神的父母分别是海洋之神和黑夜女神，分别暗示命运的兴衰沉浮和上帝不为人知的秘密判决。海洋永远都在变动不居、潮起潮落，很适于表示世事的盛衰，黑夜的形象用于表示秘密的神意也恰如其分。甚至异教徒们也注意到隐秘的复仇女神，注意到神与人的判断之间的差异：

---

① ［译按］奥古斯都，古罗马帝国第一任皇帝屋大维。

>里弗斯（Ripheus）① 也倒下了，
>正直诚实的他哟
>特洛伊难找第二人。
>但众神另有看法。②

涅墨西斯拥有双翼表示世事变化的突然性和不可预见性。在历史记载中会发现，伟大的哲人常常死于自己最为不屑的危险之中。西塞罗就是这样的人。布鲁图（Decimus Brutus）提醒过他，让他提防屋大维（Octavius Caesar）的恶意和背叛行为，西塞罗只是回复说："亲爱的布鲁图，你的消息虽然可笑，但我仍然十分感激你。"

涅墨西斯头上戴的王冠暗示那些贱民嫉妒恶毒的本性。因为，每当权贵们和幸运儿倒下，百姓便会欢呼雀跃，为涅墨西斯戴上王冠。

女神右手中的长矛用于攻击伤害对象。对于没有遭受不幸和灾难的人，她会向他们展示左手中不祥的神秘幻影，因为凡人即使在幸福的顶点也会预感到死亡、疾病、朋友之间的背信弃义、敌人的阴谋诡计以及命运的沉浮等诸如此类的事情，就像杯子里的埃塞俄比亚人。难怪维吉尔描写亚克兴（Actium）之战③时，曾这样精彩地讲到埃及王后克娄巴特拉（Cleopatra）：

>女王身先士卒，擂鼓激励
>军队冲杀，谁想到

---

① ［译按］里弗斯，特洛伊陷落时与埃涅阿斯（Aeneas）一起作战的特洛伊战士。

② 维吉尔，《埃涅阿斯记》卷二。

③ ［译按］亚克兴，公元前31年罗马舰队在屋大维率领下，在此击败安东尼（Antony）与克娄巴特拉。

背后还有两条毒蛇。①

不久,她发现条条逃路上都充满了大队的埃塞俄比亚人。

最后一点也意味深长,涅墨西斯骑着一头鹿。鹿的寿命很长,夭折的人可能逃脱了女神的威胁,但飞黄腾达的人任何时候无疑都受制于这位女神,仿佛把她驮在背上。

---

① 维吉尔,《埃涅阿斯记》卷八,696 行。

二十三　阿克罗斯或战争

据说，赫拉克勒斯和河神阿克罗斯（Achelous）都想娶德伊阿尼拉（Deianira）为妻，为此争执不下，双方决定用比武解决问题。阿克罗斯能够变作各种形状，交战前他试了试，最后变作一头凶猛的公牛，咆哮着拉开了架势。赫拉克勒斯仍保持平常的人形，发起进攻。两个展开了肉搏。最后，赫拉克勒斯扭断了一个牛角。恐怖万状的阿克罗斯疼痛难忍，把阿玛尔特亚（Amalthea）① 的角即丰饶之角送给赫拉克勒斯，赎回了自己的角。

这个寓言暗指军事行动。在阿克罗斯代表的守方，为战争作的准备多种多样，而入侵者的形式只有简简单单的一种，仅有一支军队或舰队。准备抗敌的国家在领土上做数不胜数的应战准备，加固这个城池的军防，解除那个城池的军备；把人民从乡村集中到城市和城堡；这儿架一座桥，那儿拆一座桥；军队一会儿集结一会儿派遣，粮草时而筹备时而分发。整个国家忙于河流、港口、峡谷、森林及其他无数事情，可以说像阿克罗斯，一天变一个样。最后，一切准备就绪，国家成了栩栩如生的公牛，气势汹汹地准备战斗。由于害怕在敌国失去物质供应，侵略军渴望一战，这是他们的主要目标。如果他们获胜，就等于扭断了敌人的角，结果让敌人灰心丧气名誉扫地。为恢复元气，重整旗鼓，敌人退缩到防御更为坚固的地区，遗弃很多城市和土地让征服者肆意掳掠，这的确像是给了他们阿玛尔特亚的丰饶之角。

---

① ［译按］阿玛尔特亚，用奶哺育主神朱庇特的母山羊，它的角被称为丰饶之角。

二十四　狄俄尼索斯或欲望

据诗人们讲，朱庇特的情人塞默勒（Semele）① 让朱庇特实现她一个愿望，并让他发誓，这个愿望无论是什么都要给予满足，不能反悔。然后，她恳求朱庇特见她时的样子与他见朱诺时的样子相同，结果被烧死在朱庇特的怀中。朱庇特取出她腹中的孩子，缝在自己的大腿里，一直到孩子出生。这个重负使他走起路来一瘸一拐，腿中的孩子给他带来阵阵刺痛，狄俄尼索斯的名字便由此而来。狄俄尼索斯出生后被交给冥后普罗塞皮娜抚养了几年。长大后，他的脸像女人的脸，让人搞不清他是男是女。另外，他死后进入坟墓不久就复活了。年轻时，他发现并传授了葡萄种植技术与葡萄酒的酿造和饮用，这些东西人们以前闻所未闻。成名之后，他征服了天下，把疆界一直扩展到印度边境。他坐在老虎拉的马车上，周围有哥巴利（Cobali）、亚克拉多斯（Acratus）等畸形鬼在跳舞，众缪斯也加入了他的队伍。他与忒修斯（Theseus）遗弃的阿里阿德涅（Ariadne）结婚，其圣树是常春藤。据说他还首创了宗教仪式，不过，这些仪式狂热、邪恶、残忍。他有致人发狂的本领。在他的狂欢节上，据说，至少有一群受到他煽动而发狂的妇女把两个杰出的人物彭忒乌斯和俄耳甫斯撕成了碎片，当时，前者爬上大树要窥视狄俄尼索斯他们在做什么，后者在弹奏竖琴。另外，酒神狄俄尼索斯的事迹常常与朱庇特的事迹混淆。

这个寓言似乎是在论述道德，它确实也是最好的道德哲学。

---

① ［译按］塞默勒，忒拜王卡德摩斯之女。

巴克科斯表示了欲望或爱欲与烦躁。所有欲望包括最为败坏的欲望的根源无一例外都是希望满足眼前的善，这种想法通常不符合法律规范，在没有经过深思熟虑的情况下就仓促地给予满足。但是，当欲望升温时，欲望之母即善的本质由于不能忍受炙热的欲火而香消玉殒。孕育之中的欲望本身却仍待在人的灵魂之中，即它的父亲或朱庇特那里，处于灵魂的下层，如在大腿里一样。它在那里隐藏起来，吸纳营养。同时，它让大脑感到刺痛和沮丧，以至于大脑的决策和行动受到它的干扰不能正常进行，如朱庇特不能正常行走一样。欲望通过习惯性的满足变得强壮起来，会突然采取行动，但它仍要由普罗塞皮娜抚养一阵子。换言之，它要寻找藏身之地，把自己隐蔽起来，像待在地下。在摆脱羞耻和恐惧的禁锢之前，胆小怕事使它摆出正人君子的模样，与丑恶行为作斗争。另外，任何强烈的欲望都具有双重性别，的确如此，因为强烈的欲望同时具备男性的强悍和女性的软弱。巴克科斯死而复活这个情节也很巧妙，因为欲望有时仿佛睡着了或寿终正寝了，但不要相信它们。即使把它们埋葬，只要有机会，它们还会破土而出。

　　用葡萄藤作喻，这种手法也很高明。每一种欲望都善于发现自己的兴奋剂。就我们所知，酒最能有效激起烦躁感，是所有欲望共用的燃料。把欲望写作各个行省的征服者，进行一连串的军事征服，这种描写也别开生面，因为欲望从不满足当前，它要永不停息地追逐新的胜利。老虎被关在它的笼子里，套在它的马车上，因为一旦欲望不再步行，坐上马车，庆祝它对理性的胜利，它会残忍无情地清除挡住其道路的一切东西。让滑稽的魔鬼在马车四周跳来跳去，也很有意思，因为每种欲望都会伴随丑陋、畸形、魂不守舍的动作，这些动作都会表现在眼睛上，实际上在所有的面部表情和身体动作上也可以看出来。因此，一个人的愤怒、鄙视、爱欲等欲望最能表现在眼色上，在旁观者眼中，他显得滑稽可笑。缪斯女神们加入了欲望的队伍，这也有道理，因为任何一种欲望都有一门学问为其做粉饰。这里，人类才智的放纵和轻浮减损了缪斯的尊严，使本应是人类生活向导的她们成为欲望的追随者。

巴克科斯深爱遭到另一个男人抛弃的女人，这部分寓言特别具有教育意义。毫无疑问，欲望追求的东西都是经验所摒弃的。处于热烈追求和纵欲中的人为了满足他们的欲望会不惜任何代价，要让所有这些人明白，无论追求的目标是名誉、财富、爱情、知识或其他东西，他们只是在讨好被遗弃的东西。在历史上，很多人尝试过这些东西，发现它们令人憎恶，于是就把它们抛弃了。

把常春藤献给巴克科斯也同样具有神秘用意。它在两方面表现得恰到好处。首先，常春藤在冬天特别茂盛。其次，它有蔓延的习性，能够攀缘在树木、墙壁、建筑物等很多东西上。至于第一点，欲望都是由于受到压制才获得活力，兴盛起来，如肠壁的逆蠕动，这与常春藤在寒冷的冬季繁茂不无类似。至于第二点，主导欲望与常春藤一样侵入人类的所有行动和决策中，与其融为一体。把各种迷信仪式归到巴克科斯的头上并不奇怪，因为每种失去理智的欲望都滋生于伤风败俗的宗教里。同样，认为巴克科斯造成了疯狂也合情合理，因为每种欲望都是短暂的疯狂，若欲望变得猛烈持久，结果会造成精神病。另外，俄耳甫斯和彭忒乌斯两人被撕碎的场景具有明显的寓意：强烈的欲望不喜欢也不能容忍好奇的行为和坦诚有益的忠告。

最后，把巴克科斯与朱庇特混为一谈可以说是真正的寓言。因为，高尚的丰功伟绩有时来自于美德、清醒的理智和宽厚的胸怀，有时则来自于某种羞于见人的欲望，无论它们受到怎样的赞扬。如此一来，巴克科斯与朱庇特二神的事迹就很难区分开来了。

二十五 阿塔兰特或利益

以善跑闻名的阿塔兰特（Atalanta）与希波墨涅斯（Hippomenes）赛跑，但条件是，希波墨涅斯如果获胜，他将娶阿塔兰特为妻，如果输了，就会被处死。结局似乎只有一个，因为许多参赛者的死亡证明阿塔兰特在跑步方面无人能比。希波墨涅斯于是施展了小计谋，随身带了三个金苹果。赛跑开始，阿塔兰特领先。看到自己落后，希波墨涅斯想起自己的计策，向前滚出一个金苹果。苹果虽然能让阿塔兰特看见，但不在正前方，而是偏向一边，所以不仅能拖住她，还把她引出跑道。受到闪闪发光的金苹果的吸引，阿塔兰特带着只有女人才有的好奇离开了跑道，向苹果跑去，弯腰把它捡起来。希波墨涅斯此时沿着跑道跑了很远，超过了她。然而，她凭借天生的敏捷把失去的时间弥补过来，又一次领先。后来，希波墨涅斯以同样的方法两次妨碍她，最后靠计谋而不是速度赢得了胜利。

故事的寓意简直是奇思妙想，它讲述了技艺和自然之争。若没有东西阻止，阿塔兰特代表的技艺要快于自然，可以说是二者中最快的跑步选手，会最先到达终点。基本上处处都可以看出这一点。瞧，由果核到果实需要漫长的时间，可通过嫁接很快就可得到果实。泥土需要很久才能变成石头，但经过烘烤很快就变成砖头。在修身养性方面也同样，按照自然的规律，减轻和忘记痛苦通常需要很多时日，但可以当作生活艺术的哲学无需很久就能抢先达到这个目的。然而，人类却因金苹果一而再再而三地失去时间，耽误了自己发挥技艺的优势和威力。所有的科学或技艺都没有能够始终坚持正确的道路，到达终点。它们总是半路停下来，像阿塔兰特那样追逐利益和财物，离开跑道，"离开正道，攫取滚动的金子"。因此，也难怪技艺比不过自然，根据比赛规则也不能处死她。相反，技艺仍旧臣属于自然，如同妻子听命于丈夫。

二十六　普罗米修斯或人类的状况

据说，普罗米修斯（Prometheus）用泥土造出了人，只是他撷取各种动物的东西，糅合到了人身上。他希望帮助和保护自己的作品，不仅创造了人类，还要让人类壮大起来。于是，他带了一束茴香木条，溜到天上，在太阳马车上点着，再带到地上，送给人类。据说，人类受了他如此大的恩惠，不仅没有感激之情，还相互勾结，在朱庇特面前指责他和他的发明。他们的这种行为似乎并不符合正义的标准。他们的控告非常符合朱庇特和其余众神的心意，乐不可支的神祇们于是不仅让人类随意使用火，还给他们一个最让人垂涎三尺的新礼物——长生不老。愚蠢的人类喜出望外，把众神的礼物让驴来驮着。在回家的路上，口渴难耐的驴子见到一眼清泉，但有条毒蛇奉命看守着泉水，不让它喝，除非它把背上驮的某种东西作为交换。可怜的驴子答应了这个条件，于是，一口水使长生不老的能力从人类转到了毒蛇那里。人类失去了礼物之后，普罗米修斯又与他们和好如初，但他仍对朱庇特心怀怨恨。即使在献祭时，他也会肆无忌惮地欺骗朱庇特。据说，有一次普罗米修斯杀了两头牛，他把两头牛的肉和油脂塞到一头牛的皮里，另一张皮里塞的只有骨头。他把两头牛带到祭坛前，摆出一副忠诚友善的样子，让朱庇特任意挑选，朱庇特厌恶了他的伎俩和虚伪，知道如何报复他，有意选用了那头徒有其表的牛。一心要报复的朱庇特发现，普罗米修斯对自己的作品——人类极其自负和骄傲，所以，只有严惩人类才能打掉他的嚣张气焰。朱庇特于是让伏尔坎制造一个漂亮可爱的女人。完工之后,每个神都给了她一件礼物,她由此得名潘多拉(Pandora)。① 然后,众神把一个漂亮的花瓶放在她手里,瓶子里装满了灾祸,只在瓶底放着希望。潘多拉手托着花瓶首先来到普罗米修斯那里,看他是否愿意接受并打开瓶子,但被谨慎狡猾的普罗米修斯拒绝了。接着,遭到拒绝的潘多拉来到普罗米修斯的弟弟埃庇米修斯(Epimetheus)那里,他与普罗米修斯的性格完全不同,毫不犹豫地打开了瓶子。看到所有的灾祸都冲出来了,埃庇米修斯才明白过来,但为时已晚。他尽力重新把盖子拧紧,但只留住了在瓶子底部的希望。后来,朱庇特抓住了普罗米修斯,控诉他犯了多种严重的罪行:偷盗天火;使用假祭品,蔑视朱庇特的权威;鄙视并拒绝朱庇特的礼物;试图强奸智慧女神米涅瓦,只有这最后一项罪行以前没有提到过。普罗米修斯因此被套上脚镣手铐,受到永恒的折磨。按照朱庇特的指示,他被拖到高加索山(Mount Caucasus)上,紧绑在柱子上,让他动弹不得。有只鹰白天会啄食他的肝脏,但被吃掉的东西夜间会重新长出来,这样,折磨将永不停止。但诗人们说,这种惩罚终于有了尽头,因为赫拉克勒斯乘着太阳神给他的杯子渡过大海,来到高加索射死老鹰,解救了普罗米修斯。为纪念普罗米修斯,一些国家设立了火炬赛。参赛者要手持火炬进行跑步比赛,半路上火炬熄灭的选手要退出竞赛,让后面的人争夺胜利,第一个到达终点且火炬仍然在燃烧的选手将获得奖励。

这个寓言从表层到深层都包含有真正严肃的思考。有些事情早就有人注意到了,另外一些则从未有人谈及。

普罗米修斯明显表示神。古人认为,神的工作有一项比较独特,那就是创造了人。这首先因为,毋庸置疑,人的本质在于理智,而后者是神性的居所;再者,认为理智来源于残忍的非理性

---

① [译按]潘多拉的意思是"得到所有的礼物"。

本原未免有点强词夺理，不能令人信服，所以，必然先有伟大的神，然后根据神的安排和许可，人的精神才被赋予了神性。如果我们着眼于目的因，寓言的首要目的在于，人似乎应当作为世界的中心。没有了人，其余的一切都将错位，没有了目标，正如俗话说的那样，像没有捆扎的扫帚，终将没有丝毫用处。世上的万事万物一起为人类效劳，后者让每一种事物都发挥其作用，并结出硕果。日月星辰的旋转和运行轨道让人类划分四季和世界区域；天象让人类能够预测天气；风能够推动船只，为磨坊和机器提供动力；各式各样的动植物可分别用作建房材料、衣物、食物和医药，或减轻劳动强度，给人以欢乐和舒适。所以，一切东西仿佛不是在做自己的事，倒是在做人的事。在造人的过程中，普罗米修斯从不同的动物身上取了少量东西糅合在泥土里，这个情节也含有深意。不言而喻，在世界上，人的构成成分最多。古人把人称为"微型世界"不无道理。炼金术士们主张，任何矿物、任何植物或它们的对应物都可以在人身上找到，这只是在字面上粗俗地理解"微型世界"这个词，破坏了它的美感，歪曲了它的意思。然而，在现存的万事万物中，人体含有的混合成分最多，它们之间的联系也最有条理，这确确实实是条颠扑不破的真理。这也解释了为什么人类会具备这么多神奇的能力。简单物体或生物的能力奏效快，不易弯曲或破碎，连混合物都无法比拟，但它们的能力数目少，而且，混合物具有充足卓越的能力。然而，我们看到，最初之时，人赤身裸体，没有防护工具，也不善于自助，物质匮乏，因此，普罗米修斯迅速发明了火，这大大帮助了人类，减轻人类方方面面的事务。如果灵魂是形式的形式，手是工具的工具，火可以毫不夸张地被称为助手的助手、方法的方法，因为大多数工作可以借助火来完成，火同时也以各种方式推动了机械技艺和各门科学的发展。

　　关于盗火的描写遵循了事物的规律，也很高明。火是用茴香木条在太阳神马车上点着的,而茴香木条是用于打击的棍棒。这样,意思就清楚了,火的产生是由于物体之间剧烈的碰撞。碰撞使物质变得薄弱并运动起来,易于接受天体的热量,像偷盗一样秘密地把火从太阳神的马车上攫取下来。

  寓言接下来的一部分更加让人叫绝。我们看到,得到火之后,人类并没有欢欣鼓舞,感恩戴德,却表示抗议和愤怒,在朱庇特面前指控普罗米修斯和火。这种举动讨得了朱庇特的欢心,鉴于此,他又赐给人类很多好处。然而,对自己的造物主忘恩负义的罪行本身包括了其他多种罪恶,难道这种罪行值得嘉奖吗?难道这就是故事要表达的意思吗?回答是否定的。寓言的意思是,人类以健全的理智控诉了自己的本性和技艺,获得了好的结果,与此相反的现象则遭神憎恨,难有善果。有人大肆颂扬人类的本性和现行的技艺,有人对自己拥有的东西沾沾自喜,认为当前传授的科学完美无缺。这些人首先缺乏对神的尊重,狂妄自大,几乎要与完美神比试高低;其次,他们无益于人类,因为他们自认为已达到事物的顶点,万事大吉了,不需要再向前追寻。然而,那些指控本性和技艺的人却满腹牢骚。仔细想一想,他们不仅更为谦虚,而且永远积极向前,做出新的发现。这使我对人类的无知和邪恶倾向更加感到迷惑不解,他们满脑子只有极少数骄傲自大的人,极其推崇逍遥学派的哲学,后者不过是希腊哲学很小的一部分,但谁要挑它的毛病,不仅没有任何好处,还会遭到怀疑,甚至会惹火烧身。疯狂的恩培多克勒(Empedocles)①和清醒的德谟克利特曾抱怨说,万事万物都对我们深藏不露,我们一无所知,也无法辨识什么,真理潜藏于深井之中,真理与谬

---

① [译按]恩培多克勒,希腊哲学家(前490—前430)。

误奇怪地相互交织（当然，新学园派走得太远）。① 在我看来，比起自命不凡教条式的亚里士多德学派，他们二人确实更应受到赞同。因此，人人都应该明白，乐意对本性和技艺发牢骚能够取悦众神，会让善意的神降下新的馅饼和礼物，我们控告自己的创造者和主人普罗米修斯的确尖刻强烈，但这种行为比满嘴的庆贺和感恩更加理智和有益；还应该让人知道，自满是匮乏的主要原因之一。

据说，人们因指控行为受到奖励，得到一个礼物，即永不凋谢的青春。这好像表明，古人自信能找到延缓衰老延年益寿的方法和药物，他们认为，有些东西人类曾经拥有过，只是由于懒惰和疏忽又失去了，另外一些东西则绝对不可能，而这些方法和药物，正属于前一种。古人似乎在说，通过恰当地使用火和正确有力地指控技艺的谬误，本可以获得这些礼物；并不是神对他们没有尽力，而是他们对自己没有尽职尽责，因为他们得到众神的礼物后竟然让又懒又慢的驴子驮着。这仿佛是指经验，笨拙愚蠢，拖拖拉拉，这种慢条斯理的乌龟步让古人抱怨道："人生有时尽，学艺进步难。"我个人认为，推理和经验两种能力至今没有很好地结合起来，从天上神祇那里带下新礼物的任务或被给予了飞鸟一样的抽象哲学，或被给予了驴子一般的慢慢吞吞的经验。但必须指出，驴子若不是路上碰巧口渴可能做得相当出色。若有人完全听从经验，根据一定的原则和方法，按部就班地向前探索，不要在半路上让利益或绣花枕头迷住了心窍，放下他的担子去换取那些东西。我坚信，可以放心地把神赐的更多的新奖品托付给这样的携带者。

至于把礼物转给毒蛇，这个情节似乎仅仅是个点缀。当然，

---

① ［译按］按西塞罗的区分，恩培多克勒和德谟克利特属于旧学园派。新学园派否定存在任何绝对的真理和确定的真理标准。

也可能是在羞侮人类,因为人类虽然有了火和许多技艺,却不能获取自然赐予其他多种动物的东西。

人类在希望破灭之后突然与普罗米修斯和解,这个情节观察仔细,同样富有启发性。它暗示人们在鲁莽地从事新实验。如果实验不能马上奏效,他们会仓促地认为自己失败了,从而放弃实验,灰心丧气地回到原来的位置,继续从事以前的工作。

描写完人类的技艺和思想方面的状况,寓言转到了宗教问题,因为技艺的进步同时伴随着对神的信仰。虚伪趁机而入玷污信仰。双份祭品被巧妙地用来分别表示虔诚的信徒和伪君子。前者内部装的是献给上帝的油脂,其燃烧发出的火焰和芳香意味着对上帝火热的爱心和对上帝荣耀的渴望。他有慈悲的心肠和健康有益的肉体。后者内部装的只有干巴巴的骨头,装得很满,看起来像货真价实的贵重祭品。这种祭品指那些表面的无实质内容的仪式,它们被人们用来填充宗教活动,但它们只是虚饰,无助于培养宗教虔诚。把这些冒牌货献给上帝还不够,人们还强说这是上帝的责任,仿佛这是上帝本人的旨意。先知曾代表上帝指责这种行为:"这样禁食,岂是我所拣选使人刻苦己心的日子吗?岂是叫人垂头像苇子?"①

讲完宗教状况,寓言又转向道德和人类生活的状况。潘多拉通常用来表示享乐和肉欲十分恰当。国家的富足和科学文化的发展仿佛是火催生了享乐。代表火的伏尔坎打造了享乐潘多拉,由此产生了人类的各种身心烦恼、厄运和无用的后悔,给个人和国家造成灾难;由此还出现了战争、内乱和暴政。但值得一读的是,故事通过普罗米修斯和埃庇米修斯两人相当巧妙地勾画了人类生活的两幅图景或模式。埃庇米修斯一类的人今朝有酒今朝醉,不考虑将来,只注重当前行乐。在这一点上,他们确实遭受

---

① [译按]《圣经·以赛亚书》58:5。

很多痛苦、灾难，遇到很多困难，永远与自己做思想上的斗争；但与此同时，他们纵情享受，沉迷于无知带来的幻想中，并以此为乐事，仿佛在甜美的梦乡，如此一来，却减轻了生活的苦难。普罗米修斯这类人则比较明智，富有远见卓识。他们小心谨慎地拒绝并扫除了道路上的种种罪恶与不幸。这是好的一面，同时也是不好的一面，他们摒弃了很多欢乐和生活的各种乐趣，违背了自己的本性。更糟糕的是，操劳、焦虑和内心的恐惧使他们苦恼和过早地衰老。像普罗米修斯一样，他们被绑在命运的柱子上，由于过多的思考而烦恼。迅捷的老鹰表示这些稍纵即逝的思想，去啄食他们的肝脏。有时候，比如在夜间，他们会休息片刻，放松大脑，但黎明一到，他们立即有了新的恐惧与忧虑。极少有人具备这两种人的优点，既能够高瞻远瞩，也能够摆脱忧虑和烦恼。除非有赫拉克勒斯的帮助，任何人都不可能获得这两种优点。具有毅力和恒心的心灵可以随时应对任何情况、任何命运，能够深谋远虑，而不会担忧恐惧，享受乐趣而不会吹毛求疵，耐心忍受而不会烦躁不安。另外一点值得注意的是，普罗米修斯天生并不具备这种优点，它是外来品，来自于外界的帮助，因为任何天生的坚毅都不能达到这一点。它来自于海洋对面的太阳，被带到我们这里，因为它源于智慧即太阳神，源于对变化无常的人类生活的沉思，而人类生活就如航海。维吉尔曾把智与勇巧妙地融合在诗中：

> 要是知道
> 所有的原因，那该多高兴呀！
> 那时，我们不再恐惧，无论是残酷的命运女神
> 还是阴曹地府都奈何我们不得。①

---

① 维吉尔，《农事诗》卷二，490 行。

下面一段也很精彩，讲的是那位威猛的英雄乘坐杯子或水罐渡过大海，这是在安慰和激励人心，以免人们对自己狭隘脆弱的本性丧失信心，或以此为借口为自己辩解，仿佛人类完全不具备这种坚毅。塞内加（Seneca）① 对这种坚毅的本质做过很好的描述："真正的伟大在于把人类的脆弱和上帝的固若金汤融为一体。"

刚才，为了叙述的衔接，我有意忽略了一个细节。现在，我必须回到这个细节上来，即普罗米修斯的最后一桩罪行：试图强奸米涅瓦。这的确是个滔天罪行，正是因为这，他才受到被啄食内脏的惩罚。人类似乎经常犯这样的罪行，因为技艺和知识使他们忘乎所以，试图把感觉和理性凌驾于神性之上，这必然会导致无穷无尽的烦恼和痛苦。因此，人若无意于异端邪说，必须谦虚谨慎地区分神性和人性，分清理智和信仰。

还有最后一点尚未说明，也就是纪念普罗米修斯的火炬赛。这就像纪念赛所纪念的火一样，也暗指科学技术，给人以富有哲理的启示。其大意就是，科学的完善不应当指望才华出众的单个研究人员，而应当注重前后相继。最为强健敏捷的跑步选手可能并不最适于保持火炬不灭，因为跑得过快或过慢都可能让火炬熄灭。然而，这些火炬比赛似乎早已中断了。我们也发现，在最初的作家那里，如亚里士多德、盖仑（Galen）、② 欧几里得（Euclid）和托勒密（Ptolemy），科学已非常完美，后人再没有什么突出作为，基本上也没人尝试过。多么渴望再次恢复纪念普罗米修斯或人类本性的竞赛啊！那时，胜利可能不再仰仗个人左右摇晃的火炬，而是竞争和运气。因此，每个人都应当鼓起精神，试

---

① ［译按］塞内加（前4—65），古罗马哲学家、剧作家。
② ［译按］盖仑（约130—200），古罗马医师、自然科学家和哲学家。

一试自己的力量和运气,不要把所有的注都押到极少数人的精神和才智上。

  我认为,这些就是这个老掉牙的寓言所隐含的观点。不能否认,寓言中有相当多的地方与基督教的神秘有着惊人的一致性,特别是赫拉克勒斯乘水罐驶过大海解救普罗米修斯,这似乎是展示上帝之道显现于弱小的身躯,急急忙忙来拯救人类。但是我决不会胡乱猜想,否则,可能让异教之火玷污上帝的圣坛。

二十七　伊卡罗斯的飞行；斯库拉和卡律布狄斯；或中间道路

在道德领域，中庸或中间道路受到高度赞扬；在学术界，它也同样有益，却少有人提及；只有政治上，人们怀疑它，谨小慎微地使用它。

古人用伊卡罗斯飞行按照指示的路线表示道德上的中庸之道，用巨石斯库拉（Scylla）和大漩涡卡律布狄斯（Charybdis）①之间的海峡表示学术上的中庸之道，这条通道因艰险而闻名于世。

伊卡罗斯的父亲提醒他，在海上飞行，路线不要过高或过低，因为他的翅膀由蜡黏合而成，飞得过高，太阳的热量会把蜡融化掉，飞得过低，海上的水汽会让蜡失去粘合力。年轻人的冒险精神使伊卡罗斯向高处飞去，结果，他一头栽了下来。

这篇通俗易懂的寓言表明，美德之路不偏不倚落在过分与不及之间。伊卡罗斯年轻气盛，自然而然会成为过分那一端的牺牲品。一般来说，年轻人有过分的毛病，老年人有不及的缺点。毋庸否认，两条道路都不好，但是，有人肯定要死的话，他会选择过分的那条。过分的毛病理应好于不及的缺点，因为过分中包含了崇高的行为，像空中的飞鸟，与天国接近，不及则像爬行动物在地上爬行。赫拉克利特（Heraclitus）对此有精彩的见解："干燥的阳光就是最好的灵魂。"灵魂一旦吸收了地球上的水汽或液

---

① ［译按］斯库拉和卡律布狄斯分别是意大利墨西拿海峡两边的巨石和大漩涡，在神话中被认为是吞食海员的女妖。

体,马上会变得卑下、堕落。但这里必须注意尺度。理应得到赞扬的"干燥"一定要让阳光变得更细腻,而不是让其易于燃烧。这一点已是妇孺皆知了。

要驶过斯库拉和卡律布狄斯之间的海峡,的确需要技巧和运气,这在思维领域也是一样。船若撞上了斯库拉,就会触礁,造成船毁人亡,若撞到了卡律布狄斯,就会被吸入漩涡。这个寓言具有无穷的丰富含义,我只能简要地点到为止。它让我们明白,对于每一门知识和科学,以及它们的规则和公理,必须在繁多的细节和过度的归纳之间注意保持中庸之道,也即在岩石和漩涡之间保持中庸之道,因为这两个地方会让才智和技艺遭遇海难而臭名昭著。

二十八 斯芬克斯或科学

故事中说,斯芬克斯(Sphinx)是集多种形状于一身的怪物。她具有少女的脸庞和声音、飞鸟的翅膀和鹰狮怪的爪子。她住在忒拜城外的山上,常在路边潜伏起来,见到行人便发动突然袭击,抓住他们。然后,她提出一些据说从缪斯那里得到的费解的问题,让这些行人回答。若这些可怜的俘虏不能立刻回答上来,站在那里迷惑不解,她就残忍地将他们撕成碎片。时间一天天过去,灾难丝毫没有减轻。看来降服斯芬克斯唯有解答她的问题。忒拜人提出,谁要能够猜出斯芬克斯的谜(这也是唯一能够降服她的方法),就让他当忒拜的国王。巨大的奖赏打动了俄狄浦斯(Oedipus),这个人富有才智和洞察力,但脚伤使他成了跛子。他接受了当地人的条件,准备一试。在斯芬克斯面前,他表现出十足的自信和敏捷。前者的问题是,什么动物生下来四只脚,接着变成两只,后来变成三只,最后又回到四只脚。他立刻答道是人。人婴儿时期不能行走,只能用四肢爬行;不久就用双腿直立行走;晚年拄拐杖,所以是三只脚;人最终老朽之后,筋骨无力,又成了四足爬行动物,卧床不起。俄狄浦斯答对了,赢得了胜利。他于是杀了斯芬克斯,让驴驮着其尸体四处游行,以示胜利。按照协议,他当上了忒拜的国王。

这篇优美的寓言富含哲理,明显在暗指科学,特别是能应用于实际生活的科学。无知的笨蛋对科学感到不可思议,顺理成章地把它称为怪物。在外观上,科学具有多种形体,暗示它研究的各种物质。它长着女人的脸庞和嗓子,说明它外表美丽,表达流利。翅膀表明科学及其发现会即刻传遍国内外,知识的传播像用一支蜡烛点燃另一支蜡烛,后者马上亮了起来。把尖利钩状的爪子说成是科学的特征相当形象,因为科学的公理和论证穿透并牢牢控制住大脑,让它无法逃避。那位圣贤也曾注意到这一点:"哲人的言语像刺或钉,被深深敲了进去。"① 另外,所有知识都位于山峰上,因为它们理应受到尊重,成为崇高的东西。它们站在高处蔑视无知,有一种一览众山小的感觉,正如我们站在山头上一样。寓言中说,科学在路上为非作歹,因为在人生的旅途中,我们会突然遭遇要研究的对象。再者,斯芬克斯向人类提出她从缪斯那里得到的各种疑难问题和谜语。这些问题若在缪斯手中可能不会那么残酷。只要沉思和探索的目的在于求知,思维就不会受到压制或陷入困境,它可以自由联想,在不确定的结论和多种选择中发现乐趣。可这些问题一旦从缪斯传到斯芬克斯那里,也即从沉思到了实践,就必须立即采取行动,做出抉择,此时,问题开始令人感到头疼和残酷。若得不到解决和处理,它们会给大脑带来巨大的痛苦和忧虑,让它时而这样,时而那样,简直把它撕成了碎片。斯芬克斯的难题还总是具有双重性,回答不对时会让大脑遭受困惑和苦恼;回答对了会得到王国。这是因为了解自己问题的人能够达到自己的目的,而且,所有的工匠都精通本行,是本行的国王。

  斯芬克斯的难题有两类,一类是关于物的本质,另一类是关于人的本质。同样,也有两种王国奖赏解题人,自然王国和人类王国。统治自然即是掌握自然中的物体、医药、机械动力等诸如此类数不胜数的东西,这恰是自然哲学的最终目标。但经院哲学满足于自己的发现,夸夸其谈,可能忽略或蔑视现实研究。俄狄浦斯当上忒拜国王,是因为他解决了关于人性的谜。凡能够彻底洞悉人性的人几乎可以随意改变自己的命运,他们天生要统治帝

---

  ① 《圣经·传道书》12:11。

国。维吉尔谈罗马的治国之术时对此做过恰当的表述：

> 就让这成为您的专长，
> 哦，罗马！您将统治万邦，
> 赏罚有道，
> 平定天下。①

因此，我们恰巧发现，不知是有意为之还是突发奇想，奥古斯都用斯芬克斯的图像作印章。他的确最善于政治谋略，在生活中曾恰到好处的成功解答了许多关于人性的谜。如果当时没有老练地立即处理这些谜的话，他将会有好多次面临毁灭的危险。寓言还巧妙地讲到，斯芬克斯死后，尸体由驴子驮着，因为知识一旦公布于众，让世人明白，也就不那么复杂深奥了，即使大脑迟钝的人也能理解。还有一点不容忽视，征服斯芬克斯的是个跛子。在通常情况下，人们会操之过急，想马上解决斯芬克斯的问题，结果反被后者难倒。他们辛辛苦苦，不但没有得到王权，还争执不休，徒然带来烦闷和忧虑。

---

① 维吉尔，《埃涅阿斯纪》卷六，851 行。

二十九　普罗塞皮娜或精神

据诗人们讲，在划分领地的重大事件中，冥王普路托接管了阴间。结果，他绝望地发现，自己殷勤献了不少，但没有一个天上的女神愿意与他结婚。于是，他用武力抢走了一个女神普罗塞皮娜。后者是谷物女神刻瑞斯的女儿，那时，她还是个漂亮的少女，正在西西里草原采摘那喀索斯花即水仙花。普路托看准时机，突然冲向前去，用自己的马车把她带入阴间。她在那里受到极大的尊重，甚至被称为冥间女主人或女王。此时，她的母亲刻瑞斯失去了深爱的女儿，感到十分痛苦和担忧。她手持火把，到世界各地寻找女儿。后来，发现这样寻找下去没有什么结果，并且碰巧听说女儿被抢到阴间去了，她便痛哭流涕地缠着朱庇特，恳求他让女儿回到阳间。最后，朱庇特终于答应，若她的女儿还没有吃任何阴间的东西，他就让她把女儿带回来。不幸的是普罗塞皮娜已吃了三粒石榴籽。但这并不能让刻瑞斯停止哀求和忧伤。最后，朱庇特答应，把一年分为两段，普罗塞皮娜与丈夫在一起六个月，另外六个月与母亲待在一起。

后来，忒修斯和庇里托俄斯（Pitithous）斗胆包天，竟然试图把普罗塞皮娜从冥宫中劫走。在阴间时，他们半路坐在石头上休息，就再也站不起来了，永远坐在了那里。① 从此，普罗塞皮娜仍是阴间的女王并且有了崇高的特权。凡是到阴间的人都不准再回到阳间，但有个奇怪的例外。来阴间的人若带有一种特定的金枝（Golden Branch）献给普罗塞皮娜，就可以返回阳间。在

---

① ［译按］据说忒修斯后来被赫拉克勒斯解救出来。

冥间,在漆黑的一望无际的森林里,只长着一条没有树干的树枝,像寄生于另一种树上的枝条,这就是金枝,把它折去的话,一条新枝马上在原处长出来。

我认为,寓言讲述了自然,并指明,上界的所有生物之所以都来自于下界,然后复归并消融于下界是因为下界之中具有源源不断的富有生机的动力之源。古人以普罗塞皮娜表示上天精神(Ethereal Spirit)。暴力迫使这种精神与上天分离,把它囚禁于普路托所代表的地球的内部。奥维德曾对此有过恰当的表述:

> 新生的大地刚刚
> 与天穹分开,
> 它的种子、活力和运行与天空仍然类似。①

在寓言中,这种精神突然被地球用武力劫走,这是因为让它有机会逃走的话,就再也不可能抓住它。唯一能抓住它的方法是突然的打击和拆散。就像把空气溶于水,必须经过突然快速的搅动,这样,我们才能看到这些物体以泡沫的形式融为一体,也就是说,空气被水抢走了。寓言还巧妙地讲到,普罗塞皮娜被抢走时正在山谷中采摘那喀索斯花。那喀索斯因为迟钝恍惚而得名,阴间物质劫持它的最佳时机也就是在精神开始变得木然迟钝的时候。普罗塞皮娜与其他神的妻子不同,她拥有冥间女王这项桂冠,这也是当之无愧的,因为精神的确统治并处理阴间的一切事务,用不着昏庸的普路托来帮忙。

天国与刻瑞斯代表的天国政权做出了不懈的努力,试图赢回被囚禁的精神,天国的火炬或刻瑞斯手持的火炬毫无疑问指太阳,它是普照全球的明灯。如果可能赢回普罗塞皮娜,它的功劳

---

① 奥维德,《变形记》卷一,80 行。

将首屈一指。但普罗塞皮娜仍然留在阴间。朱庇特和刻瑞斯之间的两条协议准确道出了其中的原委。就第一个而言，的确有两种方法可以把精神幽禁于沉重的世俗物质中，一个是禁闭，即纯粹的强制拘役；另一个是真心提供大量合口味的食粮。遭到囚禁的精神一旦开始进食，改善营养，它就不再急于逃脱，而会安于现状，乐不思蜀。普罗塞皮娜品尝石榴籽的意义就在于此，如果她没吃的话，早被拿着火把到世界各地搜寻她的刻瑞斯带回来了。主要可能因为金属和矿物的质地坚硬，含在它们中的精神逃不出来，但含在动植物里的精神由于其载体孔多，就容易逃脱，然而品尝过程却让它乐意留下来。至于第二个协议，即普罗塞皮娜要与两方各处六个月，这形象描述了一年的分期，因为根据植物世界的规律，弥漫于地球的精神夏天生活于地上，冬天回到地下。

再说忒修斯和庇里托俄斯企图将普罗塞皮娜抢走，它表明，很多物体里的敏感精神来到地下，常常不能同化并带上来地下的精神，自己反而变得迟钝，再也不能回到上界，徒然增加了普罗塞皮娜的臣民和领地。

从金枝这一点上讲，我与炼金术士们具有一致性，如果他们驳斥我，会让我觉得难以接受，因为他们向我承诺，自己的石头不仅可以变成金山，还可以返老还童，把生物从鬼门关上拉回来。然而，我坚信，炼金术和对石头总是念念有词的人根本没有理论依据。我对他们所承诺的成功持怀疑态度。因此，先把他们搁到一边，看我来解释寓言最后一部分的意思。从多个比喻的暗示中，我了解到，古人对保养生物体，甚至对返老还童都满怀希望，只不过认为这些事情过于神秘难解。我认为当前这段话就解释了为什么金枝处在广阔稠密的树林里，里面还有数不清的其他树枝。诗人把它说成是金的，因为金子是永恒的象征；它是被嫁接上去的，因为它所起的效果只有技艺才能达到，任何天然的药物或方法都无能为力。

三十　墨提斯或商讨

据古代诗人说，朱庇特曾娶墨提斯（这个名字明显表示商讨之意）为妻。看到她怀上了自己的孩子，朱庇特不等孩子出生就把墨提斯吃掉了，从而让自己怀了孕。其分娩的方式与平常的不同，他从脑袋里生出了全副武装的帕拉斯。

按我的理解，这个乍看起来荒唐可笑的寓言包含了一种治国奥秘。它指出了国王对付国会所使用的策略，这种策略既能不让国会触及国王的权威，又能提高国王在人民心目中的地位。国王能通过合理明智的协定把自己与国会紧密联系在一起，如同夫妻。在所有重大问题上，二者一起商讨。国王认为这并不有损于他的君威，这种观点无疑是正确的。但是决策时机成熟之后，也就是分娩时刻来临时，他们就不会让国会再插手此事，以免自己的行为看起来是受了国会的左右。在这个节骨眼上，如果他们不想得到这份荣誉也就算了，否则，他们会对国会商讨的或经过十月怀胎孕育的任何问题做出自己的决定。所以，决策及其执行看起来是出自他们自己之手，帕拉斯全副武装地降生恰好表现了这一点，因为必然性的决策和执行需要力量作后盾。即使外人认为决策来自于国王本人自由独立的权威和意志，国王仍不会满足，他们要让世人看到，决策来自于国王的大脑，来自于他们正确的思考和判断力。

三十一　塞壬或享乐

关于海上女妖塞壬（Siren）的寓言用于指享乐的邪恶诱惑最合适不过了，不过，这种解释太过简单庸俗。我发现，古人的智慧如同遭到践踏的葡萄，虽然挤出了一些东西，但其中的精华却原封不动地被忽略了。

据说，塞壬们是河神阿克罗斯和缪斯女神特耳西科瑞（Terpsichore）的女儿。她们本来长有翅膀，但后来贸然挑战缪斯们，遭到失败，缪斯拔掉了她们的翅膀，为自己编织冠戴。从此，除了塞壬的母亲特耳西科瑞以外，其他缪斯头上都扎着翅膀。这些塞壬住在几个风景宜人的岛屿上，时刻监视着过往的船只。看到有船驶近，她们就开始歌唱。水手先是停下来听，后来慢慢地靠近，最后上岸。这时，她们会抓住水手，把他们杀掉。塞壬的歌曲并不总是一个调子，她们会根据听者的禀性变换曲调，用最合水手胃口的歌曲把他们俘获。塞壬们造成了巨大灾难，在她们居住的岛屿四周，很远就可以看到处处是未经掩埋的尸体的白骨。有两种不同的方法可以对付这种灾难，分别是尤利西斯和俄耳甫斯的方法。尤利西斯曾让水手用蜡封住耳朵。他希望尝试一下歌声，又不想招致危险，就把自己绑到桅杆上，同时禁止任何人冒险给他松绑，即使有他本人的恳求也不行。俄耳甫斯不让绑起来，而是放声歌唱，用琴声赞美众神，压住了塞壬们的歌声，所以也安然无恙地通过了。

这是个关于道德的寓言，其寓意简单明了，恰到好处。享乐产生于富足和兴奋的心灵之间的结合。起初，人们一见到它们的美貌，马上觉得飘飘然，仿佛插上了翅膀。然而，教育的成功使心灵即使不完全拒绝享乐，也会停下来考虑一下后果，这就等于拔去了享乐的翅膀。这件事极大地增加了缪斯的荣耀，因为哲学如能通过典范让人鄙视享乐，它马上会被认为是崇高的东西，能提升人的灵魂，使人的沉思飞向太空。只有塞壬的母亲没有翅膀，需要步行。毫无疑问，她用于表示轻松的学术，其创作和应用的目的仅仅是提供娱乐。佩特罗尼乌斯（Petronius）① 就推崇这类作品。得到死刑判决的他临死前仍然在寻找自娱的东西。据塔西佗讲，佩特罗尼乌斯从书中寻求慰藉时，读的不是关于如何培养坚毅的诗歌，而是打油诗。如卡图卢斯（Catullus）的诗就是这样：

> 行乐需及时；
> 絮絮老人言，
> 抛之脑后边。②

还有奥维德的诗：

> 让老人去空谈对错吧，让他们
> 用精确的法律天平小心翼翼地把握
> 行动的尺度。③

诸如此类的教导似乎旨在把翅膀从缪斯的冠戴上摘下来，还给塞壬。塞壬们据说住在岛屿上，因为享乐常常发生在远离众人的隐蔽地点。至于塞壬的歌声具有致命的特点和变化的技巧，很多人都讲过了，因此无需赘述。但远远望去堆积如山的白骨有着

---

① ［译按］佩特罗尼乌斯（？—66），古罗马喜剧作家。
② 卡图卢斯，《挽歌》第五首。
③ 奥维德，《变形记》卷九，550 行。

较深刻的寓意，它表示，前人的灾难虽然显而易见，但并不能阻止后人受到享乐的腐蚀。

最后需要提及的是对付灾难的办法，其寓意崇高，极具启发性，但并不费解。寓言中共有三种方法对付这样一个诡计多端残暴十足的灾难：两个来自于哲学，另一个来自于宗教。第一种逃脱的方法是从开始就努力避免接触所有可能引诱心灵的场合，也就是用蜡封住耳朵。对于诸如尤利西斯的船员之类的普通人，这是唯一逃避灾难的办法。但是，崇高的心灵如果具备坚强的决心，可以进入享乐中间。不但如此，他们还会乐意让自己的美德经受更加严峻的考验。由于是旁观者而不是信徒，他们还能够更全面地洞悉享乐的愚蠢和疯狂。所罗门（Solomon）在列举了亲身体验的众多享乐之后说："我仍然保持了我的智慧。"因此，此类的英雄人物在无与伦比的诱惑面前也会稳如泰山，在险峻的享乐路上也会克制住自己，但前提是他们要以尤利西斯为榜样，不要听从他们追随者有害的建议和奉承，后者最能动摇和扰乱心灵。但在三种方法中，俄耳甫斯的方法从各个方面讲都是最佳的。俄耳甫斯歌颂诸神，扰乱了塞壬的歌声，使心灵不受到她们的干扰，这是因为沉思神性事物要比感官享受更有力更甜美。

宣告一场圣战

献给温彻斯特主教、王室财产顾问安德鲁斯①阁下

大人：

　　想想别人所遭受的灾难也算是不小的安慰，因为例证比说理更能打动人心，并且也让我们坚信，《圣经》上所说我们没有发生什么事②也是给人以安慰。灾难发生的情境与我们的处境越相似，例证起的效果越好；灾难发生在比我们更伟大更高尚的人身上时，更是如此。既然把我们自己与高人相比听起来有点爱慕虚荣的味道，那么在另一方面，我们可以得出一个正确无误的结

---

　　① ［译按］安德鲁斯（Lancelot Andrews，1555—1626），英格兰圣公会神学家，《圣经》钦定本译者之一。
　　② ［译按］《圣经·传道书》1:9。

论：如果比我们优秀的人经受住了类似的情况，我们就不会那么悲伤。

　　作为基督徒，我通过上帝伟大的善品尝了更高层次的慰藉，但我同时也一直具有上述的那种安慰。大量的阅读让我目睹了古今的许多事例，坦白地说，让我的思考主要集中在三个特定的人身上，他们都是最为显赫的人物，处境最为相似。三个人在各自的国家都身居要职，他们的毁灭不是因为战争或其他灾难，而是因为被司法当局判了罪，沦为罪犯；他们还都是闻名遐迩的作家，在后代人的记忆当中，他们的灾难只不过是他们崇高的行为和伟大的著作中的一点瑕疵；这三个人（如果这也有关主题的话）适于用作例子来打消人类东山再起的野心，因为他们每个人都在衰败之后重新获得巨大的荣耀，结果却是更为严重的衰败，以至于都没有能够寿终正寝。他们分别是狄摩西尼（Demosthenes）、西塞罗和塞内加。① 我不敢说我们与他们类似，但我们的命运却与他们的命运相似。看着这些人物，我不禁进一步想到他们如何面对自己的命运，更多的是想到，在遭到流放，无法参与公共事务之后，他们又是如何利用时间的。我这样做是为了向他们学习，他们或许可以为我提供一些建议或慰藉。我无意间还注意到，他们的命运坎坷，特别是在他们有闲暇舞文弄墨的时候，后者是我非常关心的一点。我注意到，在近两年的流放期间，西塞罗变得灰心丧气，只写了一些充满女人味的书信。然而在我看来，他是三个人中最不应该气馁的一个。的确，经过至高无上的法律判决，他遭到流放，地产遭到没收，住宅被推倒，任

---

　　① ［译按］狄摩西尼（前384—前322），古代雅典雄辩家，政治家，反对马其顿入侵，失败后服毒自杀。西塞罗（前106—前43），古罗马政治家，因反对安东尼被杀害。塞内加（前4—前65），古罗马政治家，因卷入谋杀古罗马皇帝尼禄一案而被杀。

何人提出赦免他的罪都会受到重罚,但是,那时他并没有大的污点,据说,推翻他的不过是一场短暂的大动乱。狄摩西尼的情况截然相反,他因受贿被判刑,他还不是一般的受贿,而是具有叛国性质的受贿,但他在流放期间对自己的命运置之不理,仍然忙碌地参与国家大事,通过写书信为国家提出建议。这些在他现存的书信中都有反映。塞内加则走着一条中间道路,他因为多种腐败行为和罪名受到惩罚,被流放到一个偏僻的岛屿上。他没有停过笔,但从不介入政治事务。他把时间用在写书上,写出的书论证严密,实用性强,超越了时代的局限。当然,他本应该献身于其他更好的事业。

我本来想从事其他事业,但这三个人让我下决心把所有的时间都用在写作上,把上帝赋予的微薄才智用于建设永不决堤的大坝,不再像以前那样用于芝麻琐事。前不久,我完成了《伟大的复兴》的一部分,我对其非常看重,打算再写几个部分。我已经收到海外各地对它的评论,除此之外,对于这么一部刚发表不久的费解的理论著作,我也不会希望会有更多的评论,但我确信,这部书并不那么高深莫测。尽管我打乱了时间顺序,但我仍然试图以讲述自然史或自然探索的形式让著作贴近现实。另外,我的著作《学术的进步》可以作为进一步学习《伟大的复兴》的入门性或关键性的读物。这本书混合了新旧思想,而《伟大的复兴》除了因为趣味的原因咒骂了一点旧思想外,其他全是新思想。我一直想,最好把前者译为通用语言,① 进行大规模的增加丰富工作,特别是在对科学进行分类的第二部分。如此一来,我想它会起到《伟大的复兴》第一部分的作用,而且也遵守了我在这部分曾许下的诺言。再者,我不能完全抛弃公民身份,即使我忘记了,会有很多人念念不忘;我还开始撰写法律著

---

① [**译按**]即拉丁语。

作,提出司法写作的中间道路,既不同于哲学家令人尊敬的理论作品,也不同于律师们令人生厌的纠缠于细枝末节的著作。说实话,我曾打算重新编撰我们国家的法律,但这项工作需要人手,凭我自己的力量和文笔是不能胜任的,只好把它搁到一边。在《伟大的复兴》中,我考察了自然人普遍的善和自然的馈赠;在法律著作中,我考察了社会人普遍的善和政府的馈赠,我认为自己对自己热爱的祖国负有责任。因此,尽管我不应该占据这么高的地位,但我对善的思考却远远超出了我的地位。现在,我不能再为国家效力,但可以为她争得荣誉,这就是我在《亨利七世》中所做的努力。至于《论文集》和其他诸如此类的作品,我把它们当作其他研究中的消遣,并以此为目的继续从事它们的创作。当然,我很清楚,这类作品浅显易懂,可能比我手头的著作更加让我名气大振。但我认为,一个人力求让他发表的著作在他生前发挥作用,这种想法不合时宜,因为经以致用不是与作者同步而是比他要晚。

然而,想一想自己发表过的与尚未脱手的作品,我想它们都是在论述城市,没有一部论述圣殿。既然我在圣殿里找到了极大的安慰,我希望献出一点微薄的祭品,所以,我选取了一个宗教与世俗、沉思与实践相互交织的主题。谁能说不会出现点什么东西?伟大特别是宗教的伟大常常起源于渺小,宏大的计划需要一点一滴的实践来完成。我本人一直反对溜须拍马的献词,把这部作品献给大人您是由于我们长久以来的私下交情,是由于在当代人中,我对您特别尊重。

热爱您的朋友
圣阿尔班子爵弗朗西斯

发言人物

优西比乌斯(Eusebius),迦玛列(Gamaliel),西庇太乌斯(Zebedaeus),玛尔提乌斯(Martius),尤波利斯(Eupolis),波利奥(Pollio)。

人物角色

优西比乌斯属于神学温和派;迦玛列是狂热的新教徒;西庇太乌斯是狂热的罗马天主教徒;玛尔提乌斯是军人;尤波利斯是政客;波利奥是侍臣。

在巴黎,优西比乌斯、迦玛列、西庇太乌斯、玛尔提乌斯在尤波利斯的家里见面了,他们品行高尚,但性情不同。尤波利斯当时也在场。他们刚开始讨论问题,这时,波利奥从宫廷里过来了。看到他们,波利奥说话特别诙谐风趣。

波利奥:你们四个呀,我想完全可以构成一个世界。你们像四大本原,① 一个人一个样,但又是朋友。至于尤波利斯呢,他比较温和,缺乏激情,可以算作第五本原吧。

尤波利斯:波利奥,如果我们构成了大世界,你一个人就构

---

① [译按]指地、火、水、风。

成了一个小世界，因为你公开承认了，实际上也在做着统揽一切的事情。

波利奥：做这样事情的人如果不承认又如何？

尤波利斯：这样的人不直率，但更危险。过来坐坐，我们正谈论当今的基督教问题，所以也希望听听你的看法。

波利奥：各位大人，今天我跑了一上午，现在天又正热，你们的谈话要悦耳动听才行，这样我就不会打瞌睡了。我认为你们的讨论让人昏昏欲睡时，得允许我提醒你们一下，这样才可以让我尽可能保持警醒。

尤波利斯：你这样做最好不过啦。不过，我恐怕你会认为我们的讨论不过是黄粱美梦而已，因为没有权力去实现的美好愿望也不过如此。对了，老兄，玛尔提乌斯刚才让我们都兴奋起来了，他的话让我们深有感触，也正好可以打消你的睡意，因为它听起来像战斗的号角。所以，玛尔提乌斯，请你重新开始，你的话值得让人再听一遍。我向你保证，波利奥的到来并不会影响大家听你讲话。

玛尔提乌斯：波利奥，你进来时，我正向各位大人讲，我曾注意到，在过去的半个世纪里，如果我可以这么说的话，基督教事业有点卑鄙可耻。对自己的臣民发起战争，就像一个人为了自己的财产愤怒地提起诉讼，这些本来可以和平解决的。他们只是为了攻占一座小城池或一小块领地，像农民购买适合他的一小片土地。尽管有些战争是为了争夺像那不勒斯（Naples）、米兰（Milan）、葡萄牙或波西米亚（Bohemia）这样的地方，它们与雅典、斯巴达或罗马的异教徒战争并无二致，都是为了世俗利益或野心，根本不能与基督徒的战争相提并论。实际上，教会把她的事业延伸到了世界的角角落落，这很好，但这是武力征伐的结果。那些想通过武力传播信仰的人才是基督教的君主。并且，我们的主在人间时曾对使徒们说"去传播福音",① 在天上时曾对君士坦丁(Constantine)②说"根据这种神迹你会取得胜利"。基督教的士兵打到哪里,哪里不产生宗教上的竞赛呢?耶稣会、圣芳济会、奥古斯丁会纷纷建立起来,去致力于拓展基督世界的边疆,雅各会(Jago)、③米迦勒会、乔治会也建立起来了,他们穿上法衣、庆祝宗教节日、举行仪式和执行教规。精明的商人们肯定会挺身而起反对欧洲的君主和贵族,因为他们已经开辟了通往世界各个角落的伟大航线,从西班牙、英国和荷兰出发的商船已足以使中国感到战栗。所有这些都是为了宝石或香料,至今还没有一艘船启航寻求天国或圣地耶路撒冷的宝石或天国乐园。不仅如此,他们在远方竟然相互残杀,基督徒的鲜血竟然没有一滴是为了基督事业。在我的记忆里,我必须承认,过去五十年间共有三场崇高伟大的战争,它们是由基督徒发动的针对异教徒的侵略战争。就守卫一方而言,我认为,侵略战争的目的是掠夺而不是信仰。第一次是著名的雷班托(Lepanto)海战,④那场战争进行得相当顺利,并以胜利告终。直到今天,土耳其人对此仍然如鲠在喉,这主要得力于那位杰出的教皇庇护(Pius Quintus),⑤然而,我感到迷惑不解的是,他的后继者仍未把他封为

---

① [译按]《圣经·马可福音》16:15。

② [译按]君士坦丁(272—337),古罗马帝国皇帝(306—337),公元312年,君士坦丁大帝战胜对手马奇森(Maxentius)。作战前,君士坦丁声称曾见到天空中有光彩夺目的十字架,十字架上就有本文这句话。

③ [译按]Jago是James的凯尔特语拼写形式。

④ [译按]雷班托海战,指1571年发生在希腊雷班托海湾的战役,在这场战争中,由教皇、西班牙、威尼斯等组成的联军给予土耳其海军以毁灭性的打击。

⑤ [译按]庇护(1504—1572),指教皇庇护五世,他在1712年才被克雷芒十一世(Clement XI)封为圣人。

圣人。第二次是葡萄牙国王塞巴斯蒂安(Sebastian)① 雄心勃勃地率领孤军远征非洲,以失败告终,但由于没有外援,其失败也情有可原。最后一次是特兰西瓦尼亚(Transylvania)王西吉斯蒙得(Sigismund)② 发动的一系列的英勇战争。但基督徒们违背教皇克雷芒八世(Clement VIII)建设性的谆谆教诲,断送了西吉斯蒙得接二连三的胜利。我就只记得这些。

波利奥:不会吧,你对基督教灭绝瓦伦西亚(Valentia)的摩尔人(Moor)③ 有什么看法?

对于这个突如其来的问题,玛尔提乌斯显得有点措手不及。这时,迦玛列接过了话题。

迦玛列:我认为,玛尔提乌斯不提这件事是个明智之举,我本人对这件事就不赞成,上帝似乎对此也不太满意,你瞧,那位在你们天主教徒眼中如圣人一样洁白无瑕的国王正当年轻力壮时就去世了,④ 另外,出这个主意的人⑤好像具有坚如磐石的命运,后来也遭到毁灭。有些人认为,西班牙的这笔账还没有算

---

① [译按] 塞巴斯蒂安(1554—1578),三岁当上葡萄牙国王,1578年远征非洲伊斯兰教地区,由于孤军深入而战死。
② [译按] 西吉斯蒙得(1572—1613),曾多次率军战胜土尔其,令整个欧洲为之惊叹。在1601年被摩尔达维亚总督迈克尔(Michael)赶下台。
③ [译按] 摩尔人原是阿拉伯人的后裔,住在西班牙瓦伦西亚地区,信仰伊斯兰教。1610年菲利普三世强迫他们信仰基督教,否则会受到驱逐或宗教法庭的审判。
④ [译按] 指菲利普三世(1578—1621),他只活了43岁。
⑤ [译按] 指莱尔玛公爵(Duke of Lerma,1552—1625),他建议菲利普三世驱逐摩尔人,1618年失宠并遭到流放,1621年被菲利普四世剥夺了部分财产。

清,因为大量的所谓摩尔人由于现在面临驱逐的危险,所以才坚持基督教信仰,从各方面看都是十足的基督徒,但他们一直在寻思着报复。

西庇太乌斯:迦玛列,在那些国家,这次伟大的行动相当于基督的簸箕,① 你不能出示西班牙国王像约书亚(Joshua)和基遍人(Gibeonite)一样订立的和约,② 就不要仓促对此得出结论说罪恶的种子仍会在这片土地上发芽生长。你知道,这件事是通过命令来完成的,没有引起骚乱,因为民众不能采取武力行为。

尤波利斯:我想玛尔提乌斯不提这件事并不代表他持有你们两个观点中的一种,而是因为这件事不适于归入战争之列,它针对的是属民,而且没有引起反抗。如果你们同意,我们就让玛尔提乌斯讲下去,我觉得他说起话来像戴着盔甲的神。③

玛尔提乌斯:确实如此,尤波利斯,我目前谈论的主要问题是虔诚与宗教。然而,我要能够以普通人的身份来讲,我也会做同样的事。当今,只有对异教徒的战争才能获得世俗的伟业和荣誉。这一点不是我的突发奇想,最近有些类似的例子可以作证,当然,它们可能不那么凶险。生活在我们以前的卡斯蒂利人(Castilian)④ 曾开辟了新世界,征服了墨西哥、秘鲁、智利和西印度群岛的其他地方,还在那里居住下来。我们看到,那些战争使大量的财富流入欧洲,结果,基督教世界的物价据说已上涨了一二十倍。这些财富的大部分黄金实际上被储存起来,银子的总

---

① [译按]《圣经·路加福音》3:17,基督"手里拿着簸箕,要扬尽他的场,把麦子收在仓里,把糠用不灭的火烧尽了"。

② [译按]《圣经·约书亚记》9。按神谕,基遍人应被以色列人灭绝,但基遍人施展计谋让约书亚与他们订立和约,答应不杀他们。

③ [译按] 指战神玛尔斯(Mars)。

④ [译按] 卡斯蒂利人,西班牙人的一支,生活在西班牙中部和北部地区。

量倒在增长。另外,同样的战争在无休止地夺取新的领地和帝国,因为曾经让适于居住的世界翻了一倍的人是不会就此止步的。一个人如果要讲述现状和将来对这些国家的占领与殖民,他就用这句话,一点不会错。圆滑一点说,实际上,决意去发现和移民并不是为了传播基督教信仰,而是为了金银、世俗的利益和荣耀,结果,上帝的神意让位于人的欲望和意图。葡萄牙国王伊曼纽尔(Emmanuel)著名的环海航行和征服就是一例。他的部队已开始周游于非洲和亚洲,不仅进行着香料、宝石和药品贸易,而且在远东的一些地方还获得了落脚点。在这项行动中,主要目的就不在于宗教而在于增加财富和扩大版图。这两种冒险事业使西班牙的王权延伸到东方和西印度,结果,有人夸口说,在西班牙的领地上,太阳会照耀着这里或那里,永不会落下去。这的确是一种荣耀,虽然不能说它很稳固,但西班牙国王的确超过了其他君主。因此,我们可以看到,这些主要针对异教徒的战争同时获取了宗教和世俗两方面的荣誉和利益,真是一举两得。

波利奥:对不起,玛尔提乌斯,我想你应当记得,野蛮人和飞禽走兽一样,都是自然里的动物,他们归属于拥有那片土地的人,但对于文明人就不同了。

玛尔提乌斯:据我所知,有理性的人不会做出这样的区分。无论人民的文明程度如何,只要目的在于他们最高最普遍的善,所有的行为都是正义的。并且,波利奥,我不会轻易认为,秘鲁人或墨西哥人像你想象的那样残酷、野蛮,也不会认为他们与其他地方的异教徒有什么区别。秘鲁人由于气候的缘故而赤身裸体,保留着一些非常野蛮的风俗,但印加(Inca)政府在很多地方都合乎人道和礼仪。他们让人民不再信仰各式各样的偶像和花里胡哨的东西,让他们只崇拜太阳。我记得《所罗门智慧书》①

---

① [译按]杜埃版《圣经·所罗门智慧书》13-15章。

上讲到了不同程度的偶像崇拜,它认为,崇拜卑贱的偶像比单纯崇拜上帝的创造物罪行更加严重。我想,一些先知在暗指丑恶下流的通奸时也持有同样的观点。① 在印加政府的统治下,秘鲁人也建造了宏伟的庙宇,实行了正规严格的司法制度,对他们的国王忠心耿耿,对敌人光明正大,在开战前,向敌人讲清规则,这对他们自己也有好处。实行君主选举制的墨西哥也类似于此。至于东方果阿(Goa)、加尔各答(Calacute)、马六甲(Malacca)②地方的人民,他们善良、节俭、趣味高雅,不崇尚武力。因此,认真考虑一下,就会发现土耳其帝国肯定比那里的人民更野蛮。在实行残酷专制的土耳其,每次王位更替都血流成河;那里只有一群诸侯和奴隶,没有贵族,没有绅士,没有自由民,也没有土地的继承和古老的家族;如《圣经》所说,那个没有感情的民族不尊重妇女,不爱护孩子;他们缺乏道德、文学、艺术和科学,不配占有一英亩的土地,也不配活在世上一小时;他们在建筑、饮食等方面下流无耻。总之,他们是人类的一大耻辱,这个民族让花园般的世界变成了一片荒野。难怪人们谈到土耳其人时会说,土耳其人的马走过的地方,人都长得瘦弱。

波利奥:玛尔提乌斯,你对土耳其人的谩骂要公平,你知道,他们是不崇拜偶像的。照你所说,崇拜卑贱的偶像不同于崇拜太阳,那么,崇拜创造物也会大大不同于崇拜造物主。土耳其人虽然否定别的东西,但他们承认创造天地的上帝,认为他是三位一体中的第一格。

听完这些话,玛尔提乌斯停顿了一会儿。这时西庇太乌斯一

---

① [译按]《圣经·启示录》2: 18 – 29。
② [译按]果阿,印度西南一地区;加尔各答,印度东北部港口,现在的拼写为 Calcutta;马六甲,马来西亚西南部港口。

脸的责备和严厉,开始说话。

西庇太乌斯:波利奥,我们必须注意不要无意中陷入拜占庭皇帝康尼努斯(Manuel Comnenus)① 的异端邪说,他曾断言,穆罕默德(Mahomet)的真主才是真正的上帝。教会会议不仅拒斥这种观点,还认为这是皇帝极度疯狂的结果。萨洛尼卡(Thessalonica)的主教② 也指责他,其措辞尖刻,不近人情,这儿不便讲出。

玛尔提乌斯:坦率地说,我认为,无论是过去还是现在,是为了信仰还是荣誉,攻打土耳其人要比攻打其他异教徒或野蛮人更值得称道,当然,获胜的难易程度和几率问题会使人做出其他选择。但在发表意见之前,我最好先缓口气,真诚希望各位大人轮流讲,这样会更好。然而,这主要是因为我注意到在座的有几位是解释上帝律法的高手,虽然你们解释的方法不一样;并且,我也怀疑自己的判断,因为一方面它本身软弱无力,另一方面我对战争的热情和爱好可能也会使它走向极端。我想不宜再多说,还是让更擅长证明战争合法性的人先打好基础。

尤波利斯:我很高兴看到你(玛尔提乌斯)这行的人也有如此的自制力,战争令人热血沸腾而且看起来也很神圣,但你表现得相当平静,对于合法性既没有否定也没有想当然地接受。我想,为活跃这次讨论,如果各位大人允许的话,我提议把讨论分为几个部分,分工负责。

所有人都表示同意后,尤波利斯说话了。

---

① 康尼努斯(1118—1180),其在位期间(1143—1180)曾与教会发生四次大的冲突,此处讲到的是1180年他临死前的一次。

② [译按] 即埃乌斯塔乔斯(1110—1194,Eustathios)。

尤波利斯：我想，若请西庇太乌斯回答下面这个问题应该不为过：没有其他敌对的原因，仅为传播基督教信仰而发动的战争合不合法？要满足什么条件？坦白地说，我乐意更进一步来探讨，关于合法性，我想听的不仅是纵容，而且要听一听基督教国家和君主是不是有义务为之策划。如果迦玛列有兴趣把这部分完成，关于合法性的问题就完全解决了。然而还有个比较问题。也就是说，我们已知道了战争合法不合法的问题，但其他事情是否优先于战争呢？比如灭绝异教徒、弥合宗派纷争、争取合法的世俗权利及辩论等等。在多大程度上战争应当从属于这些事情？或与它们纠缠在一起？或与它们擦肩而过，并使它们显得低下？这部分比较庞大，优西比乌斯到现在还没有开过口，如果各位大人认为合适的话，我们就强迫他来讲这一段。波利奥反应敏捷，善于区分货真价实的东西和空中楼阁，因此，我很怀疑他会看重这些不可能之事或虚无缥缈的空中之鹰。所以我们就请他用自己最精锐的力量驳倒这个论断。在他的启发下，我们如果发现论证只是个绣花枕头，可以把它抛弃，或者拂去浮华。说实话，我不赞成这种观点，尽管波利奥很难对付，我还是要尽力证明这项事业的可行性，证明何以能够清除所有的障碍。再往下，让我们接着前面的话题，最好让玛尔提乌斯继续下去，既为了说服也为了出谋划策，讲一讲为了这项事业可能要采取的方法、做出的准备等所有事情。但这是我的一家之言，各位大人可以让条理更清楚一些。

他们都同意这种分工，接受了各自的任务。因为天色已晚，他们同意把这件事推迟到第二天上午。只听到波利奥在说话：

波利奥：你说的对，尤波利斯。我认为，除非你能把基督教世界在石臼里捣碎,把它塑造成新的形状,否则就不可能有圣战。并且,我曾经认为,点石成金术和圣战只会召集来疯子,这些人的标志不在外表而在心智。然而,请相信我,即使你们五个都持另一种观点,特别是听了我能够讲的一切之后仍然如此,我仍会像希波克拉底(Hippocrates)① 一样,宣布雅典②人都疯了,只有德谟克利特一个神志清醒。我现在先开诚布公地谈论此事,免得你们认为我处处作对。毫无疑问,你们之间会谋划和讨论诸多宗教事务,但要按我说的去做。老朽的现任教皇大去之日不远。他去世之后,注意选出的教皇要年轻,在五十到六十岁之间。他的名字应叫做乌尔班(Urban),因为取这个名字的教皇③曾开始圣战的传统,以宗教的名义号召人们进军圣地。

尤波利斯:你说得很好,但请求你在讨论时再严肃一点。

第二天,这些约好的人又聚到一起。他们坐好之后,波利奥讲了些玩笑话,说战争已经开始,因为他说自己一整夜梦见的都是土耳其士兵(Janizaries)、鞑靼人(Tartars)和苏丹④(Sultans)。

玛尔提乌斯:对于昨天晚上的讨论做出的安排,我们都表示同意。但在我看来还有一点不完善。这一点不是顺序问题,而是各部分的安排问题。按照约定,波利奥和尤波利斯就圣战的可能

---

① [译按]希波克拉底(前460—前380),古希腊著名医生。据说人们曾让他去给德谟克利特治病。

② 此处应为阿布德腊(Abdera),是古希腊一村庄,为德谟克利特的家乡。

③ [译按]乌尔班二世(1042?—1099),法兰西籍教皇(1088—1099)。

④ [译按]苏丹,土耳其皇帝。

性与不可能性展开辩论,然后我将探讨取得胜利所要准备的细节问题。在讨论中,我常常发现,马上探讨如何执行和完成正在讨论的事情会完全推翻前面达成的关于可能性与不可能性的意见。所以,有些事情乍一看可能,但一步步分解开来再看又不可能。另外一些事情看起来不可能,但弄明白促成它们的方法之后,也就可能了,如同背后照明,发现了它们的轨迹。我这样说并不是要改变顺序,而是想让波利奥和尤波利斯在论述可能性问题时先听一听我关于作战策略的意见,不要先主观武断地下结论。这之后,他们由于有了圣战的模式,就可以自由地给予回应了。

玛尔提乌斯这番慎重有力的宣扬和提醒受到所有在座人的肯定。

尤波利斯:既然玛尔提乌斯首先改进了昨天晚上的决议,最好请允许我提醒大家注意一处疏忽,这不仅仅是个误排问题,特别是要修正我自己的提议。我想,讨论合法性时,我们未必一定要讨论圣战进行到何种程度为止,是不是要灭绝那里的人。另外,也不一定要讨论是强迫人们皈依新的信仰并惩罚异端呢还是仅仅臣服这些国家和人民,也就是说是不是用世俗之剑为信仰之剑劈开大门,通过说服、教育等适合灵魂和良心的方式达到这个目的。但真要讨论的话,这两方面都不必要单列出来,因为西庀太乌斯在谈论合法性时会以自己的学识附带地谈到这一点,对此会有一定的限制和区分。

西庀太乌斯:尤波利斯,我非常尊重你的意见,你提醒了我,让我看到自己应该如何按照原来的计划走下去。玛尔提乌斯说得好,没有计划地谈论可能性太过松散,同样离开特定的问题来谈论合法性也会天马行空。因此,我首先区别开各个问题,但在处理这些问题时,请允许我不要把它们分得过细,因为一方面这会导致一连串不必要的问题，另一方面，我们是要讨论而不是要做学问或分类。所以，正如尤波利斯所说，第一个大问题就是，如果没有其他敌对的原因，也没有引起战争的情况发生，基督教国家或君主仅仅为了传播信仰而发动侵略战争合不合法？有些国家曾经信仰基督教，是教会的一员，使用金蜡扦，但现在都远离了基督教，没有一个基督徒。在这种情况下就出现了第二个问题，通过战争让自古以来就是基督的世袭财产的这些国家恢复宗教合不合法？还有一种情况，这些国家还有大量的基督徒时，通过战争让他们从异教徒的奴役下解放出来合不合法？这是第三个问题。第四，一些圣地如圣城、圣墓和其他受人朝拜和敬仰的重要地方现在受到玷污和亵渎，用战争的方式净化这些圣地，使之恢复原状，合不合法？第五，考虑到上帝的惩罚没有时限，而且多次都是等到罪过到极致时方才施加，因此，对上帝和我们神圣的救世主的亵渎和侮辱行为采取的报复性战争合不合法？对于很久以前杀戮和虐待基督徒的行为采取的报复性战争合不合法？第六，关于圣战的争论值得敬佩，进行圣战也同样代表正义，因此，圣战应当高于所有的世俗战争。我们需要考虑（如尤波利斯刚才所提醒的那样）的是，进行圣战是不是要采取驱逐人民或强制改变信仰的极端措施？或者说如何保持节制？以免我们只记得自己是基督徒，而忘记了别人也是人。① 但还有一点要先于所有这些问题，不仅如此，就针对土耳其的战争而言，它解决了所有问题。我觉得，要不是玛尔提乌斯，我根本不会想到这一

---

① ［英文版原编者注］下面一段话直至本段结束在原手稿中没有。这只是在修改过程中插入的段落之一，我在前言中也提到过，这表明培根意在把圣战专指针对土耳其人的战争，不仅有宗教目的，还"掺杂有道德的名义"。在西庇太乌斯的下一段话中也会看到这种情况，这段话很可能是后来才写成的，因为手稿仅仅写有名字，后面只有符号"&"，就中断了。

点。玛尔提乌斯昨天提到了土耳其帝国,措辞强烈,波利奥称之为谩骂,但它实际上也是正确的指控。这引起我的思考,我越想越坚信,即使我们不是为了宗教问题,为平定那个帝国发动战争也是正义的。

说完这些,西庇太乌斯停了一会儿,看看是否有人要发言,但他看到大家闭口不言,意思是让他继续讲下去,他于是继续说。

关于这个主题的一系列问题在培根的论文中可以找到,收在泰尼生(Thomas Tenison)出版的《培根作品集》(*Baconiana*)中,其题目是"培根勋爵关于圣战的合法性问题",把它们放到这里恰到好处。实际上,它们只是培根打算在这个对话中要讨论的问题备忘录,在上面我们看到,这些问题大体上都提出来了。

就下面这些问题,我要发表看法,进行论证,并加上权威们的观点。

在没有其他敌对原因的情况下,只是为传播基督教信仰而发动针对异教徒的战争合不合法?

以前信仰基督教的国家现在抛弃了基督教,并且,原来的基督徒遭到了灭绝,为让这些国家恢复基督教信仰而发动战争合不合法?

发动战争,去解放受到异教徒奴役和压迫的基督徒合不合法?

对上帝和我们救世主的亵渎和侮辱行为采取的报复性战争合不合法?

对于很久以前杀戮和虐待基督徒的行为采取的报复性战争合不合法?

为恢复和净化圣地、圣墓和其他受人朝拜和敬仰的重要地方而发动战争合不合法?

在上述情况下,基督教的君主当然可以发动战争,但是他们是不是必须这样做?

针对异教徒的战争首先是为了获取地位还是要消灭异端邪说、化解宗派纷争、移风易俗、追求世俗正义等有益于大众的行为?当然,如果那些次要行为更为紧急或明显更为便利,或它们在某种程度上齐头并进,那就另当别论。

西庇太乌斯：各位大人，我说的不是一篇论文，只是谈话，所以会简短随意。首先，我认为，既然出师应该具有正义性，那么战争的正义性必须显而易见，不能含混模糊，令人费解。一切法律都认为，在死刑案件中，证据必须充分、清楚。关系到一个人的生命尚且如此，对于会给许多人带来死亡的战争我们又能说些什么呢？因此，我们必须认识到，通过不义之战把人们的鲜血献给我们神圣的救世主，就等于把他变成了摩洛克（Moloch）①或异教的偶像。每个行动的正义性取决于行为的法律依据、司法实施的正当依据和执行形式。至于内心的意图，我把它交给上天来审判。这些事情关系到现在讨论的主题——对异教徒的战争，也就是对最为强大最为危险的敌人土耳其人的圣战。

我认为，无论根据自然法（laws of nature）和万国法（laws of nations）还是《圣经》律法（这是对前两种法律的完善），对土耳其人作战都是合法的。我确信，自己简短的概述不会把原因讲得清楚明白，但我将尽力而为。至于罗马人的实在法和民法以及其他民族的法律，它们对这个问题只能是蚂蚁撼大树，无能为力。

因此，在我看来，很多后来的经院派哲学家虽然出类拔萃，具有纳维乌斯（Navius）的才华，能够用小刀锯断石头，②但在讨论这个问题时都偏离了正道。首先，就自然法而言，哲学家亚里士多德是个不错的阐释者。他的话充满了智慧，他区分了天生

---

① ［译按］摩洛克，古代腓尼基等地崇拜的神，信徒以焚化儿童的方式向其献祭。

② ［译按］公元前290年，罗马人与萨宾人作战胜负未决时，罗马国王塔昆准备采取新的措施，占卜家纳维乌斯坚持说只有占卜出现好的征兆才能采取新措施，引起塔昆的不满。塔昆要求他通过占卜问问自己的想法能否实现。纳维乌斯通过占卜说可以，塔昆就要求他用刮胡刀锯断一块磨石，纳维乌斯果然成功办到了。见李维《罗马史》卷一，36章。

的主人和天生的奴隶，让人们各司其职。他明确表示，从出生时候起，一些人注定要统治，一些人注定要服从。对这句至理名言的解释多种多样，一些人认为这是炫耀之辞，为希腊人建立帝国统治野蛮人辩护，亚里士多德的学生亚历山大当然会不遗余力支持这种观点。有些人把这当作一种愿望，认为理性和自然会让最优秀的人来统治，绝不是要授予某人权利。但对于我来说，这既不是炫耀之辞也不是梦想，而是真理，因为亚里士多德就是如此定义的。他说，人与兽、灵魂与肉体之间存在着不平等，如果我们发现人与人之间也有这样的不平等，它就会赋予统治权。这看起来与其是说像不公平的判决还不如说像不可能发生的案件。但我要说的是不仅判决公平，而且案件也可能。这种情况小到个人大到国家在过去和现在都有实实在在的例子。

在进一步论述之前，先让我们去除一些模棱两可的观点和错误的观念，以免招来麻烦。首先，若说更有能力的人或更为优秀的人有权利统治，因为他有义务统治下等人，这种说法没有意义，因为在谁更为优秀这个问题上，人们永远不会达成一致意见。诚如亚里士多德所说，统治者要比别人智慧。但是，统治者同样也需要勇气以保护臣民，最重要的是他要诚实、刚正不阿，这样才能不去伤害臣民。因此，谁适合统治是个棘手的问题。一些个人或国家在某一方面具有卓越的才能，另外一些个人或国家在别的方面具有超人的才能。所以，我不打算针对优秀人物，让更为聪明的或更为强大的或更为正义的国家来统治。我针对的是匮乏之人，也就是说，有一群乌合之众，尽管我们称之为王国或国家，但他们根本没有能力也不应该占据统治地位。另外有个文明国家发动战争去降服他们是正义的，即使发动战争者是不信基督教的居鲁士（Cyrus）① 或恺撒，战争也是正义的。

---

① ［译按］指居鲁士大帝（前599—前530）。

第二个需要避免的错误是，我所理解的不是统治罗马帝国的卡里古拉（Caligula）、尼禄（Nero）、康茂德（Commodus）① 那样的个人专制，即不是要问整个国家是不是要跟着他们这些人受同样的痛苦。然而，如果国家的体制、基本风俗和所谓的法律违背了自然法和万国法，那么我认为，对他们发动战争是合法的。我将把这个问题一分为三。第一，有没有或是否可能有那么一个国家或群体，虽然以前没有侵害和挑衅行为，但对它的战争却是合法的？第二，哪些破坏自然法和万民法的行为能使一个国家丧失统治权和统治资格？第三，在当今的国家中也就是说在土耳其帝国中能否找到这些破坏自然法和万民法的行为？对于第一个问题，我明确表示，当今不仅可能而且就存在这样的民族、国家和群体。宣称这一点的最佳根据莫过于上帝最初赠予的统治权。听好了，特别是要注意我的开场白。上帝说：我们要照着我们的形象造人，让他们管理海里的鱼、空中的鸟和地上的牲畜，② 等等。维多利亚（Francis de Victoria）③ 及其他一些人经过精彩的推论，提炼出一句极其贴切的神圣格言：只有像神一样的人才能统治。这样，我们就有了依据，能够比较容易地判断是要处罚还是要夺回。损毁这种形象也就剥夺了统治权。但这种形象是什么样子，又如何会遭到损毁？里昂（Lyons）穷人派④和一些狂热分子会说，上帝的形象是纯洁，作恶就是损毁这种形象。这种说法会颠覆所有的统治。但亚当的罪过及对其的惩罚既没有剥夺他

---

① ［译按］卡里古拉（12—41）、尼禄（37—68），康茂德（161—192），均是古罗马帝国的皇帝、暴君。

② ［译按］《圣经·创世记》1：26。

③ ［译按］维多利亚（1480—1546），西班牙神学家、法学家，著有《道德神学沉思》，其中有专门章节论述战争法。

④ ［译按］亦称韦尔多派（Waldenses），成立于12世纪后期，创始人为法国商人韦尔多（Peter Waldo）。

的权利,也没有使生物起来反抗。因此,你们细心一点就会注意到,这种特权重新给予诺亚(Noah)及其儿子们时,上帝说的不是你们会统治,而是凡地上的牲畜、空中的鸟与所有地上走动的东西都必惧怕你们。① 这不是重新给予最高权,因为最高权丝毫不能动摇,而是要保护最高权,使其不受侵犯。所以,对上帝形象的正确解释应是自然理性,如这种形象彻底或大部分遭到损毁,统治权就不存在了。如果你们仔细观察一下所有的解释者,就会发现他们仍然在怀疑案件而不是法律。然而,论述第二个问题,也就是我们对损毁情况进行界定时,再对这个问题进行探讨比较合适。

现在让我们继续。先知何西阿(Hosea)以上帝的身份谈论犹太人时说:他们立君王,却不由我;他们立首领,我却不认。② 这清楚地表明,有些统治上帝并不承认。他们尽管暗中得到神意的许可,但没有得到上帝明确的承认。这并不意味着统治者邪恶或残暴,因为这些人常常通过公开的宣告成为合法的统治者。它意味着这个民族本身邪恶乖张,这一点显而易见,因为那位先知讲到的是抽象的首领,而没有提及首领本人。尽管我们上面提到的异教徒歪曲了这段经书,但曲解不会掩盖太阳的光辉。另外,先知接下来宣布要剪除,用经文的话说,要剥夺这些人的土地,因为他们崇拜偶像。如果有人据此得出结论,认为先知主张,对于所有搞偶像崇拜的民族,就要取消他们的统治,这明显不正确。在我看来,根本得不出这样的结论。那时的犹太人和从那时到现在的异教徒,他们搞偶像崇拜是性质迥异的两种罪过,因为上帝曾经与那个民族订立了特别的合约,并向他们明确无误地显灵。在颂歌中,摩西以上帝的身份对犹太人讲话,更为有力

---

① [译按]《圣经·创世记》9:2。
② [译按]《圣经·何西阿书》8:4。

地表达了要取消一些民族的地产权和契约：你们以那不算为神的触动我的愤恨，我也要以那不成子民的触动他们的愤恨。① 毫无疑问，这是指迦南人（Canaan），因为这之前，迦南这个地方根据约定已给了以色列人。从那时起他们的土地权就被剥夺了，尽管在很多地方他们还没有被征服。这里，我们可以看到，只有名义上的民族，没有权利意义上的民族，有的只是一群群的民众。有些国家根据民法剥夺一些个人的公民权，同样也会有一些民族，根据自然法和万国法或直接根据上帝的律法，他们的权利也会遭到剥夺。有一些人是事实上的国王，但并不合法，因为他们的头衔已经无效。同样，也有一些民族，他们是事实上的领地占有者，但并不合法，因为他们的契约和统治也是无效的。还是让我们在证言中添加一些例子，如下论述，它们将具有和证言一样的论证效果，而且更为清晰明了。一个国家虽然没有受到海盗的骚扰和侵害，但它对海盗发动战争毋庸置疑是合法的。是因为海盗们没有土地（Sedes）或财产（Lares）吗？庞培（Pomey）②大将曾成功地打败了海盗，这场胜利给他带来了名副其实的最高荣誉。当时，海盗们曾拥有几座城市、多个海港，还占据着西西里省的大部分土地。现在的海盗只龟缩在阿尔及尔（Algiers）城里的一座大院里。野兽并不因为待在洞里而变得温顺。是不是因为危险像云一样漂浮不定，人们不知道它会落在谁的头上，所以，每人的境况都一样？这个理由合理，但既不是全部的理由也不是最为公认的理由。公认的真正原因是，海盗们是人类共同的敌人，所有国家得而诛之，这并不是出于害怕，而是因为人类社会有共同的纽带。对于特定的敌人，会产生书面上的正式同盟，

---

① ［译按］《圣经·申命记》32: 21。

② ［译按］庞培（前109—前48），古罗马著名将军，公元前67年，他率军只用几个月就清理了地中海上的海盗。

同样，对于人类社会的共同敌人，所有人也会自然地组成心照不宣的联盟。因此，对待海盗时，不必要宣布开战或停战，同样，也不必要求受到困扰的民族这样做，自然法会办齐所有的手续。对待陆地上的强盗也是一样，如阿拉伯的一些地方，还有靠近海峡和大道的一些山大王。不仅附近的君主灭掉这些海盗和强盗是合法的，如果有些国家离盗贼不太远，并且愿意做令人称道的事业赢得真正的荣誉，毫无疑问他们也可以做，并且也是合法的。这和罗马人不远万里，为希腊人的自由作战，性质是一样的。我对于阿萨辛（Assassin）① 王国持同样的看法。这个王国现在已经被灭掉了，当时位于撒拉卡（Saraca）② 边境，曾一度令黎凡特（Levant）③ 各地的君主胆战心惊。根据惯例，他们的国王一下命令，要求无条件地服从，任何人都会去阴险地刺杀指定的任何君主或个人，即使献出生命，也在所不惜。这种惯例毫无疑问使他们的整个政府无效，因为这个国家机器与人类社会作对，任何人攻击它，把它推翻都是一件令人敬佩的事。

我认为，明斯特（Munster）④ 的再洗礼派教徒也是一样。他们没有反对帝国，⑤ 即使他们实际上没有带来任何祸害，但只要他们一致同意，每件事情是否合法依据的不是一定的法律或规范，而是精神里面暗中变化的意愿和本能，那么上帝肯定不会承认他们这样的国家、人民或首领，任何文明国家都可以去臣服他们，如果他们不屈服，就加以灭绝。

---

① ［译按］阿萨辛，活跃于11~12世纪的穆斯林秘密团体，专门暗杀十字军，其名字传到西方，成为"暗杀者"的意思。

② ［译按］撒拉卡，十字军东侵时对阿拉伯的称呼。

③ ［译按］黎凡特，指地中海沿岸地区。

④ ［译按］明斯特，德国北部城市，当地的再洗礼派教徒曾在1534年发动暴动，占领该城市，建立神权统治。

⑤ ［译按］指神圣罗马帝国。

现在，让我举出一种虚构的情况（然而，古人让人搞不清楚这到底是虚构还是历史），在亚马逊（Amazon）① 这个国家，所有的公私统治权包括军队都掌握在女人手中。让女人统治男人违反了自然的首要法则。我要质问的是，这样荒谬的统治本身不是无效的吗？不是应该得到推翻吗？我指的不是女人为王的问题（因为她有男顾问和男官员的帮助），而是国家、司法和家庭都被女人所控制这件事。但这最后一个例子就不同于上面的几个事例，因为上面的事例造成了危险和恐惧，而这一个则是对自然法的违背。我不费吹灰之力即可证明，马穆鲁克人（Mamaluche）② 的苏丹政权也是一样，在那里，用钱买来的奴隶出身不明，却统治着自由人。这和下面的情况差不多（你也可假想一个国家，在这个国度中，按照规定），儿子成年之后剥夺了父母的财产，让他们退休养老。女人统治男人、儿子统治父亲以及奴隶统治自由人这些情况都彻底违背并颠倒了自然法和万国法。

至于西印度群岛，我想玛尔提乌斯应该听说过维加（Garcilazzo de Viega）。③ 他来自于印加种族，是个混血儿。他希望充分发扬自己国家的美德和风俗习惯，他确实也做得恰到好处，令人信以为真。你会说，根据自然法，任何只具备文明和美德的国家都不应该征服这些国家，这说服不了我。尽管传播信仰（在

---

① ［译按］亚马逊，希腊传说中的女人国。

② ［译按］马穆鲁克，指 1250—1517 年统治埃及的军人，他们原为奴隶。

③ ［译按］维加（1503—1536），西班牙著名抒情诗人。

恰当的时候我们再谈论这一点)① 被搁置起来,与战争没有关系,但是,在那个国家的大部分地方,他们赤身裸体,一丝不挂就极其有损形象,因为看到裸体是"罪"的第一要义,裸体主义者的异端邪说一直就被认为是对自然的侮辱。我的观点不是基于这些,也不是基于他们的愚蠢,想到他们让马吃嚼子、玩字母组合游戏等等,更不是基于他们的巫术,因为这几乎是所有搞偶像崇拜的国家共同的特征。但我要说的是,他们的人牲,尤其是他们吃人肉令人厌恶。根据自然法,这种风俗及其他一些风俗使他们不能再拥有自己的领土,西班牙侵略他们,或臣服或灭绝,也是合法的。我想,否认这一点会让人感到有些不可思议。然而,我根本不是要为他们起初所遭受的残忍行为做辩护,那些残忍的人不久就遭到了报应,第一批征服者的首领们全部死于非命,后来又有许多人步其后尘。这些例子已经够了,但我们应该再说说赫拉克勒斯的功绩。这个例子虽然充满了奇谈怪论,但它却明确提出,所有国家和时代都一致同意,尽管拯救者从世界的一方跑到另一方,但根除和征服巨人、怪物和外国暴君不仅是合法的,甚至还会得到神的嘉奖。任何人如果认为,各个国家假如在主权上不是统一的或没有通过条约和盟约结成联盟,那它们之间就没有任何联系,这种看法极其错误,是心胸狭隘的表现,因为还存在着其他社会纽带和不言自明的联盟,如殖民地对宗主国或移民对祖国的联系。所谓"一家人不说两家话",既然语言的混乱标志着分散,说同一种语言就表示团结一致。正如希腊人相

---

① [英文版原编者注]括号中的话在译成拉丁文时被省去了,可能是无意省去的,但也可能是有意的。培根更加仔细地思考这个问题之后,越来越反对把"传播信仰"作为发动侵略战争的动机。在以后的两年里,他倾向于认为,"为宗教而发动侵略战争很少受到赞同,永远也不可能得到赞同,但如果附带有道德原因就另当别论了"。

对于野蛮人一样，更重要的是拥有同样根本的法律和风俗习惯。如果属于某一派别，信仰出了错误，他只是"陷入罪恶的兄弟"，我说的不是这种情况。然而，在所有这些之上，所有人都有一种至高无上的无法改变的亲缘和社会关系。有位异教诗人（使徒保罗曾把他当证人）说过这一点："我们都是他的后裔。"然而，对我们基督徒来讲还不只这些。我们尤其知道所有的人都来自一团泥土，并且两个人孕育出了所有世界上一代又一代的人。我认为，我们应当承认没有哪个民族完全是外邦人，而且他们和那位喜剧诗人介绍的人一样友善："在我看来，与人类有关的任何事情都与我有关。"① 既然有这个心照不宣的联盟，它肯定不是无用的，它要对付什么东西或什么人，但它（他）们是谁呢？是野兽还是水火这些本原？全都不是，它要对付的是那些乌合之众和暴民，这些人背离了自然法彻底堕落，他们国家的肌体和形式都呈现出畸形，因此，根据我们前面谈到的事例，可以毫不夸张地说，他们就是人类的敌人和痛苦，是人类本性的耻辱。鉴于有些国家虽然犯了罪却不能改过自新，所有其他的国家都应该憎恨和讨伐他们的人民。我认为，在这一点上，不要太多地遵循法学家的原则，在更大程度上要遵循慈善原则和近邻原则，这不仅适用于利未人（Levite）也适用于撒马利亚人（Samaritan）；另外还要遵循亚当的子孙都来自一团泥土这一原则；这些最初的原则就是本人观点的基石，（假如可以坦白地说，）否认这些原则几乎是根本上的分歧。

（未完）②

---

① ［译按］参见泰伦斯的喜剧《自责者》（第一幕，77行）。
② ［译按］培根没有完成《宣告一场圣战》的创作。

新大西岛[*]

致读者

主人写这部寓言旨在提出一种学院的模式,其名为"萨罗门学院"(Salomon's House)或"六日工程学院"(College of the Six Days' Works),其宗旨是解释自然,制造出鬼斧神工的工具,造福于人类。主人他目前还在进行这项事业。当然,这个学院规模庞大,目标高远,所以,并不是方方面面都可以仿效,但

---

* [中译编者按] 译文同时参考了笛维(Joseph Devey)编《培根道德和历史著集》(*The Moral and Historical Works of Francis Bacon*, London, 1873);本编者对过长的段落做了重新划分。

其中的大部分工作人们都可以做到。主人在这个寓言中本想制定法律的大体框架或提出国家的理想模式,但看到完成这部作品不是一朝一夕之事,他便把注意力转向了自己偏爱的自然史。

主人他有意把《新大西岛》这部作品放在这个位置,① (其中一部分)与前面的自然史非常接近。

罗利(W. Rawley)②

---

① 指放在当时出版的一卷书的末尾,书中还有《林木集》,书的出版时期不详。

② [译按]培根的私人牧师和秘书。

我们在秘鲁待了整整一年。从那里，我们满载了十二个月的粮食，沿南海驶向中国和日本。我们乘着柔和无力的东风航行了五个多月。后来风向一转，吹起了西风，接连许多天我们几乎寸步难行，有时就打算返航。紧接着风向又变了，这次刮起了猛烈的稍偏东的南风，我们只能听任大风将我们带向北方。

这时，一直省吃俭用的粮食也没有了。在荒凉浩瀚的大海上断了粮，我们完全失去了希望，只有等死了。然而，我们还是打起精神，呼吁上帝在深海中显示奇迹，祈求他给予怜悯。在创世之时，他曾驱走海水，让陆地显现。但愿他现在把陆地显现出来，使我们免于死亡。

说来也怪，第二天傍晚时分，我们看到前面向北的地方有乌云样的东西，这使我们觉得陆地在望。我们知道，南海的这个区域完全不为人所知，这儿可能存在尚未发现的岛屿或大陆。那一夜，我们直奔那看起来像陆地的地方。第二天天一亮，我们就清楚地看到平坦的陆地，灌木丛生使它更显得幽暗。一个半小时后，我们驶进优良的避风港，港口旁边有个美丽的城市，虽然不大，但建筑优美，从海上看，景色宜人。我们心急如焚地来到岸边，准备登陆。

就在那时，我们望见一群人手里拎着棍棒，像是阻止我们上岸，但没有大喊大叫，或作凶恶状，只是打手势让我们不要上来。这让我们感到十分沮丧，于是私下商量该怎么办。这时，一条小船向我们驶来。船上有八个人，其中一个拿着两头都是蓝色的黄色权杖，他登上我们的轮船，丝毫没有戒心。他拿出一小卷羊皮纸，递给我们当中站在最前面的那位。这卷羊皮纸比我们的要黄一些，像写字台的活动桌面一样闪闪发光，不过，与桌面不同的是其柔软易折叠。上面用希伯莱文、古希腊文、西班牙文和标准的拉丁文写着："禁止上岸，所有人都不准上岸，并且，若未有另行规定，务必在十六天内离开此海岸。在此期间，若需要淡水、食物、医疗和船只修理，你们一定会得到救济。"纸上盖的印是天使基路伯（cherubins）的翅膀，翅膀低垂没有展开，旁边有个十字架。那个军官送完这个东西转身回去了，只留下一个仆人等待我们答复。

我们商议一下，觉得此事不可思议。不让登陆，还赶我们快快离开，让我们苦恼不已。另一方面，这儿的人会几种语言，极具人道精神，又给了我们很大的安慰。最重要的是，羊皮文书上的十字架标志令我们欢欣鼓舞，它毕竟预示着善意。

我们用西班牙语写了如下回复：

  我们一路上或风平浪静或逆风行驶，没有遭遇风暴，所以轮船状况良好。但我们病人很多，并且病情严重，若不允许他们上岸，恐有生命危险。

我们又特别提出了其他要求，最后说：

  若他们乐意交易，我们有一些货物，可以送给他们，或许可以支付我们需要的东西。

我们拿了一些皮斯托尔（Pistolet）①酬谢那个仆人，又拿出一块猩红色的天鹅绒准备送给那个军官。仆人没有带走这些东西，对此他几乎不屑一顾。然后，他坐上接他的那条小船离开我们回去了。

我们答复后大约过了三小时，来了一个人，似乎是个重要人物。他上身穿天蓝色羽纱袍子，宽松的袖子，比我们的更加光泽照人，下身穿绿色裤子，头戴精致的绿色土耳其式无檐帽，但没有土耳其式无檐帽那么大，帽边垂下一绺绺的头发。一看就觉得

---

① ［译按］皮斯托尔，西班牙旧金币名称。

他德高望重。他乘坐的小船有些地方镀了金，里面另外还有四个人，后面又跟着一条船，上面共二十人。他在离我们一箭之遥时，有人招呼我们派几个人与他在海上相见。我们即刻用轮船上的小船送大副和其他四个人去了。离他们六码远时，我们按他们的要求停下来，不再前行。

这时，我刚才提到的那个人站起身来，用西班牙语高声问道："你们是基督徒吗？"我们说："是。"

此时，由于曾见过文书落款中的十字架，我们就不那么恐惧了。刚才那个人听了这样的回答，把右手举向天空，又轻轻地放回嘴边，这是他们感谢上帝时用的姿势。他又说：

> 你们所有人都要以救世主的功德发誓，自己不是海盗，在过去的四十天内无论合法与否均没有做过杀戮之事，这样，你们才可以上岸。

我们说："我们愿意发此誓言。"他旁边有个公证员模样的人记录下了刚才的一幕。这之后，那个要人对同一条船上的另一个随从说了些什么，那个随从就高声对我们说：

> 你们要知道，我家主人不上你们的船并不是因为傲慢或自以为了不起，而是因为你们在答复中声称你们当中有病号，市卫生局的人员提醒他要和你们保持一定的距离。

我们向他鞠躬致意，说道："尊敬的大人，刚才所做的一切让我们感到无比荣幸，也感受到您的深切关怀，但愿我们的病人不会传染。"

那人于是回去了。过了一会儿，那个公证人到我们船上来，手里拿着一个他们国家特有的水果，形状像橘子，颜色在黄褐和朱红之间，气味芳香。他带这个东西仿佛是为了预防病菌传染。他先让我们"以耶稣的名义和功德"起誓，然后告诉我们，明天早上六点有人将带我们到他所说的外乡人安置处（Strangers' House），那里会为我们全体及病人准备所需要的东西。我们在他离开时送给他一些皮斯托尔币，他笑了笑说自己做一项工作不能拿双份的钱。我想他的意思是，他在国家那里已按劳取酬了。后来我了解到，他们称收受贿赂的官员为"拿双份工资"。

第二天一早，那个官员又带着权杖来了，要我们跟他去外乡人安置处，还说他提前来是为了让我们能有一天的时间忙自己的事，"我建议你们中的一些人先跟我去看看那个地方，看怎么布置对你们方便，然后再把病号和其他人带上岸。"

我们谢了谢他，说他如此照顾无依无靠的外乡人会得到的上帝奖赏的。我们六个人就跟他上了岸，他走在前面，回过头说，他只是我们的仆人和向导。他领我们走过三条漂亮的街道，一路上只见两排人彬彬有礼，夹道欢迎我们，仿佛对我们的来到并不感到惊讶。我们路过时，一些人稍稍舒展一下手臂，这是他们在欢迎场合用的姿势。外乡人安置处幽雅宽敞，其所用的蓝色砖比我们的颜色要深，精致的窗户有的装上了玻璃，有的装上了薄油纱。他把我们先带到楼上一间雅致的客厅，问我们共有多少人，几个病人。我们说共有五十一人，其中十七人生了病。

他让我们在此耐心等他一会儿。一小时后他回来了，又带我们去看了看为我们准备的卧室，共有十九间。他们似乎已经安排好了，有四间比较好的卧室看来是让我们的四个头头单独居住，其余十五间留给我们住，两人一间。这些卧室宽敞明亮，装修十分实用。后来，他又领我们到一个长长的过道，这里像是宿舍，他让我们瞧瞧在一面（因为另一面是墙和窗户）的十七间病房，这些病房由雪松木相互隔开，显得干净整洁。这些病房总共四十间，加上过道就是一所医院。他还告诉我们，若我们的病人恢复了，就可以搬到卧室去。为此另外设了十个备用卧室，不包括我们刚才提到的卧室。

办完这些事，我们返回客厅，他微微举了一下权杖（他们在发布命令时都这样做）说：

> 你们要知道，根据本地的风俗规定，我们给今天和明天两天时间，让你们把自己的人带上岸，这之后，你们要待在室内三天不准出去。请不要感到苦恼或觉得受到监禁，这是为了让你们好好休息，你们想要的我们都给办到，我们派六个人为你们打点外面事务。

我们满怀感激和尊重谢了谢他："上帝确实在这片土地上显灵了。"我们提出也给他二十皮斯托尔币，但他笑了笑说，"什么，拿双份工资？"然后就走了。

不久，我们的晚饭端上来了，无论面包还是肉类，都鲜美可口，就我所知，这比任何一所欧洲大学的饮食都要好。我们还喝了三种甘美的保健饮料：葡萄酒；一种米酒，它相当于我们的浓啤，不过更清亮一些；还有一种苹果汁似的东西，是用该地特有的水果制成的，喝起来沁人心脾，令人心旷神怡。另外，他们还给我们的病号带来了大量的那种朱红色橘子，他们说这些水果治疗海上引起的疾病有特效。他们又给了我们一盒灰白色药丸，希望我们的病人服用，每晚睡前一片，据他们说，这能促进病人恢复健康。

第二天，我们忙于搬运货物，并把我们的人从船上撤出来。一切都安顿下来之后，我想最好把大家召集一下。等他们都来了，我说：

> 亲爱的朋友们，让我们了解自己，搞清楚我们当前的形势，我们过去几乎葬身大海，如今，我们被抛到岸

上，就像约拿（Jonas）脱离了鲸鱼腹一样,① 虽然我们现在是在岸上，但仍然生死难料，因为我们远离旧世界，又不了解新世界，鬼知道我们还能否再见到欧洲。是奇迹使我们来到这里，将来也会是奇迹把我们带出此地。鉴于我们过去得到了救助，当前和将来都面临着危险，让我们尊重上帝，改过自新。另外，我们周围的人都是基督徒，他们非常虔诚并富有人道精神，所以，在他们面前我们不要显出一脸的诧异，暴露我们的堕落和卑劣。另外，他们（虽然很有礼貌地）命令我们待在高墙之内三天，鬼知道是不是在观察我们的习惯和禀性，若发现这些习惯和禀性有伤风化，就会立即把我们驱逐出去，否则，他们会让我们待更长一段时间呢！他们派来照料我们的人可能是来监视我们的。因此，为了上帝的慈爱，为了我们灵魂与肉体的幸福，我们要注意自己的言行，这样才能与上帝和睦共处，获得这些人的好感。

同伴们异口同声谢谢我为他们提出了忠告，他们答应以后举止要得体礼貌，不会有丝毫得罪人的行为。我们快快乐乐地过了三天，没有考虑我们三天之后的处境。在这段时间内，我们高兴地发现病人们状况好转，他们觉得自己仿佛被放进了神奇的疗养泉里，不知不觉中恢复得很快。

第四天，来了一个我们以前从未见过的人，他也穿着蓝色的衣服，不过帽子是白色的，顶上还有个红色十字架。他还戴了个

---

① [译按]《圣经·旧约全书》，约拿违背上帝的命令，渡海逃亡时被船上的人抛入海中，葬身鲸鱼腹中三日三夜，向上帝祷告后，被鲸鱼吐到陆地上。

披肩，是用上乘的亚麻布制作而成。进来时，他微微鞠了一躬，伸展开双臂。我们也毕恭毕敬地向他深鞠躬，问候他，因为他看起来掌握着我们的生杀大权。他只想和几个人说话，于是我们六个人留下，其余的回避。

他说：

> 我在行政上是外乡人安置处的总管，我的职业是基督教神父，因此，我来是为你们这些外乡人，最重要的是为你们这些基督徒服务的。我要告诉一些我认为你们不愿意听到的消息。政府允许你们在这儿逗留六周。若你们需要更长的时间，对此也不要懊恼，法律在这一点上不很明确，我确信，只有我才能为你们争取足够的时间。你们知道，外乡人安置处自上次接待外乡人后，三十七年已经过去了，这期间它一直处于储备状态，目前供应充裕，并且早有准备。因此，你们在这儿期间，不用担心，政府替你们支付费用，不会因为此事而让你们少待一天。对于你们的货物，我们不会亏待你们的，作为回报，你们可以索取货物或金银，对我们来说，这都无所谓。若还有其他要求，尽管讲，你们会发现我们的答复不会令你们失望。但有一点我必须告诉你们，没有经过特批，任何人不得离开城墙一开兰（他们那里指一英里半）之外的地方。

大家面面相觑，对这种父母般的无私关怀百思不得其解，我们于是答道，我们不知说什么才好，言语已无法表达我们的谢意，他乐于助人的高尚行为令我们别无他求。我们面前似乎出现了我们在天国得到拯救的画面，因为我们不久前一直处于死亡的魔爪之下，现在来到这个地方，处处都令人欣慰。至于那条命令，我们一定遵守，虽然我们火热的心渴望在这块神圣的乐土上多走动走动。

另外，我们还说，除非我们的舌贴于上膛，① 我们会永远为德高望重的他和整个民族祈祷。我们还毕恭毕敬地请他收我们做他忠实的仆人，像世上任何其他奴仆一样，我们把自己的人身与财产都交与他处置。他说，作为神父，他只求得到神父应有的奖赏，即兄弟友爱和我们灵魂与肉体的健康。他满含着热泪离开了。迷茫、高兴与亲切的情感在我们心中交织在一起，大家都说我们来到了天使之国。他们每天都来到我们面前，给我们带来的舒适生活我们以前没有想到过，更没有期望过。

第二天上午大约十点钟，那个总管又来了，寒暄过后，他亲切地说，他是来拜访我们的，于是他叫了一张椅子坐下来，我们十个（其余的有些禀性不良，有些出去了）也坐下来陪他。见我们坐好了，他说：

> 我们本撒冷岛（Bensalem，当地语言对这个地方的称呼）与外世隔绝，很少允许外乡人入境，我们外出的人根据法律也要保守秘密，所以，我们十分了解大部分世上有人居住的地方，自己却不为人所知。既然知道得最少的人最适于提出问题，为了消磨时间，最好是你们向我提出问题，而不是相反。

我们恭敬地感谢他提供了这么一个机会，我们认为，就我们所知，世上的东西唯有这块乐土还值得认识。"但首先"，我们说道，

> 我们从世界的各个角落来到这里相遇，当然希望将来有一天在天国中再相遇，因为我们双方都是基督徒，

---

① ［译按］《圣经·诗篇》137：6。"舌头贴于上膛"即成为哑巴。

我们渴望搞清楚,本地位置偏远,与我们救世主走过的地方隔着浩瀚神秘的海洋,谁是贵国人民的传道者,贵国人民又是怎样皈依基督教的?

他看起来对我们的问题很满意,说:

第一个问题表明,你们"第一要务是追求天国",它把我的心与你们紧密联系在一起;我很乐意以简要的答复满足你们的要求。

以前,在我们岛的东部海岸有个伦福萨(Renfusa)城。我们救世主升天大约二十年后,在一个阴沉沉静悄悄的夜晚,伦福萨居民无意间发现,一条巨大直达云霄的光柱在大约几英里远的海面上升起,光柱没有分明的棱角,呈圆柱形。光柱上面有个巨大的由光构成的十字架,它比光柱更明亮更灿烂。伦福萨的居民都跑到沙滩上观看这种奇异的壮观景象。他们感到不可思议,乘几条小船试图靠近这幅奇观,在离光柱六十码的地方,他们发现船仿佛被拴住了,不能前进半步,但可以在周围划动,不能再接近光柱。这些船待在那儿像在剧院里,观看天国显现的光。碰巧,萨罗门学院的一位哲人在其中的一条船上,亲爱的朋友们,这所学院可是这个王国的眼睛。他虔诚地仔细观察了一会儿光柱与十字架,沉思过后,他匍匐在地,然后直起上身,保持跪姿,双手举向天空,做出以下祈祷:

"上帝呀,天地之主,您把光辉恩赐于我们,让我们了解您创世的功绩以及它们的真正奥秘,让我们辨别什么才是神的奇迹、自然的造化、人工制品及其他假冒虚幻的东西。在这些人面前,我承认并证明我们眼前的景象是您的杰作,是千真万确的奇迹。书本告诉我们,您做出的奇迹无一例外地都有一个完美的神圣目的，因为自然法则即是您自己的法则，但您超越它们之处在于您具有伟大的目的。我们满怀着敬意恳求您进一步显现这个伟大的神迹，怜悯我们，让我们了解它的含义及用意，您把它显示给我们在某种程度上就是以隐秘的方式给我们许诺这些东西。"

做完祈祷，他立刻发现他所在的那条船可以不受限制地划动，其他船只则不能如此。他认为这是让他放心地接近，于是他把船悄然无声地划向光柱。他尚未靠近，光柱与十字架就四处散开了，如满天的星斗，这种景象也很快消失得无影无踪，最后只剩下方舟即雪松木制成的箱子，虽然漂在水里，但仍然保持干燥，一点也没有被水弄湿。方舟的前头朝向他，上面长着一条小小的绿色棕榈枝。哲人毕恭毕敬地将它搬到自己船上，这时，它自己打开了，人们发现里面有一本书和一封信，均写在优质羊皮纸上，用上乘亚麻布包着。这本书囊括了所有《新约》和《旧约》的经典，就像现在你们的那样（因为我们很清楚你们教会采纳的典籍），其他还有《启示录》和《新约》一些当时还没有完成的部分。信中是这样写的：

"我巴多罗买（Bartholomew）① 是上帝的仆人，基督耶稣的使徒。我在天国的幻象中看到了一位天使，他提醒我让这个方舟随海漂流。因此，我将证明并宣布，上帝方舟流落到何地，这个地方的人民从当天起就会从天父和耶稣基督那里得到拯救、和平与恩典。"

书与信这两部作品就像起初被赐予了语言天赋的耶

---

① ［译按］巴多罗买，耶稣十二门徒之一。

稣门徒,产生了巨大的奇迹。因为,当时这里除了土著人以外,还有希伯莱人、波斯人以及印度人,他们读这部书与这封信时仿佛在读自己的文字作品。这样一来,方舟通过圣巴多罗买神奇的福音把本地从无信仰的状态下拯救了出来。这和以前上帝用方舟把旧世界从洪水中解救出来一样。

说到这儿,他停了下来,这时,报信的进来把他叫走了。这就是那次讨论的经过。

第二天刚吃过晚饭,那个总管又来到我们这儿。他抱歉地说,昨天他离开有些突然,现在他想向我们赔罪,若我们觉得他和他的谈话还讨人喜欢的话,他将和我们一起打发时间。我们说他本人及他的谈话让我们感到快乐,听他谈话让我们忘记了过去的危险与对将来的恐惧,并且,与他待一小时比得上我们以前几年的生活。他向我们微微鞠了一躬,等我们入座后,他说:"那么,你们可以发问了。"

我们当中有个人迟疑了一下说,有件事我们渴望了解,又不敢问,害怕有些过分。但他极其友善,让我们几乎没有外乡人的感觉,这是很大的鼓励,况且我们已发誓愿成为他名正言顺的奴仆,于是,我们斗胆提出这个问题,同时恭敬地恳求,若他觉得提得不恰当,可以拒绝回答,但要原谅我们。我们然后说道,上次他说我们所在的乐土几乎不为外人所知,却了解世上其他大部分国家,这话很容易明白,我们发现也确实是这样,因为他们懂欧洲的语言,也知道我们的很多情况与事务。然而,在过去很长一段时间内,欧洲人曾航行到遥远的世界各地,做出了大量发现,但我们对这个岛屿却闻所未闻。正是这件事让我们感到匪夷所思。你来或我往使国与国之间相互了解,亲自到过外国的人要比待在国内的人知道得更多,后者只能重述前者的话。但两种方式都足以让双方获得某种共同的知识。我们从未听说有人曾见过这个岛屿的船只到过欧洲、印度或西印度群岛的海岸，也没有听人讲起见过世界其他地方的船只从这个岛屿返航。正如大人所说，本岛地处汪洋大海之一隅，秘不可见，才造成了这种情况，因此令人惊奇的不是这些，而是岛上的人与别处的人相距甚远，如何懂得他们的语言、书籍和事务？我们对此百思不得其解，觉得只有神才能不为他人所见，而又将他人置于光天化日之下，使其一目了然。

听完这番话，那位总管亲切地笑了笑，说我们确实需要宽恕，这个问题的提出表明在我们的思想中，认为这个地方是魔术师的国度，他们派出虚无缥缈的精灵到世界各地为其收集别国的信息。我们都毕恭毕敬地附和他，但从他的面部表情上可以看出他讲的只是笑话。我们确实倾向于认为这个岛屿有点神奇，但不是魔术师那种而是天使的那种。我们要让他真正知道，我们之所以感到满腹狐疑摇摆不定，问到这个问题，只是因为我们记得，他上次谈话提到，这个地方对待外乡人有保密法。对此他说：

> 你们记的不错，下面我就告诉你们，但我必须保留一些细节，因为透露这些细节是违法行为，实际上，余下的东西也足以让你们满意。
>
> 你们要知道，三千年或更多年前，航海到世界各地，特别是远航比现在要多。你也许认为这是无稽之谈。不要认为我不清楚你们的航海在过去六十年里增加了多少，我非常清楚，但我要说，那时比现在还要多。诺亚方舟曾使人类免于世间洪水之灾，或许是这种先例让人们有信心在海上冒险。无论如何，这确实是事实。腓尼基人（Phoneician），特别是推罗人（Tyrian）拥有强大的舰队，迦太基人（Chartarginian）的殖民地延伸

到更远的西部。在东方,埃及和巴勒斯坦的海运业同样也很发达。中国及你们称为美洲的著名的大西岛也曾拥有众多高大的船舶,但它们现在只有小帆船和独木舟了。这个岛屿详细记录了当时的情况,那时它拥有一千五百条坚固的巨型船舶。所有这些东西,你们只是隐约记得,或根本没有印象了,我们则十分了解。

那时,所有上面提到的国家它们的船只都知道本地并经常光顾本地。他们船上常常载有比自己海员多出好多倍的其他国家的人,这些人都不是水手,其中有波斯人、迦勒底人(Chaldean)① 和阿拉伯人。几乎所有强大的闻名于世的国家都常到此地,所以,我们今天仍然有一些它们的人民。我们的船也到世界各地去,既去过你们称之为赫拉克勒斯柱(Pillars of Hercules)② 的地方,去过大西洋和地中海沿岸,也去过在东方海岸的北昆③(Paguin)即上都(Cambalu),同时也到过那里的行在(Quinsay),④ 最远直到东部鞑靼(East Tartary)的边界。

那时,著名的大西岛上的居民的确曾繁荣了几十年。你们的一位伟人⑤描述了此地,在他的描述中,我们看到,海神尼普顿(Neptune)的后裔在此定居下来,

---

① [译按]迦勒底人,古代巴比伦人。
② [译按]赫拉克勒斯海峡,今天的直布罗陀海峡。
③ 北昆即北京,培根误认为北京是个港口。"Cambalu"出现于民间马可·波罗游记的版本中,其正确拼写为"Khambalik",这是鞑靼人对北京的称呼。
④ 行在即现在的杭州。
⑤ 指柏拉图,他在《克里蒂亚斯篇》和《蒂迈欧》曾对此地做过精彩的描述。

众多具有较好通航能力的河道像铁链环绕着庄严的庙宇、宫殿、城市以及高山，人们到这些建筑所在地要走过几段上坡路，就像登天梯（Scala Coeli）一样。这些描述充满了诗情画意和荒诞不经的东西，但很多还是真实的。刚才提到的国家大西岛，还有当时被称为哥亚（Coya）的秘鲁以及那时叫做提兰贝尔（Tyrambel）的墨西哥都是令人羡慕的王国，它们都拥有强大的军队、巨大的财富和发达的海运业。这些盛极一时的国家曾经，或至少是在十年内，进行了两次著名的远征。一次是提兰贝尔经由大西洋进入地中海，另一次是哥亚经南海入侵本岛。你们的那位作者似乎引用了一位埃及祭司的话讲述了前一次对欧洲的远征。

所以，这件事的发生是确凿无疑的。我不清楚是不是雅典人成功抗击了这些军队，但我清楚，这次远征没有一船一人生还。哥亚人对我们的入侵若不是遭遇的对手心慈手软，他们的下场也不会好到哪里去。本岛的国王阿尔塔本（Altabin）是哲人也是声名远扬的斗士，他处理此事时能够知己知彼，首先切断了他们的陆军与船队的联系，然后用更强大的兵力从水上和陆地包围了他们的海军和营地，不发一枪一弹就迫使他们投降。国王虽然掌握着这些人的生杀大权，但只让他们发誓以后不再与他为敌，然后就毫发无损地将他们全部遣返。这些雄心勃勃的事业过后不久，神的报复行动降临了。在不到一百年的时间内，闻名一世的大西岛遭到彻底的毁灭。其原因并不是你们所说的大地震，而是一场局部的洪水，因为那一块几乎不会发生地震。

直到今天，这些国家仍有很多在旧世界里看不到的大河与高山，这些河水从高山上奔流而下。洪水实际上并不深，大多数地方在四十英尺以下，几乎淹死了所有的人与兽类，只有极少数居住在森林里的野蛮人逃脱了这场灾难。鸟类飞到高高的树枝上，也幸免于难。在很多地方，人们的房屋高过了水面，但浅浅的洪水持续不退，这些人也难免一死。在山谷旁的没有被淹死的人由于缺乏食物和其他必需品也灭亡了。因此，在人烟稀少的美洲，人们粗俗无知。对此你们不必惊奇。你们要明白，美洲居民是个年轻的民族，至少要比世界上其他地方年轻一千年，毕竟，在第一次举世洪水与他们那场洪水之间相隔了好长一段时间。这些可怜的人类的种子在山区里存活下来，一点一点地重新布满整个国家。与世上的主要家族诺亚及其子孙不同，他们愚昧野蛮，没能给他们的后代留下文学艺术和礼仪。

同样，由于山区奇寒，他们在那里已习惯于当地产的虎皮、熊皮和毛茸茸的大山羊皮。下到山谷，他们发现无法忍受那里的酷热，又不知如何做轻便的衣服，所以不得不赤身裸体，这种习惯一直持续到现在。只是他们特别喜爱鸟的羽毛，并以此为荣，这也是他们从住在山区里的祖先那学来的，因为众多鸟类由于洪水飞往高处，吸引了他们的祖先。你瞧，这次深重的历史灾难让我们与美洲人失去了交往。本来，他们离我们最近，与我们的商业来往也最频繁。由于战争或沧海桑田的变化，世界上其他地方的海运在以后的几十年里很明显地急剧衰落，尤其是远洋航运，全部被废弃不用，大型帆船及其他不适于远航船只的应用更加剧了这一趋势。所以，那个地区及其他通过该地与我们交往的国家很早就与我们停止了交流，只有个别情况例外，如你们这次。但我必须向你们解释，我们自己为什么不再到其他国家进行交往。实不相瞒，我们船队的数量、力量、水手、导航员及其他适于远航的设备都空前的强盛，那么，我们为什么会待在国内呢？下面我就讲述其原因，它将有助于圆满地回答你们的主要问题。

一千九百年前，有个国王统治着这个岛屿。一直到现在我们对他都极为尊重，这不是出于迷信。他是个凡人，但我们把他当作神。他叫所拉门纳（Solamona），我们尊他为国家的立法者。这位国王宽厚仁慈，一心向善，全心全意致力于为国家和人民谋幸福。因此，他想让本国在完全没有外国援助的情况下能够自力更生自给自足。这个岛屿周围海岸线长达五千六百英里，大部分地方土地异常肥沃；还可以充分利用本国的航运从事捕捞业和港口与港口间的水上运输，同样也可到离我们不远但归本国王权和法律管辖的小岛上去。想一想如今这片幸福繁荣的景象，他觉得，让国家衰退的方法可能多如牛毛，让国家兴盛的方法却如大海捞针。他认为，自己的英雄般的崇高目标已经接近完美，下面需要做的只是使他那时恰如其分的建制永垂不朽，这在当时已达到了人类认识的最高水平。

当时，美洲灾难已过，仍然有很多外乡人涌入，因此，在他为本国制定的根本法律中，有一些法律禁止外乡人入境，并拒斥奇技淫巧与风俗杂合。实际上，外乡人不经许可不得入境的法律在中国由来已久，而且还在实行。但这种法律在那里却很糟糕，使中国人显得好奇、无知、胆怯和愚蠢。我们的立法者制定的法律则是另一种性质。首先，他对待外乡人保留了所有人道特点，为不幸的外乡人安排住处，提供救济。这些你们已经体会到了。

听了这些话,我们都站起身,向他鞠躬。他继续说道:

那位国王认为,违背外乡人的意愿把他们拘留于此不符合人道精神,但允许这些人回去,他们又发现了本国的秘密,这与国家的政策相违背。他希望将人道思想与国家政策结合在一起,于是规定:外乡人可以上岸,他们任何人在任何时候决定自己的去与留,留下的人由国家提供良好的生活条件。就我们所知,由于他的远见卓识,该法令自实施以来的多个世纪里,还没有一条船回去过,只有零零散散的十三个人自愿乘我们的货船返回。那些为数不多返回故乡的人在国外说些什么,我一无所知。但你们肯定会想到,在他们的家乡,无论他们讲些什么都会被认为是一场梦而已。

对于我们到国外旅行,我们的立法者认为最好完全禁止。中国不是这样。中国人航行到他们想去的或能够去的地方,这表明他们的外乡人排斥法是懦弱的表现。我们的外乡人排斥法有一条为人称道的例外:通过与外乡人交流,保护为善者驱逐作恶者。现在这条法律也适用于你们。这里,我要扯一些题外话,但不久你们会发现它并没有离题。亲爱的朋友们,你们要知道,在那个国王的丰功伟绩中,有一件最引人注目:他建立了我们称为萨罗门学院的机构。我们认为这是世界上自古以来最崇高的机构,是指引这个国家前进的灯塔。其致力于研究上帝的作品。有人觉得,学院的名字有些歪曲开创者的名字,似乎应为所拉门纳学院(Solamona's House),但历史记载如此。我认为它的命名来自于希伯莱王,① 后者在你们中间享有很高的声誉,对于我们也不陌生。他的一些著作你们已然遗失,我们还有保存,即他写的关于各种动植物的自然史,从黎巴嫩的雪松到墙上的苔藓无所不包。这使我认为,我们的国王已注意到,在诸多方面自己都类似于多年前的希伯莱王,于是用这个机构的名字对他表示敬意。我得出这种结论是因为在古代文献中,我发现这个机构的名称有时是"萨罗门学院",有时是"六日工程学院"。我确信,我们卓越的国王从希伯莱王那里知道了上帝在六天之内创造了天地和世界万物,他给学院起第二个名字是因为他建立此学院的目的是找出万物的本质,上帝创造万物,获得了荣耀,人类则利用万物获取果实。现在回到正题上来。我们那位国王制定法律,禁止所有的臣民远航到王权之外的任何地方,然而,他还有一条规定,每十二年,这个王国要派出两条船做几次远航。每条船上要配有一个代表团,由三位萨罗门院的院士组成。这些人受命前往一些国家,他们的任务仅限于向我们介绍那些国家的事务和状况,特别是世界各地的科学发明、艺术和制造业,他们还要带回各类书籍、工具与模型。这两艘船运送院士们到目的地后就返回,三位院士待在国外,直到下一个代表团来接替他们。这些船满载着补给品,还有大量的金银珠宝,供院士们在适当的时候购买东西,酬谢人员。至于普通的海员在陆地上如何不被人发觉,要在陆地上停留一段时间的人们又是如何冒充其他国家的人,这些远航的目的地又是哪里,新老代表团在何地接头等等诸如此类的活动,我是不能透露的,你们

---

① [译按] 希伯莱王,指所罗门。

对此也不会感兴趣。你们由此看出，我们的贸易不是为了金银珠宝或绸缎香料及其他商品，而是为了上帝最先创造出的东西：光。我是说，要让光布满世界的每一个角落。

说到这儿，他沉默了。我们也一句话没说，这些不可思议的事情像真有其事让我们感到十分诧异。看出了我们想说些什么，但又不知从何说起，他于是很有礼貌地岔开话题，关心地问起我们沿途上的遭遇，最后，他让我们最好想一想，要向这个国家申请停留多长时间，他将力求满足我们的愿望。我们于是都起身要求亲吻他的披肩，但他不愿麻烦我们，起身告辞了。我们的人听说这个国家过去常为愿意留下来的外乡人提供各种条件，一些人置我们的船于不顾，要即刻跑到总管那里提出要求。我们费了九牛二虎之力方才拦住他们，商量下一步该怎么办。

没有了灭顶之灾，我们现在成了自由人，生活得快快乐乐。我们出去到市里以及其他允许去的地方看了看，熟悉了市里的诸多方面。我们发现，这个高贵的城市充满着博爱和自由，渴望把外乡人当作自己人。这足以让我们忘却我们在祖国难以舍弃的一切东西。在这里，我们不断碰到值得注意和讲述的事情。确实，若世上有一面值得世人仰望的镜子，那就是这个国家。

一天，我们中有两位应邀参加他们声称的"家宴"（The Feast of the Family）。家宴是极其自然的风俗，表现了人们的虔诚之心，非常受到人们尊重，也表明这个民族集所有的善于一身。家宴是如何进行的呢？若一位男子在世时，他亲生儿女有三十人，且都在三岁以上，他就可以举行家宴，费用由国家支付。在家宴的前两天，他们称为"提桑"（Tirsan）的那位家长（Father of the Family）自己要挑选三位朋友。宴会举办地的市长或其他行政长官也要参加。这一家的男男女女都要召集来陪伴他。提桑这两天坐在那里讨论家事，平息家庭成员之间的争吵，化解他们的纠纷，让穷困潦倒的成员得到救济并有足够的生活资料；劝告、批评从恶或走上邪路的成员；同时，他要解决婚姻问题，指出他们以后应遵循的生活道路，以及给予种种其他诸如此类的命令或建议。行政长官通过自己的权力实施提桑的决定和命令，以免有人违反，当然，违反的情况很少发生，因为人们都非常尊重和遵从这种自然的风俗。提桑还会选一位儿子与其同住，这位儿子从此被称为"葡萄藤之子"（The Son of the Vine），如此称呼的原因下面会讲到。

家宴那天，家长或提桑做完祈祷，来到举办宴会的大厅，靠厅里面有一个平台，平台中间为提桑安放着一把椅子。椅子前面是桌子和地毯，椅子上面撑着一个圆形或椭圆形的常春藤华盖，这种整个冬天都保持绿色的常春藤比我们的颜色要浅，叶子如银色的白杨叶，但更醒目。五彩缤纷的丝绸和银线绑缚在常春藤上，又巧妙地缠在华盖上，显然出自这一家女孩子之手。华盖顶部还罩上一张精致的由银线和丝绸制作的网，实质上，它仍是常春藤。华盖取下之后，朋友们都渴望得到一些树叶或枝条，以做纪念。提桑带着他的后代来了，男的在前，女的在后。若是一家之母的话，就坐在椅子右边上方的阁楼里，阁楼有一个专用门，挂有门帘，雕花蓝色玻璃窗上还涂了一层金，这样，她在里面不会被外人看见。提桑出来坐到椅子上，他的儿女们不分性别，按年龄大小在提桑后面的平台边贴墙而立。提桑在椅子上坐稳，这时厅内挤满了人，但秩序井然。

片刻之后，从大厅的外面进来一位"塔哈坦"（Taratan），即传令官，在他左右各有一个男孩儿，一个托着他们熠熠生辉的黄色羊皮文书，另一个举着一条长藤，上面是一串金葡萄。传令官和两个孩子都身着海绿色缎子斗篷，但前者的斗篷上有金线做成的波纹，还带有一个拖裙。传令官鞠罢三个躬，走到平台前面。他首先拿过来文书，这是国王的特许状，写有赐予家长的财物、特权和荣誉，他的赋税也得到免除。文书的开头是"尊敬的朋友和债主"，这种称谓只能用于此种场合，因为国王本人只有在繁衍后代上才受益于臣民。特许状上印着国王的像，用黄金压印而成。特许状是根据常理和法律颁发的，但家庭的人数和威望会决定特许状之间有所不同。传令官高声宣读特许状时，家长即提桑由他选出的儿子搀扶保持站立。

宣读完毕，传令官走上平台，把特许状交与家长手中，此时，所有在场人员操他们的语言欢呼："愿本撒冷人民幸福！"接着，传令官从另一个孩子手中把那串金葡萄连长藤一起拿过来，葡萄上了光，非常别致。家里男性占多数，葡萄就上紫色光，上面再镶嵌一个小太阳；女性占多数，就上黄绿光，镶一弯新月。葡萄的数目与家中儿女的数目一样多。传令官把这串金葡萄交与提桑，后者即刻转交给先前迎来与其同住的儿子手中。儿子在父亲面前拿起金葡萄，从此以后，在公共场所，这就象征着荣耀，他也因此被称为"葡萄藤之子"。仪式过后，提桑休息片刻再出来吃饭。他仍旧独自坐在华盖下，他的儿子只有是萨罗门学院的院士才能作陪，否则，无论何种地位或威望都不行。只有他自己的儿子才可以服侍他进餐，把他面前桌上的饭菜夹给他吃。女人们只能在他周围倚壁而立。在平台下面有一些饭桌，邀请来的客人坐在这里，受到盛情款待。

这里隆重的宴会从不超过一个半小时。宴会将终，他们在自己出色的诗篇中选一首来唱，长短要依诗人而定，但主题无非是歌颂亚当、诺亚和亚伯拉罕，前两人让世界充满了人，后者则是忠信之父。唱诗结尾还要感谢我们救世主的降生，因为他的出生才让所有人获得了幸福。用完宴席，提桑再休息一会儿，独自到一个地方做祈祷。他第三次出来是给众人祝福，他的儿女们仍像起初那样站在他周围。他一个一个地把他们叫出来，虽然是随意

的,但年龄的顺序很少颠倒。这时,桌子已被撤去,被叫着的人就跪在椅子前,家长把手放在他或她的头上,开始祝福:

> 本撒冷的儿子(女儿),你的父亲即给予你生命的人说,愿永在的父亲、和平之君、圣灵保佑你,让你人生幸福长久。

家长把这话对每个人说完之后,若儿子中出了杰出人才,通常不超过两个,他就把他们再叫出来,用胳膊搂着他们的肩膀,说:

> 儿呀,你们生有所值,要为上帝争光,坚持到底。

此外,他给每人送一颗麦穗状的宝石,这两个人从此就把它戴在帽子前方。这一项完成之后,他们开始按自己的兴趣跟随音乐跳舞或从事其他娱乐活动,一直玩到天黑。这就是家宴的全过程。

我在这里待了六七天后,与城里一位叫约邦(Joabin)的商人混得很熟。他是位受了割礼的犹太人。这里留有一些犹太人,无人约束他们的宗教信仰。如此甚好,因为在禀性上,他们完全不同于其他地方的犹太人。别的犹太人憎恨基督,天生就对周围的人心怀忌恨,这里的犹太人却相反,他们用崇高的字眼赞美我们的救世主,非常热爱本撒冷国。

当然,我提到的这个人总愿意承认基督为贞女所生,不是凡夫俗子。他也会讲上帝如何树立基督为撒拉弗(Seraphim)天使之主,让天使保护他的王位。这些犹太人称呼基督时使用"银河"(Milken Way)、预言弥赛亚(Messiah)到来的以利亚(Eliah)以及其他辉煌的字句,这些字句虽然不足以形容基督,但与其他犹太人的用语已大相径庭了。对于本撒冷国,这个人则赞不绝口。根据当地犹太人的传统,他希望当地人应相信,他们是亚伯拉罕(Abraham)的后代,是由他们所说的另一个儿子纳克兰(Nachoran)所生;摩西(Moses)秘密制定了他们现在使用的本撒冷法律;弥赛亚降临后坐在耶路撒冷的王座之上,本撒冷的国王会坐在他的旁边,其他国王则靠边站。暂且不论这些犹太梦想,约邦还是个睿智的人,学识渊博,做事慎重,精通本国的法律和习俗。

我们常在一起聊天。有一天,我告诉他,一些熟人所讲的举办家宴的风俗对我触动很大,因为我从未听说,自然规律会在这么一个庄严的仪式中起如此大的作用。既然家庭的繁衍来自于婚姻,我因此希望他谈一谈他们的婚姻法、婚姻习俗和婚姻关系,还有他们实行的是不是一夫一妻制,因为人口需要量大的地方,他们似乎就是这种情况,一般说来允许有多个妻子。对此,他回答说:

> 你推崇家宴这种优秀传统是有道理的。实际上,根据我们的观察,分享家宴的家庭后来都兴旺发达了。现在,我要把所知道的东西告诉你。你要明白,世上没有一个国家如本撒冷那样洁身自好,远离所有的邪恶。这是世界贞女。我记得曾读过你们欧洲人的一本著作,讲的是一位圣洁的修道士渴望目睹淫乱之神(The Spirit of Fornication),结果看见了一个矮小、邪恶、丑陋的埃塞俄比亚人。起初他若渴望见到本撒冷的贞洁之神(The Spirit of Chastity),本会看见美丽的天使。在凡人当中,这里人的心灵最为善良、美好和纯洁。要知道,这里没有妓院、妓女之类的东西,对你们欧洲允许这些东西的存在,他们感到诧异和厌恶。他们说你们视婚姻如儿戏,因为婚姻在法律上成为治疗不正当淫欲的手

段，自然的淫欲似乎促成了婚姻。

然而，若其他治疗方法也唾手可得，且更符合堕落的心灵，男人就不再结婚。所以，你们有不可胜数的男人不结婚，不愿受婚姻的约束，情愿过放荡肮脏的单身生活。一些人也结婚，但很晚，他们的青壮年时期已过去，并且，他们的婚姻首先确立的不是夫妻间的忠实结合，只是一桩交易，目的在于寻求结盟、财产或荣誉，子嗣问题几乎可有可无。同样，与洁身自爱的人不同，那些恣意挥霍青春年华的人也不可能看重孩子。那么，若容忍这些事情，认为其只是一时之需，结婚之后，这种情况应当大大改观，结果会不会如此呢？不会，这些事情仍是婚姻的大敌。已婚男人经常出入妓院或与妓女厮混，与单身汉一样不受惩罚。朝三暮四的风气使世风日下，纵情于妓女的投怀送抱让罪恶成了学问，这些都让婚姻变得索然无味，成了一担重负。这里的人听说你们还为这些现象辩护，说是为了防止更大的罪恶，如通奸、强暴处女、反常的淫欲等等。他们说这种逻辑荒唐可笑，称其为"罗德提议"（Lot's Offer），① 为了让客人免遭侮辱，献出了自己的女儿。他们还说，这样做毫无益处，因为同样的罪恶和欲望仍然大量存在。不道德的淫欲如同火炉，把火苗全部灭掉，它就会熄灭，给它一点通风口，它就会烈火熊熊。至于男同性恋，本地人从不沾染。

但同样，在这个世界上，这里的友谊最真诚最神圣。总而言之，如上所说，我从未听到过和本地人一样

---

① 罗德为《圣经·创世记》中亚伯拉罕之侄。此情节详见《圣经·创世记》十九章。

洁身自好的人。他们常说,放荡的人没有自尊,还说,自尊是第二信仰,是抑制各种罪恶的首要武器。

说完这些话,善良的犹太人沉默了片刻。我很想听他讲下去,自己本不想开口,但觉得在他停下来之际,我一直闭口不言有些不合礼节,于是说,我与他讲话就像撒勒法城(Sarepta)的那个寡妇在和以利亚(Elias)讲话,① 他让我想起了我们的罪,我承认,本撒冷具有比欧洲更优秀的正义。听到此话,他点了点头,继续说:

关于婚姻,这儿的人还有许多明智的可以作为典范的法律条文。他们禁止一夫多妻制,还规定男女双方在见面一个月后才能结婚或订立婚约。男女双方未经父母同意结成的婚姻仍然有效,但在遗产继承上要受到惩罚,他们的子女继承父母的遗产不得超过三分之一。② 我曾读过你们当中有个人写的一本书,虚构了一个国家,③ 这个国家规定,男女双方在订婚前可以看对方的裸体。这里的人讨厌这一条,他们认为,如此亲密的了解之后,再去拒绝别人是一大侮辱。既然男女身体都有比较隐蔽的缺陷,本撒冷的人有一种更文明的方法让双方互相了解。每个城镇都有一些游泳池,他们称为"亚当夏娃游泳池",在那里,他们分别与几个人一起裸泳时,男女双方各有一个朋友去看。

---

① [译按]《圣经·列王记上》17。
② 这显然是不公正的条文,本为惩罚父母却惩罚了孩子。所以,在建议修正法律的同时,培根显然提出了错误的方案。
③ 参见摩尔(Thomas More, 1478—1535)的《乌托邦》卷二。

我们正在谈话，来了一位报信模样的人，身穿带帽的华丽斗篷，他与犹太人说了几句，那个犹太人转过来对我说："对不起，有事要我马上去一趟。"

第二天上午，他又来到我这儿，看起来兴高采烈的样子，说：

> 市长接到消息，萨罗门学院的一个院士第八天到这儿来。十二年来，我们还从未见过他们呢。他来时的仪式相当隆重，但来的原因尚不清楚。我将为你与你的朋友们找个好地方观看他的入城典礼。

我谢了他，说："听到这个消息太高兴了。"

第八天，那个院士到了。他有三四十岁的样子，中等身材，风度翩翩，一脸的慈悲相，身穿上等料子的黑色长袍，宽松的袖子，外披斗篷，里面穿由上乘白色亚麻布缝制而成的齐脚内衣，束白色亚麻腰带，戴白色亚麻围巾。做工精细的手套上还缀着宝石。脚穿天鹅绒缝制的粉红色鞋子。脖子裸露，帽子像个头盔或西班牙的斗牛士帽。棕色的卷发垂在帽外，煞是好看。胡子修成弧形，与头发的颜色一样，只是稍浅。他坐在像担架一样的豪华的无轮马车里，前后各有一匹马驮着，马身上是华丽的蓝色天鹅绒刺绣。两边各有一个随从，都是同样装束。马车由雪松木制成，还镀上了金，镶上了水晶。只有两头不一样，前头嵌板的金边上镶的是蓝宝石，后头嵌板的金边上镶的是绿宝石，那种颜色称为秘鲁绿。马车顶中央有一颗光芒四射的金太阳，太阳前面是一个展翅的金天使基路伯。马车顶是镶有金线的蓝布。那个院士前面有五十位侍从，清一色小伙子，全部一样的打扮：白缎子缝制的齐膝外套、白丝袜和蓝天鹅绒鞋帽，帽上还插着缎带一样的五彩缤纷的羽毛。这些人的后面、马车的前面走着两个没戴帽子的人，他们都穿齐脚亚麻外套和蓝色天鹅绒鞋，腰间束起。一个托着权杖（crosier），另一个托着牧杖（pastoral staff），和牧羊杖差不多。两个杖均非金属，前者是香脂木，后者为雪松木。马车前后都没带骑兵，可能是避免引起混乱和麻烦。马车后面跟着本市的官员和各个行会的头目。院士独自坐在由优质蓝丝绒缝制的垫子上，脚下的丝绸毯子五颜六色，做工十分讲究，和波斯地毯不差上下，但要精美得多。他路过时，默默地扬起手，像是给人们祝福。街上的人井然有序地站着，即使排好战斗序列的军队也没有他们那么整齐。窗口旁同样也没有拥挤现象，每个人都站在自己的位置上，仿佛有人把他们安放在那里。典礼结束后，那个犹太人对我说："我不能再陪你了，因为市里让我接待这位伟人。"

三天后，那位犹太人又来这儿告诉我：

你们真有福气，萨罗门学院的院士听说你们在这儿，就命我转告你们，他定在后天接见你们所有人。他还要与你们中的某个人进行私下交谈，你们要选好人哟。他打算那天上午给你们祝福。

那天，我们准时到了，同伴们都推选我与院士私下接触。我们看到，院士所在的房间装饰华丽，地毯铺地，从门口到他平台上的宝座前没有上下的台阶，很低的宝座上装饰得五颜六色。头上方鲜艳的华盖由蓝色缎子绣制而成。他只带两名侍从，一边一个，均身着精美的白色衣服。院士的内衣还与他在马车上穿的一样，他没再穿长袍，换上了带披肩的黑色斗篷，相当精美。按照事先安排，我们进门时先深鞠一躬。我们走近他的座位时，他站起身，伸出没有戴手套的手，做出祝福的姿势。我们弯下腰来，亲吻他的披肩。做完这之后，我一个人留下，其余人离开。然后，他命侍从退出房间，让我坐在他旁边，用西班牙语说：

愿上帝保佑你,我的孩子,我准备把自己最珍贵的宝石送给你。出于对上帝和人类的热爱,我将向你讲述萨罗门学院的真实情况。孩子,为让你了解萨罗门学院的真实情况,我将按以下顺序叙述。首先,我要讲这个机构的目的。其次是我们的准备工作和需要的工具。第三是我们各个人所从事的不同工作及他们的作用。第四是我们要遵守的规定和礼节。

我们这个机构的目的是了解事物的生成原因及运动的秘密;拓展人类帝国的边界,实现一切可能实现之事。

准备工作和工具如下。我们有深度各异的大型深井,最深的达六百英寻,① 有些一直挖到高山下面,山的高度加上井的深度使一些井深超过三英里。我们发现在高山与平地上掘的井,它们的深处是一样的,都远离空气、阳光与其他光线。我们称这些井为低地(Lower Region),用于各种物体的凝结、固化、冷冻和保存,仿造天然矿物,并利用埋藏多年的常用合成物及其他材料在那里炼出新金属。它们有时还用于治疗疾病,延年益寿,这看起来有些奇怪,但那里生活必需品供应充足,有些隐士宁愿住在那些地方,他们的确活得很长。通过他们,我们也了解到很多东西。

我们准备了几个墓穴用于掩埋物体,墓穴周围是各种碎石,像中国人做瓷器一样。不过这里的碎石多种多样,有些更为高级。我们还有种类繁多的肥料让土地变得肥沃。

我们还有高高的塔楼,最高的约半英里。一些塔楼

---

① [译按]一英寻约为 1.829 米。

坐落在高山上，这样，山高加上塔楼最高的不下于三英里。我们称这些地方为高地（Upper Region），把高地与低地之间的天空当作中间地带（Middle Region）。这些塔楼根据各自的高度和位置分别用于曝晒、冷冻、保存，还用于观察各种天文现象，如风、雨、雪、冰雹和雷电等。塔楼里有些地方住着修道士，我们有时去看望他们，并教他们观察哪些东西。

我们准备了大型的咸水湖和淡水湖，用于饲养鱼类和禽类，还用于埋藏自然界里的物体。我们发现，埋于地下的东西与埋于水中的东西有所不同。还有些水池，一部分用于从盐中汲取淡水，另一部分则通过工艺把淡水转变成盐。我们在海上备有礁石，在海岸有港湾，因为有些工程需要海上的空气和水汽。同样我们还有水流湍急的河流和瀑布，可以提供多种动力，也有增大风力的机器，带动各种机器运转。

我们模仿天然泉源和浴场建造了一些泉源和水池，里面含有硫酸、硫磺、钢、铜、铅、硝酸钠及其他矿物质。还有些小型泉用于泡制多种东西，这里的水比容器或盆里的水能够更快更好地吸收药物的功效。其中有一种水，我们称为"天堂水"，因为经过我们的加工，它对健康和延年益寿有特效。

我们还有宽敞的大型实验室，我们在那儿模仿和演示天文现象，如下雨、下雪、下冰雹，还下除雨和雷电之外的其他物体，还要在空中仿制和演示生物体的生成，如青蛙、苍蝇及其他东西。

我们还有一些称为"保健房"的房间。我们调节那里的空气，使其正好有利于治疗各种疾病，保护健康。

我们还有优美的大型浴场，里面混合了几种药物，用于治疗疾病，恢复人体的水分，确保人体的筋骨、肌肉、体液和重要器官保持活力。

我们也有大片的各式各样的果园和花园。我们并不把它们当作美景来欣赏，而是当作另一种土地，适于各种草木的生长。除了葡萄园以外，一些地方特别宽广，种有树木和浆果植物，我们在那儿酿造多种饮料。这些地方还进行野生树种和果树的嫁接与培育实验，让它们达到多种效果。还是在这些果园和花园里，我们通过技术让树木的生长和花期提前或推迟，让它们比正常情况下生长得更快，果实结得更多。我们还通过技术让它们比正常情况下更高，果实更大更甜，并改变它们的口味、颜色和形状。我们使它们变成这样是要让它们具有药用价值。

我们还有办法混合几种土壤，没有种子也能长出种类不同的植物，也能长出不同普通植物的新品种，还可以让一种树或植物变成另一种。

我们还有公园和圈地，圈养各种鸟兽不仅用于观赏和保存稀有物种，还用于解剖和实验。我们从中或许可以搞清楚哪些可以用于人体。在这方面，我们已发现了很多奇怪的现象。例如，把你们认为重要的多个器官切除，一些动物仍然可以活下去；一些看起来死去的动物还可以复活，等等。我们还在动物身上试验所有毒药和其他药品，也给它们做手术。同样，我们通过技术让它们比同类变得更大或更高；或者相反，抑制它们的生长，让它们变得矮小；我们可以让它们具有比同类更强的繁殖能力，也可以让它们失去生殖能力。当然，我们也能改变它们的颜色、形状、行为等很多方面。我们已找出方法让不同类的动物交配生出许多新物种。与通常的观点相反，这些物种仍具有生育能力。我们从腐烂物里培育出了毒蛇、昆虫、苍蝇和鱼类。实际上，有一些比较高级，已成为完全的生物，像野兽或飞鸟一样，可以交配，繁衍后代。我们做这些事情并不是漫无目的，而是在做之前就已清楚将要出现的是何种物质和何种生物。

我们还有专门的水池，用于在鱼身上做实验。这些实验在谈到野兽和鸟类时已提到过。

我们还有一些地方，用于培育、繁殖具有特殊用途的昆虫和苍蝇，就像你们养蚕养蜂一样。

我不会再耽误你太多的时间，去讲述我们的酿造厂、面包厂和厨房，这些地方制作了各种罕见的具有独特味道的饮料、面包和肉类。我们有葡萄酒，至于其他饮料，有的由水果、粮食和根茎分别酿出，有的由蜂蜜、糖、甘露、干果混合熬制而成，另外还有由树液和甘蔗汁制成的饮料。这些酒水贮藏了好长时间，有的长达四十年。还有些饮料用草叶、草根及香料酿制而成，也有用几种果肉掺白肉①做成的饮料。实际上，有些饮料具有肉与饮料双重功能，很多人，特别是上了年纪的人希望以它们为食，他们几乎不吃肉类和面包。我们最主要的还是用最为稀有的原料做成的饮料，它能渗入人体，但根本不会产生刺痛或烦躁感。若是把饮料倒在手背上，它会马上流到手掌里，而且，这种饮料的口感温和。我们还以同样的方法加工一些水，让它们变得富有营养，喝起来味道鲜美，成为很多人的唯一选择。我们有用多种粮食、根茎和果仁烤制的面包，也有用干果和干鱼做的面包。多个发酵程序和多种调味品使得一些面

---

① [译按] 白肉指小牛肉、鸡胸肉等。

包极易引起食欲。有些则营养丰富，成为很多人的主食，这些人不吃其他肉食，但寿命很长。现在谈一谈肉类，有些肉经过搅拌变得很柔嫩，但没有一点馊味，这样，胃气弱的人也能把它转为食糜，适于消化，与胃气强的人消化其他肉食一样。另外，我们有些肉食、面包和饮料，人用过之后能够斋戒更长时间，还有一些会让人的肌肉明显变得结实强健，使人的力量大大增强。

我们还有一些药房。你会很容易想到，既然我们的动植物品种比你们欧洲丰富（因为我们了解欧洲的物种），我们当然有品种更为繁多的草药、药物和药物原料。同样，这里有各个年代的草药和经过长时间发酵的药品。在配制过程中，我们采用各式精细的蒸馏器和分离机，特别是使用文火熬制和采用各种过滤器与物质进行过滤。当然，我们还有准确的配方，使药物成分基本上完全化合，仿佛是天然的一样。

我们有你们所没有的各种机械技术和用它们制造的一些东西，如纸张、亚麻布、丝绸和绢纱，做出的羽毛制品小巧玲珑光彩夺目，还有高级染料及其他许多东西。这儿的商店一些出售民用物品，另外一些出售非民用物品。你应该知道，上面提到的很多东西已在本国广泛应用。若这些东西确实出于我们的发明，我们也会保存有它们的样本。

我们还有各式各样的熔炉，它们具有各自不同的热度，有的快而猛，有的强劲而恒定，有的温和，有的嚣张，有的平静，有的干燥，有的湿润。诸如此类，不一而足，但最重要的是，我们模仿太阳与天体的热制造出各种热，这些热按照不同的需要沿着各种路线回返往复，产生了神奇的效果。另外，我们生产热，可以通过利用生物的粪便、腹部、胃、血液、堆放发潮的牧草以及熟石灰的形成过程、运动的工具，等等。还能利用日照强烈的地方以及地下依赖天然或人工产生热的地方。之所以使用这种种热是由于我们制定的计划要求这样做。

我们还有光学实验室，用于演示所有的光线和颜色。利用无色透明的物体，我们可以给你展示所有的颜色，不是彩虹里的那种混合，而是宝石和棱镜里的那种散光，所有颜色都是独立的。我们还可以让光线随意增强，在这方面我们已取得很大进展，强烈的光线让人能看见微小的点与线。这里可以演示光线的各种颜色，展示视觉在判断形状、大小、运动、颜色方面的幻觉和错误，另外，还能演示所有的影子。我们还发现了你们所不了解的多种技术，能仿造出各种物体发出的光线。我们有办法看到远处的物体，如天体或偏远地方的东西。我们可以让近处的事物看起来遥远，让遥远的事物看起来近在眼前，从而造成距离错觉。我们有一些工具能够提高视力，其提高程度远远超过当前使用的眼镜。我们借助眼镜和其他工具，能够完全看清楚细小的物体，如苍蝇与昆虫的形状和颜色以及宝石的纹路和瑕疵，这些在通常情况下是看不到的。我们还人造彩虹和光环，把物体发出的可视光线进行各种反射、折射和加强。

我们有各式各样的宝石，很多都精美绝伦，这是你们所不知道的。这儿还有水晶和各类玻璃，其中包括你们造玻璃的原料、玻璃化的金属及其他材料。还有你们所没有的为数不少的化石及有瑕疵的矿物。同样，这里还有品质优良的天然磁石及其他天然或人工的珍奇石头。

我们还有声学实验室，用于模仿和演示所有的声音及发声过程。我们可以演奏出四分音及更细微的乐音构成的和声，这是你们所不具备的。同样，你们也不会了解这里的多种乐器，有些乐器的乐声比你们的要甜美得多，如小巧悦耳的钟和铃。我们可以让细小的声音变得深沉浑厚，让浑厚的声音变得尖细。我们能够把完整的声音变成各式各样的颤音。我们还演示并模仿所有清晰的语音以及兽类和鸟类的声音。我们的某些助听器戴在耳朵上能够进一步提高听力。种种奇异的人工回音器能够多次反射声音，反射出的声音有的比声源响亮，有的比声源尖细，有的比声源深沉，更有甚者，一些反射器让反射出的声音与声源在清晰度上大相径庭。我们有办法通过树干、管道及其他不可思议的线路对声音进行距离不等的传播。

我们还有气味实验室，当然也用于味觉实验。我们可以加重气味，这看起来有些奇怪。我们还仿制气味，让所有的气味由混合物发出，而不是由具有该味道的物质发出。我们同样仿制出各种味道，让任何人的味觉都难辨真伪。这个实验室中有个糖果工厂，用于制作所有甘甜的新鲜肉或干肉、各种令人心旷神怡的酒类、牛奶、肉汤和色拉，品种上大大超过你们欧洲。

我们还有发动机实验室，提供各种动力的机器和工具就是在这儿制造的。我们仿制的东西，运动速度要比你们的快，即使是你们的滑膛枪射出的子弹或其他任何机器射出的东西都无法相比。我们通过车轮和其他工具用较小的力量就很容易地大批量发射这种东西，而且比你们的更强大更猛烈，超过你们最具威力的大炮。我们还制造各式武器和机器，合成新火药，制作能在水中燃烧且无法扑灭的燃烧剂。制造出来的各种烟花目的在于娱乐和实用。我们模仿飞鸟，已能在空中做某种程度的飞行。我们的船能在水下航行并能远洋航行，并备有救生衣。我们有精巧的钟表之类的各种工具，能做循环往复的运动或恒久运动。我们利用人、兽类、鸟类、鱼类和毒蛇的形象仿制生物的运动。我们还可以做出大量其他的运动，它们具有不同寻常的平衡性、优越性和敏感性。

我们还有数学实验室，里面陈设着所有工艺精良的几何与天文仪器。

我们还有迷惑感官实验室，用于展示各种精彩的魔术表演、幻影、欺骗手法及幻象，并揭穿它们的把戏。当然，你自然会认为，我们拥有了很多令人惊奇的顺应自然的东西，竟在细枝末节上迷惑人的感官，我们是不是要掩饰这些东西，力图让它们看起来更神奇？话不能这样说，我们也憎恶所有的谎言和欺骗行为，严厉禁止我们渲染或夸大自然事物，就是要让事物保持本真，不带有任何奇异色彩，否则会遭到羞侮和罚款。

孩子，这些就是萨罗门学院的财富。

至于院士们的职责，我们有十二人要到国外去，他们要隐去自己的名字，换上其他国家人的姓名，带回来其他地方的书籍、文摘与实验方法。我们称这些人为"光明商人"。

我们有三人负责收集书中的实验，这些人被称为"掠夺者"。

我们还有三人收集所有的实验，包括机械技术、人文科学以及还没有成为专门学问的实践活动。我们称这些人为"技工"。

我们另有三人进行他们认为有益的实验。这些人被称为"拓荒者"或"矿工"。

我们还有三人把上述四组的实验汇集起来，加上标题，制成表格，以方便从这些实验中得出判断和原理。这些人我们称为"编辑"。

我们有三人致力于研究同事的实验，从中设法找出有益于人类生活的东西，还要努力发现知识，以便建设工程，清晰地解释事物的原因，发现自然启示的手段，以及简单明了地了解身体的功能和器官。我们称这些人为"资助者"或"施主"。

接下来，我们所有人要多次开会协商，讨论前期做的各项工作。然后有三个人负责指导更高层次的新实验，比前期更深入事物的本质。我们称这些人为"明灯"。

我们另外有三个人按照前面三个人吩咐的步骤去做实验并报告结果。这些人我们称为"接种者"。

我们最后三个人把前面的发现提升为更高的判断、原理和警句。我们称这些人为"解释自然者"。

这儿还有大量的男女仆人和侍从。另外，你肯定也会想到，我们也有新手和学徒，这样才能继承前人。我们还要做下面的事情：讨论我们做出的发明和获得的经验哪些应该公开，哪些不能公开；我们有时会把有些秘密披露给国家，但我们要发誓保守我们认为应当保守的秘密。

就法律与仪式而言，我们有两条长长的画廊，非常漂亮。一条画廊里陈列着各式各样稀奇杰出的发明，另一条里陈列着所有主要发明家或发现者的塑像。那里有你们那位发现了西印度群岛的哥伦布塑像，还有船只发明人、你们那位发明了大炮和火药的和尚、音乐发明人、文字发明人、印刷术发明人、天文观测的创始人、金属工具发明人、玻璃发明人、蚕丝发现者、酒类发明人、粮食发明人和糖类发明人。所有这些都有比你们要确凿的传统依据。我们也有好多自己的发明家和杰出的发明,你没见过这些发明,描述它们未免会过长。再说,在理解这些描述时,你会很容易犯错。对于每一个有价值的发明,我们都要为发明者塑像,在精神和物质上给予重奖。塑像有黄铜的,有大理石和碧玉的,有经过镀金装饰的雪松和其他特殊树木制成的,有铁的,有银的,也有金的。

我们有一些赞美诗和礼拜曲用于每日颂扬和感谢上帝,因他创作出了令人叹为观止的作品。还有一些祈祷文用于恳求上帝的帮助和保佑,给我们的工作以启发,使之有较好的神圣用途。

最后,我们要多次巡视全国各个主要城市,那时,我们的确会公开我们认为合适的有用发明。我们还要宣布一些自然预兆,如疾病、瘟疫、虫灾、饥荒、暴雨、地震、大洪水、彗星和当年的气温状况,等等。另外,我们还要建议人们如何预防和补救。

说完这些,他站起身来。按照事先吩咐,我双膝跪下,他把手放在我的头上说:

上帝保佑你,孩子,上帝保佑我刚才的叙述。我允许你公开此事,以有益于其他国家,因为我们在上帝的怀抱——这块不为人所知的土地上。

于是他就离开了,拨出两千金币赠予我和同事,他们在任何场合出手都是很大方的。(未完)①

---

① [译按]培根没有完成《新大西岛》的写作。

欲望、科学与政治

——培根的爱欲叙述

派西克 (Peter Pesic)

可以说,我们的时代就是"培根时代"。① 培根预见到了最近出现的威力强大的科学;他同时也预料到,科学将极大地影响政治生活。培根称自己是这个新时代的先锋,而非主角。不过,他在现代科学繁荣之前就准确地看到了它的许多突出特征。虽然现实的发展已远远超出了他的预料,但要反思现代科学如何令人

---

① 这是鲍姆(Gernot Bohme)的叫法,参见他的著作《培根时代之末》(Am Ende des Baconischen Zeitalters, Frankfurt – am – Main: 1993)。文中引自培根的著作来自于《培根全集》(The Works of Francis Bacon. Edited by J. Spedding, London, 1857—1874),出处用卷标加页数表示,此处参见6.732。

难以捉摸地诞生,他的作品仍然是最佳的观察点。尽管培根与马基雅维利一样,决意把握实实在在的政治,但他希望利用科学实践,包括新的层出不穷的人类欲望和政治,来改变现实。因此,培根的政治哲学不仅指出了科技创新外在的社会影响,还指出了科学对于科学家内在心灵的影响。如此一来,他把爱欲(eros)就置于了自己研究的中心地位,因为科学探索会触动科学家欲望的源泉,并通过科学家影响整个政治生活。

卢梭之所以说培根"可能是最伟大的哲学家",是因为卢梭在很大程度上考虑到,培根曾设想了一个崭新的受过启蒙的社会。从这个角度来看,培根的启蒙事业全面而又温和,满足了人类的欲望,却没有引起剧烈的动荡。然而,后来的诠释者认为,科学的力量使得爱欲超常释放。比如,温伯格(Jerry Weinberger)详细分析了培根的《新大西岛》,并得出结论:这部作品的"真正深度"在于"过度的欲望可能具有的怪诞形式"。从这一点上来看,培根基本上(虽然是秘密地)是在倡导反叛的爱欲。朗佩特(Lawrence Lampert)强调,培根像尼采一样,暗中煽动科学对宗教的"圣战"。这些学者提出了诸多重要问题,却倾向于认为,培根直截了当的话语掩饰了其比较隐蔽的观点。① 更为

---

① 伯若斯莱摩司(Antonio Perez - Ramos)的论述很有帮助,参见他的《培根的遗产》(Bacon's Legacy),收录于《培根剑桥导论》(*The Cambridge Companion to Bacon*, ed. Markku Peltonen, Cambridge, 1996),页311-314。参见 Howard White,《培根》(Francis Bacon),收录于《政治哲学史》(*History of Political History*, ed. Leo Strauss and Joseph Cropsey, Chicago, 1987),页366-385。也可参见 J. W. Weinberger,《培根乌托邦中的科学与统治:〈新大西岛〉导读》(Science and Rule in Bacon's Utopia: An Introduction to the Reading of the New Atlantis),载于《美国政治学评论》(*American Political Science Review*, 70, 1976),页884;《科学、信仰与政治》

直白的解读却得出截然相反的结论。在承认欲望可能过度的同时,培根考虑较多的问题还是,科学的自我净化可能减弱爱欲。他找到了一种经过了净化和升华的、有所节制的新爱欲,因为科学表明,欲望会得到改造。

在本篇论文中,我将讨论科学家与自然的斗争会如何深刻地影响他们的心灵。科学家与自然之间艰苦的正面角斗把双方考验到极致。培根利用古代神话来描述这场斗争。[①] 他的丘比特与性

(Science, Faith, and Politics, Ithaca, 1985),页 27 - 32, 131 - 133;《〈新大西岛〉和〈伟大的复兴〉序言》(Introduction to New Atlantis and The Great Instauration, Arlington Heights, 1989),页 xxxi - xxxii。Lawrence Lampert,《尼采与现时代》(Nietzsche and Modern Times, New Haven, 1993),页 17 - 141。培根虽然善于运用复杂的修辞,但他认为,含糊不清是"诡辩中的诡辩"(3.394)。现代学者发现,培根自己也一直似是而非、模棱两可,这就推翻了培根明确表达的意图。参见 Brian Vickers,《文学界的培根》(Bacon Among the Literati),载于《比较批评》 (Comparative Criticism 13, 1991),页 259。

① 与通行的老观点相反,培根并不认为这场斗争需要"拷问自然"。参见拙文《与普洛透斯角力:培根与"拷问"自然》(Wrestling with Proteus: Francis Bacon and the "Torture" of Nature),载于《伊希斯》(Isis, 90, 1999),页 81 - 94。莱布尼兹杜撰出这个词语时,并不是要滥用自然。参见拙文《受难的自然:莱布尼兹眼中的司法拷问和"拷问"自然》(Nature on the Rack: Leibniz' Attitude towards Judicial Torture and the "Torture" of Nature),载于《莱布尼兹研究》 (Studia Leibnitiana, 29, 1997),页 189 - 197。一些学者在自己的著作中发表了大量具有挑战性的真知卓见,尤其是 John C. Briggs,《培根与自然修辞》(Francis Bacon and the Rhetoric of Nature, Cambridge, 1989),页 132 - 138, 238 - 239;我在多处都得益于这部杰作。还可参见 H. B. White,《柳林中的和平:培根的政治哲学》(Peace among the Willows: The Political Philosophy of Francis Bacon. Hague, 1968)和他的《培根的〈论古人的智慧〉》(Bacon's Wisdom of the Ancients),载于

欲无关；他的潘神与乱性无关。这个受伤的探索者像俄狄浦斯一样，正是自己蹒跚、缓慢的脚步使得他能够解决那个引人注目的谜语。培根关于普罗米修斯、伏尔坎和狄俄尼索斯的叙述着重表现了他对普通欲望的看法，并强调没有节制的爱欲可能会引起智慧的滥用；他把一些极端不正常的爱欲与孜孜以求实用的特定技术联系起来。与此相反，培根用所罗门、尤利西斯和俄耳甫斯的故事去唤起一种新爱欲，这种爱欲炽烈如火，但不会自我毁灭。培根把科学家的欲望集中在一个新方向，从而使它们得到净化。在他的现代神话《新大西岛》中，培根就人类繁育能力很可能萎缩这一点上，比较了甜美的科学探索和夫妻之爱，指出了它们相互冲突的方面。然而，在更高的层次上，他预见到二者可能、甚至必然会达到和谐一致。政治的好处就在于其能够促使新旧爱欲的平衡。

黑夜产下的卵

培根承认爱欲是神，但把它看作是"原子的自然运动"（6.729），而不是人的激情。他关于爱欲的新观点"更加严厉、

《解释学刊》（*Interpretation* 1, 1970），页 107 – 129；C. W. Lemmi，《培根的古典诸神》（*The Classic Deities in Bacon*, Baltimore, 1933），页 1 – 41；Paolo Rossi，《培根：从魔术到科学》（*Francis Bacon*: *From Magic to Science*, trans, Sacha Rabinovitch, Chicago, 1968），页 81 – 96；Timothy Paterson，《培根的俄耳甫斯神话》（Bacon's Myth of Orpheus），载于《解释学刊》（16, 1989），427 – 444。

直率和明确",要求爱欲重新定向。① 潘,即"事物的普遍框架或自然",其实不是"珀涅罗佩与众多求婚者乱交的结果"(6.707;6.320),虽然世界"来自于神言,由物质杂交而成"。潘没有多少风流韵事:"自然世界没有爱欲,自满自足,也不缺少什么,唯一欠缺的就是言谈"。潘忠实于妻子厄科,因为"真正的哲学最能贴切忠实地反映世界的声音……"(6.714)。培根强调,"哲学家应该永远记得,丘比特无父无母"(OFB 6.201;5.463)。他的意思是,原子的引力来自于"基于实证的信仰",而非"大众观念"。

培根认为丘比特无父无母,是"黑夜产下的卵",这就抹去了爱欲祖先的色情成分,也有意地阻止了毫无结果的臆测。原子的根本欲望"有效地把各种物体凝聚在一起",但其本身却不能由凝聚在一起的物体产生。事实果真如此的话,自然哲学家就要重新思考爱欲,要让引力先于相互吸引的物体。正如惠特尼(Charles Whitney)所说:"培根式的科学家必须舍弃自己的常规判断、能力和想象,以接受至今未知的真知灼见"。那些"在验证之前就有定论的人,碰到具体的事实,只会歪曲自己的思想和

---

① 培根在《论起源》(5.461—500)中用很长的篇幅重新解释了丘比特神话,扩充了《论古人的智慧》中的"丘比特或原子"。《论起源》被收录于新牛津版《培根:哲学研究 1611~1619》(Francis Bacon, Philosophical Studies c. 1611—c. 1619, ed. Graham Rees, Oxford: 1996),卷六,页196-267。以下引用本套书用 OFB 加上卷数和页码表示。按照古代对两个丘比特的划分,"一个据说是最古老的神,另一个则是最年轻的神",培根集中论述了那个最古老的神(OFB 6.197;5.461)。这个古老的神提供"结合与生育的普遍欲望,她的儿子丘比特把这种欲望应用于个体"(6.731)。德谟克利特哲学要求的就是这样为想象重新定向(OFB 6.197;5.461),"这种哲学切入到自然深处,远远不同于与常人的观念,因此,那些乌合之众认为其幼稚可笑"(OFB 6.205;5.465)。

那些事实,因此对二者来说,既是浪费又是痛苦,实在可悲"(OFB 6.247;5.488)。因此,为了"真正"做好"一个引领判断标准的导师"(4.26),科学家必须忍痛割爱,放弃人们习以为常的"浸淫着血肉的知识";他们必须以简单的吗哪(manna)为食,洁身自爱,抵制诱惑的花花世界。培根警告"所有研究自然的学者……自己若由于抓住或思考到了某一点而沾沾自喜,无论它是什么东西,都要加以怀疑"(4.60),因为心灵"若不加以解脱和简化,就像个魔镜,充斥着迷信和欺骗"(3.394—395)。"所有人的本性和习惯把虚假的表象施加给我们",腐蚀了我们,培根称之为"洞穴崇拜"。柏拉图的洞穴对他而言似乎成了深渊,渊壁是哈哈镜,其中的影子不再如实地反映原物,从而误导了人的眼睛。①

步履蹒跚的探索者

丘比特没有父母,那么科学家与他的父母就处于一种不同寻常的关系之中。培根认为,斯芬克斯象征科学,"无知的笨蛋对科学感到不可思议,顺理成章地把它称为怪物"。培根的意思

---

① 参见 Charles Whitney,《黑夜孵出的丘比特:"信仰的秘密"和培根的发现艺术》,收录于《禁忌》(*Ineffability*: *Naming the Unnameable from Dante to Beckett*, ed. Peter S. Hawkins, et al, New York, 1984),页 59。关于培根如何利用镜子意象,参见 Kathanrine Park,《培根的魔镜》,载于《伊希斯》(75, 1984),页 290-302。Erich Heller 的《失去传统的心灵》(*The Disinherited Mind*, New York, 1975) 描述了卡夫卡笔下的主人公,他作为囚犯,生活在经过变形的柏拉图洞穴里,页 199-200。

是，在当代人看来，它应该是个奇迹。① 尽管具有一些人的特征，但这个生物并不仅仅具有人的特征，它还具备多种形态。女性的嗓音和脸庞把它与塞壬联系起来，培根把它充满诱惑的歌唱当作享乐的象征。斯芬克斯没有用难以抗拒的享乐折磨人，而是用令人头痛的问题为难受害人。

把尖利钩状的爪子说成是科学的特征相当形象，因为科学的公理和论证穿透并牢牢控制住大脑，让它无法逃避。那位圣贤也曾注意到这一点："哲人的言语像刺或钉，被深深敲了进去"（《传道书》12：11）。

在科学家眼里，科学问题既让人着迷（直白地说，是受到"控制"），又让人痛苦。尖利的爪子表现了这些问题可怕的一面。实用科学不是与人无关、遥不可及的观念，而是活生生的、甚至是令人感到痛苦的现实。

培根也意识到，享乐与迷恋科学如影随形。斯芬克斯从缪斯那里获得"各种疑难问题和谜语"。如果缪斯不给予这些问题，情况"可能不会那么残酷了"。因此，培根指出了初级阶段的特征："沉思和探索的目的只是求知"。在这个阶段，人们只进行纯粹的科学探索，没有考虑到应用问题。在这个探索阶段，"思维不会受到压制或陷入困境，它可以自由联想，在不确定的结论和多种选择中发现乐趣"。但是，"这些问题一旦从缪斯传到斯芬克斯那里，也即从沉思到了实践，就必须立即采取行动，做出抉择，此时，问题开始令人感到头疼和残酷"。这就到了把纯粹研究付诸实践的阶段，在国家利益要求马上采取行动的时候，更

---

① 参见 C. W. Lemmi,《培根的古典诸神》，前揭，页145。

是如此。①

　　培根还注意到，奥古斯都由于也解答了"许多关于人性的谜"，才使用斯芬克斯像做自己的印章。在他的政治生涯中，这些谜如果没有得到解决，"他将会有好多次面临毁灭的危险"。奥古斯都是第二个俄狄浦斯，他在罗马新旧交替期间，把罗马从斯芬克斯般的威胁下解救出来，掌握了政治权力的新秘密，铸就了罗马帝国。正如培根所说，解决斯芬克斯之谜的科学家"天生要统治帝国"，这个帝国不仅包括自然，还包括人类。在培根的讲述中，科学家不是脱离政治的仆人，把自己的发现恭顺地呈给自己的主人，而是对自己负责的人。但掌握如此权力的人应该受到训练和净化。斯芬克斯不仅用利爪"穿透并牢牢控制住大脑"，而且还用她的问题"给大脑带来巨大的痛苦和忧虑，让它时而这样，时而那样，简直把它撕成了碎片"（6.756—757）。这种撕扯一方面是解答谜语过程的一部分，另一方面又伤害了科学家，因为谜语带来的不仅有巨大的奖赏，还有致命的危险："回答不对时会让大脑遭受困惑和苦恼；回答对了会得到王国"（6.757）。培根注意到，斯芬克斯不仅让人感到困惑和苦恼，而且"若这些可怜的俘虏不能立刻回答上来，站在那里迷惑不解，她就残忍地将他们撕成碎片"（6.756）。这种肢解反映了科学家的大脑在全力以赴解答谜语时被撕扯的样子。

　　俄狄浦斯由于自身的情况，得以体验谜语带来的全部苦恼。培根提醒我们，俄狄浦斯"富有才智和洞察力，但脚伤使他成

---

① 培根在这里提出了海德格尔的观点：科学从根本上讲等同于技术。参见 Martin Heidegger,《追问技术》(The Question Concerning Technology, trans. William Lovitt, New York, 1977)，页3-36。夏特克（Roger Shattuck）在《禁忌的知识》(Forbidden Knowledge, New York, 1996) 一书中论述斯芬克斯时，也倾向于把二者等同起来，页179-180，323-324。

了跛子"。这些创伤非但没有阻碍俄狄浦斯，反而成为他发现谜底的工具。① 培根强调，"征服斯芬克斯的是个跛子。在通常情况下，人们会操之过急，想马上解决斯芬克斯的问题……"（6.757—758）。尽管培根没有指明脚伤的原因，古代的众多文献一致表明，这是俄狄浦斯的父亲所为。他为了杀死俄狄浦斯，避免弑父乱伦的预言成为现实，刺穿了俄狄浦斯的踝骨。② 拉伊俄斯（Laius）不仅遗弃了孩子，还极其残忍地刺穿了孩子的双脚，可能是要减少他存活的机会；俄狄浦斯的名字显示了他因被刺穿而肿胀的脚（Oidipous）。斯芬克斯的谜语与这类脚有关，培根还说，俄狄浦斯马上给出了谜底。俄狄浦斯比其他任何人都更依赖自己的脚，先是那个疼痛难忍的与脚穿在一起的肢体，然后是我们大部分人开始爬行时要依赖的四肢，最后是我们直立行走的双腿，这个过程使他感到痛苦。培根在这里撇开了古代文献。③ 这些文献都以三条腿时期作结，但培根添了一个四条腿时期。他指出，在这个时期，人"老朽之后，筋骨无力，又成了四足爬行动物，卧床不起。"（6.756）。"又"一词表明，生命的周期已经完成，即将再次轮回。"名副其实的科学之子"——继承俄狄浦斯精神的人——具有更卓越的智慧，可能会避免那种让他们的祖先手足无措的悲剧。培根的俄狄浦斯胜利了；他的伤使他缓慢而又警惕地接近斯芬克斯，并征服了她；科学之所以成功就是因为其在一开始受到了伤害。的确，伟大的科学家常常是思

---

① John C. Briggs，《培根与自然修辞》，前揭，页 13 – 14，161，174。
② 参见 Lowell Edmunds，《古代俄狄浦斯神话及其后世仿本》（Oedipus: The Ancient Legend and Its Later Analogues, Baltimore, 1985），页 9 – 10。
③ 同上，页 12。

维迟钝的人，其中包括牛顿和爱因斯坦。①

培根也可能思考过一些跛足人非同寻常的命运，特别是国王詹姆士和培根自己的哥哥安东尼。培根认为，尽管安东尼"腿脚不灵便"，但他的思想比培根自己的思想要"活跃和卓越"。新科学体现了安东尼集跛足与洞察力于一体。培根也认为自己健康不佳（4.102），但他和弟弟及俄狄浦斯都明白，残疾具有两面性。培根在《论残疾》一文中说，这样的人"永远都想使自己不被别人嘲笑"（6.480—481）。残疾人不嫉妒，但受到自然伤害的人倾向于报复自然。只有少数人"通过节制和美德……在形体上"逃过这种"缺陷"，使得他们的内心不被扭曲。他们"极其勇敢"，"有时会成为卓越人物"，培根把苏格拉底归入此类。这些人的残疾有助于他们与残疾抗争。俄狄浦斯在斯芬克斯的谜语中马上发现了自己，因为在所有人当中，只有他不适于这个谜语。俄狄浦斯从小就只有一条"腿"，对此情况再熟悉不过了，因此能够看到所有其他人看不到的真理；他是没有采取报复行为的极少数优秀残疾人之一。俄狄浦斯在这里不同于那些举足轻重的政客。正如福克纳（Robert Faulkner）所说，这些政客的"远大目标不是善，而是报复自己的困境……他们渴望报复自然给予他们的死亡"。② 俄狄浦斯的脚伤是通往新知识的途径，它使严

---

① 研究表明，科学家在童年比普通人更可能遭受疾病的反复折磨或身体残疾。参见 Anne Roe，《打造科学家》（The Making of a Scientist, New York, 1952）和 Gerald Holton，《科学想象：个案研究》（The Scientific Imagination: Case Studies, New York, 1978），页 229-252。

② 韦尔登爵士（Sir Anthony Weldon）说，国王詹姆士"腿脚非常虚弱，是因为（据说）年轻时胡作非为，确切地说，他出生前就如此。他七岁时还不能站立，这使他总是斜倚在别人肩上……"参见 David Harris Willson，《詹姆士六世和一世》（King James VI and I, New York, 1967），页 16。

重的残疾变成了新发现的源泉。培根特别指出,俄狄浦斯杀死了斯芬克斯,但在众多古代文献中,斯芬克斯是自杀。①报复自然的冲动变成了解除人类痛苦的行为。斯芬克斯的谜语得不到解答,所有人都会有危险。死亡的幽灵把守在每一座城市的门前。俄狄浦斯杀死斯芬克斯,解答了为害人类的可怕谜语,这就把报复升华为崇高的行为。

普罗米修斯学派

培根重述普罗米修斯的故事时,没有局限于探索者个人,而是描述了连续几代的科学家。培根使用"普罗米修斯学派"一词,意在指那些通过穷追不舍的追问把神的好处普及给人类的

布里格斯(John Briggs)写道:"残疾英雄俄狄浦斯的人生预示了培根的一生。培根的脚踝部也有一颗钉。父亲之死没有给他留下任何财产。他最喜欢的安东尼走起路来明显一瘸一拐。实际上,培根希望这发生在自己身上,他说自己有时渴望专心从事沉思事业,以证明新知识的力量,而跛脚会标明这种事业,并给出解释。"参见布里格斯的培根传记,这篇文章将收录在新版《英国传记辞典》(Dictionary of National Biography),在本辞典中,还可找到沃顿(Wotton)关于安东尼"腿脚不灵便"的论述(当前版本位于1.799b)。

培根表示,残疾人"大部分(按照《圣经》上的说法)缺少自然情感(《罗马书》1:31);于是他们就报复自然"。谋杀父母的问题也出现在苏格拉底对真理穷追不舍的过程中;参见《智者篇》,241d。Robert Faulkner,《培根和进步事业》 (Francis Bacon and the Project of Progress, Lanham, 1993),页101。

① Lowell Edmunds,《古代俄狄浦斯神话及其后世仿本》,前揭,页12。

人。虽然工作非常辛苦,但

> 他们摒弃了很多欢乐和生活的各种乐趣,违背了自己的本性。更糟糕的是,操劳、焦虑和内心的恐惧使他们苦恼和过早地衰老。像普罗米修斯一样,他们被绑在命运的柱子上,由于过多的思考而烦恼。迅捷的老鹰表示这些稍纵即逝的思想,去啄食他们的肝脏。

他们激怒自然与科学家内心的痛苦具有相似性。只有象征毅力和恒心的赫拉克勒斯能够使他们免受折磨。培根还强调,他所说的"普罗米修斯的最后一桩罪行:试图强奸米涅瓦",按照他的解释,是"试图把感觉和理性凌驾于神性之上,必然会导致无穷无尽的烦恼和痛苦"。在培根的重述中,正是这桩罪行使得朱庇特派遣秃鹰去啄食普罗米修斯。这桩罪行没有背离普罗米修斯的本性,而是其本性得以表达的有机组成部分。普罗米修斯只要敢于把神的秘密透露给人类,自然会招致这样的罪行。要把神火带给人类,不大可能不激起追求智慧的强烈欲望。然而,培根警告说:"人若无意于异端邪说,必须谦虚谨慎地区分神性和人性,分清理智和信仰。"科学想要不受"寓言"的玷污,或宗教不想变成异端,就需要一定的纯洁性。培根轻描淡写地提到了寓言与"基督教的神秘有着惊人的一致性"和普罗米修斯的故事。在引人入胜的解读中,他甚至表明,赫拉克勒斯可能表现了"上帝之道显现于弱小的身躯,急急忙忙来拯救人类"。但培根就此打住,不再"胡乱猜想,否则,可能让异教之火玷污了上帝的圣坛"。异教之火!与普罗米修斯不同,培根即使在调和科学和基督教的过程中也不愿意点燃非分之火。培根通过有意识地控制自己,既表现了普罗米修斯持续的诱惑力,又表现了他有意避开诱惑的行为。①

若普罗米修斯式的追求失去约束,就可能产生怪物,引来空洞的幻象。这些幻象虽然伪装成真正宗教的形象,但对人类毫无帮助。这种永不停息的追求发现,揭示大自然的奥秘才是其正确的目标,而在培根看来,这些奥秘隐藏在密码之中。揭开奥秘不是依赖于个别卓越人才的努力,而是需要很多工人组成培根所说的"团体"前仆后继。这个高度统一的组织要求许多具有各种能力的人去深入地探究密码。培根称这种庞大的集体工程为"普罗米修斯赛事",让人回想起传说中为纪念那个取火的提坦而进行的火炬赛。普罗米修斯学派的那些踽踽孤独的英雄为一批又一批的后代选手开辟了道路。在这场接力赛中,"胜利可能不再指望个人左右摇晃的火炬,而是要借助于竞争和运气"(6.753)。他们的合作也会约束参与者个人的嫉妒和欲望,把个人欲望从个人目标转移到公共事业上来。② 借助这个计划,培根想让科学家们敬畏自然、忠诚于自然,从而适于征服自然的工作。只有那些在情感上训练有素的人才能够破解密码;破解密码

---

① 参见布里格斯的论文《培根的科学与宗教》(Bacon's Science and Religion),收录于《培根剑桥导论》,前揭,页 172-199。也可参见佩特森(Timothy Paterson)的《培根的俄耳甫斯神话》和《论基督教在培根政治哲学中的作用》(On the Role of Christianity in the Political Philosophy of Francis Bacon),载于《政治学刊》(Polity, 29, 1987),页 419-442;现在人们广泛认为培根不是名副其实的基督徒,我有机会将讨论这问题。与此相反,朗佩特在《尼采与现时代》中认为,"普罗米修斯的罪行就是培根的罪行",从而对培根明确表示拒绝过分行为的态度视而不见,前揭,页110。

② 参见本人即将出版的《自然的迷宫》(The Labyrinth of Nature, Cambridge)。参见 John E. Leary,《培根与科学的政治》(Francis Bacon and the Politics of Science, Ames, 1994),页 185-222。感谢卢宾(Charles Rubin)让我注意到普罗米修斯学派和比赛之间的差异。

的过程让人感到屈辱和痛苦,却净化和培养了解码之人。培根把这个保护层归结于上帝和自然的神秘,正是这个保护层使得任何使用蛮力探索秘密的努力不仅无功而返,而且可能带来灾难性的后果,因为"强力会招致自然更为猛烈的报复"(6.469)。果真如此的话,培根算是改编了普罗米修斯的故事。他让人类又重新充满希望,但不是普罗米修斯在埃斯库罗斯的戏剧中所给予的"盲目的希望"。① 科学希望的基础是"推理能力和实践能力真正的恰当的结合",而非强暴米涅瓦。

伏尔坎的孩子们

培根利用多篇神话表现让科学充满生机与活力的种种欲望,火神伏尔坎在这些神话中发挥着重要作用。作为冶金术和炼金术的创始人,伏尔坎是这些原初科学得以产生的源泉。普罗米修斯正是从最先拥有火的伏尔坎那里偷走了这个最重要的"助手的助手、方法的方法";若非这影响巨大的偷盗事件,人类就无法获得如此神一般的能力。伏尔坎与受伤的先知俄狄浦斯也有关系,因为他走路也拄个拐杖,一瘸一拐,因而也有三条腿;另外,他也是由于父亲的原因而变瘸。伏尔坎和俄狄浦斯这群杰出人物揭示了跛足科学家的新爱欲,这种爱欲同时也决定了他们自己的宗教信仰。作为工匠,赫菲斯托斯(Hephaistos)② 的高超

---

① Aeschylus,《被缚的普罗米修斯》(*Prometheus Bound*),1.252。培根在早期的著作中严厉批评了"世俗的希望",参见《宗教沉思集》(1.597),7.247—248。

② [译按] 赫菲斯托斯是伏尔坎的希腊名。

技艺和他的跛足有一定的联系，似乎是互为代价的关系。① 他身体的缺陷也有力解释了为什么他与阿芙罗狄蒂结婚后会被戴上绿帽子。

雅典娜和赫菲斯托斯二神都不是由两性繁育而成，而是分别由宙斯和赫拉个人生育的，生出来的后代在性别上正好与父母正反。与其他神相比，赫菲斯托斯没有多少后代。然后，他设计了自动控制装置与可以自己移动的三脚架（《伊利亚特》，18.418—420，376—377）。普罗米修斯把火送给人类之后，朱庇特命令伏尔坎"制造一个漂亮可爱的女人"。潘多拉象征着"享乐和肉欲"。在个人和政治方面，她给"人类"带来了"各种身心烦恼和厄运"（6.751）。② 在另一处，伏尔坎被智慧女神激起了情欲，遭到拒绝后，试图强暴后者。他的强暴没有得逞，但

在接下来的厮打过程中，他的精子散落在地上，由此诞生了雅典国王厄尼克托尼俄斯。厄尼克托尼俄斯上半身

---

① 参见《伊利亚特》，1.591—593。另外一种说法是，赫菲斯托斯可能一生来就是跛子（《伊利亚特》，18.396—397）。两种说法的共同之处就是其父母的不满。赫菲斯托斯的跛脚后来传给了儿子帕拉蒙尼俄斯（Palaimonios），参见 Apollonius Rhodius，《阿尔戈英雄纪》（Argonautica），II.202—203。赫菲斯托斯的绰号"艾姆菲吉义斯"（Amphigueeis）意思是"两腿都瘸""双手都巧"。

② 根据赫西俄德的说法，赫菲斯托斯没有父亲。在朱庇特独自生出雅典娜之后，赫拉出于"憎恨和嫉妒"独自生育了赫菲斯托斯（《神谱》，927—929）。在品达（Pindar）那里，赫菲斯托斯是雅典娜的接生婆（《奥林匹亚颂》，7.35—37）。参见 Timothy Gantz，《希腊早期神话》（Early Greek Myth, Baltimore, 1993），页74-78；Mircea Eliade，《熔炉与坩埚》（The Forge and the Crucible, Baltimore, 1962），页149-152。在赫西俄德那里，潘多拉是个寄生和邪恶的形象（《神谱》，10.617）。对于培根而言，女性引诱男性，"心想的只是当时的欢乐"。

风流倜傥，但双腿畸形瘦弱，如同鳝鱼。意识到自己身体的缺陷，他第一个发明了马车，这样可以炫耀英俊的上身，掩饰丑陋的下身（6.736）。

培根解释说，发生这种强暴行为是因为，以伏尔坎为象征的科学技术试图"通过暴力迫使自然就范，达到征服自然的目的"，就像普罗米修斯试图强暴米涅瓦一样。在厮打过程中，"会附带产生一些怪胎和豆腐渣产品。这些东西中看不中用，禁不起敲打"，但骗子却"拿着它们到处招摇过市，大肆炫耀"。马车遮住了他们的缺陷，但培根知道他们是跛子。培根认为，此类东西"见于化工产品和一些新奇的小发明"，它们的发明人执著于令人惊诧的结果，"而没有改正错误的设计路线"。这些东西像金苹果引诱着普罗米修式的选手，使他们"半路停下来，离开跑道，像阿塔兰特那样追逐利益和财物"，而不是继续追问，直至揭示事物的全部真相（6.744）。

培根把这些华而不实的发明看作误入歧途的爱欲，而非科学归纳的失败：米涅瓦是不能被强暴的。与伏尔坎一样的人"宁愿与自然厮打，也不愿意通过足够的细心和观察赢得自然的芳心"（6.736）。他们的爱欲让人感到不快；他们没有通过正确的途径去追求自然，反而把自然当作满足自己情欲的奴隶。结果就产生了像父辈一样的跛脚，这再一次表明，他的跛不是偶然现象，而是表现了他自己内在的爱欲倾向。然而，伏尔坎的精子有生殖能力；厄尼克托尼俄斯发明了马车，这是一项值得称道的进步，虽然其动力是虚荣和自我掩饰。厄尼克托尼俄斯还成了雅典的开国国王之一，设立了泛雅典娜节（Panathenaic Festival），是应该享有开国元勋称号的人物之一（6.505—506）。他上半身看起来风流倜傥、引人注目，下半身则瘦骨嶙峋、丑陋不堪，就像雅典，因为在雅典，"哲人谋事，蠢人理事"（7.158）。在未发表的著述中，培根尖锐地指出，希腊人只是喋喋不休的孩子，"尚未发育成熟，没有生育能力"。他们性的不成熟与性无能使他们只会说说而已，"既不能辩论，也不会产生什么结果"。与此相反，培根号召他的科学之子不要像这些古人那样，"只是用指尖"碰一碰自然，而是要"将自己融入自然中去，要么在沉思方面发现真理，要么在实用方面做出成绩"。这的确呈现了一幅与"事物本身""结成贞洁、神圣、合法婚姻"的图景。这种联姻将会产生"受人尊敬的英雄或超人族类，他们将使人类摆脱无休止的绝望和贫穷状态"。①

批判欲望

在"狄俄尼索斯或欲望"中，培根进一步批判了欲望。要"满足眼前的善"就会导致不健康的难以抑制的欲望出现。它们甚至在孕育时期就在心灵中扎根，结果让心灵感到刺痛，直至心灵的"决策和行动受到它们的干扰不能正常进行"（6.741）。狄俄尼索斯的母亲塞默勒被朱庇特烧死，因此，这样的欲望也会以烈火的形式出现。甚至众神之王在大腿中缝入未出生的狄俄尼索斯之后，走起路来也是一瘸一拐，从而与俄狄浦斯和伏尔坎一样具有预示性的身体缺陷。朱庇特的母性身份与狄俄尼索斯暧昧的性取向有一定的联系，"任何强烈的欲望都具有双重性别，因为

---

① 我们可以认为，伏尔坎与其母亲一样是自体受精，或者说，他可能与他的祖先大地女神发生了关系，因为厄尼克托尼俄斯据说就是大地女神所生。此处引文来自 Farrington，《培根的哲学》（*The Philosophy of Francis Bacon*, Liverpool, 1964），页 83，109，85，72。（没有子女的）培根如此谈论这位神话中的儿子，不由得让人想起他的名言："最佳作品……来自于单身或无后代的男人"（6.391），参见下面论述。

强烈的欲望同时具备男性的强悍和女性的软弱"。在培根的版本中,狄俄尼索斯的一生使挥之不去的罪恶愈演愈烈,因为欲望"从不满足当前,它要永不停息地追逐新的胜利……它会残忍无情地清除挡住其道路的一切东西"。培根甚至斥责狄俄尼索斯迎娶被忒修斯抛弃的阿里阿德涅,他认为,用这个例子表示欲望"特别具有教育意义"。在培根笔下,阿里阿德涅不是忒修斯雄心壮志无辜的牺牲品,而仅仅是"被遗弃的东西……很多人尝试过这些东西,发现它们令人憎恶,于是就把它们抛弃了"。欲望习惯于"讨好被遗弃的东西",讨好残留的"名誉、财富、爱情、知识或其他东西"。欲望从来不会消亡,即使它们看起来寿终正寝了,但"只要有机会,它们还会破土而出"。

疯狂的狄俄尼索斯信徒把俄耳甫斯和彭忒乌斯撕成碎片,使狄俄尼索斯欲壑难填的一生达到顶点。"强烈的欲望不喜欢也不能容忍"俄耳甫斯和彭忒乌斯"好奇的行为和坦诚有益的忠告"。培根着重指出了这一点的宗教意义:"每种失去理智的欲望都滋生于伤风败俗的宗教里"。强烈的欲望最终导致盲目拒斥真正的宗教和真正的科学。这种超强控诉似乎决定性地揭示了欲望与科学之间的敌对关系,但后面不动声色的逆转又削弱了这种观点。巴克科斯常与朱庇特本人混同。培根认为,这意味着"羞于见人的欲望"可能带来"高尚的丰功伟绩",这简直与"美德、清醒的理智和宽厚的胸怀"所产生的效果没有什么两样。即使结果的确"很难区分",培根还是不能小看那些作为动力的欲望之源。

培根不是仅仅在严厉地指责,他同时也意识到,受到批评的彭忒乌斯所遭受的危险也会降临到自己头上。他也知道那些让普罗米修斯学派苦恼的革命性问题。焦虑之鹰啄食他们的内脏,使他们感到不安和恐惧(6.751)。深谋远虑的科学家心理上不间断地受到煎熬,那么他的人生又有什么好处呢?培根的回答比较谨慎。他提到象征"毅力和恒心"的赫拉克勒斯来拯救普罗米修斯。具有这种毅力的心灵"可以随时应对任何情况、任何命运，能够深谋远虑而不会担忧恐惧，享受乐趣而不会吹毛求疵，耐心忍受而不会烦躁不安"。在为享乐重新正名时，培根强调，获取科学知识应该使我们感到幸福快乐、无忧无虑，而不是忧心忡忡、焦虑不安。没有多方面的享乐能力，科学家的情感会受到限制，从而也不能真正养成博大的胸怀。培根给出的例子是所罗门这位最为智慧的国王。培根把他的自然史选集献给国王詹姆士作为榜样。正如布里格斯所说，"对于以享乐、虔诚和坚持君权神授而闻名的学者型国王而言，詹姆士和所罗门之间的详细类比本应该是一个具有深远意义的探索典范"。① 除了从事一些前瞻性的科学活动外，所罗门还是爱欲高手，尽情享受着肉体之欢；他的知识也是建立在他自己丰富的经验之上。培根表明，所罗门列在列举并尽情享受种种享乐的同时也明确表示："我仍然保持了我的智慧"（6.764）；他笔下的所罗门不敬拜伪神。科学家必须乐意接受极致的享乐，这一方面能使他们的情感不囿于狭小的范围内，另一方面也是出于科学上的考虑：他们一定不要由于挑剔或恐惧而忽视了对享乐现象的探索。在这些无足轻重、充满诱惑或令人生厌的事物里，可能存在着他们必须要探究的重要发现。

塞壬的歌声

培根的"塞壬或享乐"所构造的意象强调了此项事业可能会遭遇的危险。尤利西斯和俄耳甫斯这些人的各种历险提醒人们

---

① John C. Briggs，《培根与自然修辞》，前揭，页40。

如何为新征程做准备，同时也给出了荣誉的等级关系。塞壬的歌声有着巨大的诱惑力，因此，"前人的灾难虽然显而易见，并不能阻止后人受到享乐的腐蚀"。像尤利西斯船员一样的"普通"人如果不能战胜这样的诱惑，最好封住自己的耳朵。即使是"崇高的心灵"，也必须谨小慎微地步入"享乐中间"。与尤利西斯一样，他们应当具有"坚强的决心"，仿佛决意把自己绑在桅杆上，以"旁观者而不是信徒"的身份观察享乐。他们保持着警惕和节制，避免让自己全面陷入"享乐的愚蠢和疯狂"。

尽管尤利西斯依赖的是哲学预防法，但俄耳甫斯的方法最好，因为俄耳甫斯"歌颂诸神，扰乱了塞壬的歌声，使心灵不受到她们的干扰，这是因为沉思神性事物要比感官享受更有力更甜美"。培根虽然指责把宗教与科学混在一起的行为，却仍然号召科学家仿效俄耳甫斯，高声赞扬神的奥秘。① 获悉自然背后的秘密令人感到陶醉和甜美，这使科学家们顶住了试图用挑逗代替哲学之美以挑战缪斯的塞壬。俄耳甫斯对塞壬的胜利重演了缪斯在歌唱比赛中对塞壬的胜利。俄耳甫斯以从事音乐研究为乐。他的音乐能够使人们入迷，提升他们的精神，他不是要否定他们的欲望，而是要把他们的欲望提高一个层次。爱因斯坦在苦心钻研以求"上帝的思想"时，曾进入狂喜状态，培根似乎预见到了这一点。对于经常体验这种状态的老手来说，如此预见性的理论研究可能比平常的世俗生活更令人着迷和愉悦。

培根并没有忘记俄耳甫斯在阴间的遭遇。俄耳甫斯眼看就要成功地把他的妻子欧律狄刻带回人间，但由于急不可耐，他回头看了一下妻子。培根认为这是由于"好奇和过早地瞎忙碌"，好像没有耐心的科学家扰乱了即将成功的关键实验。这里是一场生命攸关的实验。"恢复和更新不能持久的东西"的最高成就是

---

① John C. Briggs，《培根与自然修辞》，前揭，页 1-2，134-136。

"让死人复活"。① 在实验过程中，俄耳甫斯"不愿再见到女人"。欧律狄刻第二次死亡之后，俄耳甫斯成了善良的政治人物，他"教导他们团结友爱、服从政府、自我节制和遵纪守法"（6.722）。与此相反，奥维德的俄耳甫斯却倡导同性恋形式的新爱欲。培根的俄耳甫斯提倡理性的政治，他的爱欲是一心"热爱美德、公正与和平"。这位理性的俄耳甫斯通过改革需要新爱欲的政治生活，力图战胜死亡。

培根让我们同情俄耳甫斯，憎恨残暴地杀死他的色雷斯妇女，从而暗示出他的新爱欲的卓越性，因为"故事还巧妙地点出，俄耳甫斯讨厌女人和婚姻，是因为甜美的婚姻和儿女情长常常阻碍了人们为国家做出伟大崇高的贡献，让他们仅满足于在种族和血统上而不是在事业上获得永恒"。② 那些色雷斯妇女谴责俄耳甫斯拒斥女人和家庭的行为。她们的愤怒来自于巴克科斯，因为巴克科斯作为人格化的欲望受到的打击最为严重。野兽"去掉了它们的兽性"，忘记了它们的争吵和凶残，"不再受七情六欲的驱使，不再关心口腹之欲或猎食之事"。

俄耳甫斯能够唤起友爱的情感和美好的行动，而没有激起不和谐的欲望，乃在于他的"忧郁的心情"。培根认为，这种心情"正好适合"初次征服死亡遭到失败的哲学。随着野兽和人类舍弃争斗的野蛮欲望，感情领域经过了净化，以科学研究为主导，把战争和冲突排除在外。俄耳甫斯不能忍受那些妇女吹起的"嘶哑低沉""令人讨厌的号声"。"维持"俄耳甫斯和动物之间"秩序和友情"的纽带断了，结果"局面大乱"。色雷斯妇女撕碎了这位歌手，把他的肢体抛之荒野。被她们拒绝的欲望占据了

---

① 佩特森在《培根的俄耳甫斯神话》中也强调了这一点。
② 《论婚姻与独身》一文贬低婚姻，赞扬"伟业"。只有那些没有结婚、不为物质拖累的人，才有可能成就"伟业"。

培根的新爱欲梦。尽管俄耳甫斯再一次遭到失败,培根仍然鼓励我们拾起他的竖琴。与普罗米修斯的情况一样,培根的设想从个体转向了在接力赛中传递火炬的一代又一代的探索者。

培根以缪斯圣河赫利孔表现自己的希望。这条河流"悲愤交加,掩面于地下,到其他地方才露出地面"。根据培根的循环论,王国先是兴盛繁荣,然后由于"骚乱和战争"而衰败,走向荒芜和野蛮状态,使文艺和哲学"被撕得粉碎,仅仅会留下一些残篇,分散各处,像海难后漂流的船板"。下一次循环时,水流"可能在其他国家……而不是在它们原先的地方"又会浮出地表。培根渴望出现一个欲望与科学和谐一致的科学乌托邦。在这里,涌出地表的水流可能会实现俄耳甫斯的希望。

新爱欲与新大西岛

培根《新大西岛》用很大的篇幅详细论述了爱欲问题。每个城镇都建有"亚当夏娃游泳池"。男女缔结婚姻之前,准新娘和准新郎各有一个朋友获许到这个游泳池去分别看一看在裸泳的准新郎和准新娘。一位睿智的"精通本国法律和习俗"的犹太人约邦说,那些朋友可能会分别发现对方身上"隐蔽的缺陷",这些缺陷可能使他们不育或在性事上令人厌恶。正如怀特(Howard White)着重指出的那样,这样的暴露只限于伊甸园之内,因此,这些游泳池逾越了羞耻的界线。① 培根间接提到了摩尔(Thomas More)的《乌托邦》和柏拉图的《法律篇》

---

① H. B. White,《柳林中的和平:培根的政治哲学》,前揭,页184。

(772a)，这两位作者让准新娘和准新郎互相看对方的裸体。① 然而，约邦说，本撒冷人"认为，如此亲密的了解之后，再去拒绝别人是一大侮辱"，因此要选代表来细看。同时，他们还规定，第一次见面和结婚之间要有一个月的等待时间，另外，对于未征得父母同意而结婚的人给予了温和的批评。这表明，制定这些风俗的目的在于控制和调和爱欲，让它服从于父母和社会的监督。观察准新娘和准新郎使那些朋友能够滥用权力，否决一桩婚事，如此一来，他们就可以得到自己观察的人。②

培根曾建议"所有研究自然的学者"，他们"自己若由于抓住或思考到了某一点而沾沾自喜，无论它是什么东西，都要加以怀疑"（4.60）。他的意思是，不要过度迷恋于某个自己特别看重的观点；习惯性地保持自我克制和怀疑对于保证科学家的诚实具有至关重要的作用。与此相反，炼金术士"则在自己的幻想

---

① 关于培根的乌托邦的一般介绍，参见 Brian Vickers,《培根》（Francis Bacon, Oxford, 1996），页 785 - 790。我要感谢一些具有创见的研究：Laurence Berns,《培根和征服自然》（Francis Bacon and the Conquest of Nature），载于《解释学刊》（7, 1978），页 1 - 26；Evan Brann,《精心设计的平台：乌托邦》（An Exquisite Platform），载于《解释学刊》（3, 1972），页 1 - 26；John C. Briggs,《培根与自然修辞》，前揭，页 169 - 174, 和他的《培根的科学与宗教》，前揭；Robert Faulkner,《培根和进步事业》，前揭，页 229 - 259；John E. Leary,《培根与科学的政治》，前揭，页 231 - 263；H. B. White,《柳林中的和平：培根的政治哲学》，前揭，页 134 - 261。Charles Whitney,《培根与现代性》（Francis Bacon and Modernity, New Haven, 1986），页 11 - 16, 196 - 203。参见柏拉图《法义》（772a）；康帕内拉（Tommaso Campanella）的太阳城（City of the Sun）也以动物繁育为形式讨论"人类的繁育"；参见 Henry Morley,《理想国种种》（Ideal Commonwealths, New York, 1968），页 147。

② J. W. Weinberger,《〈新大西岛〉和〈伟大的复兴〉序言》，前揭，页 xxvii。

中衰老死亡",仿佛他们的宏伟计划只是让人上当的玉石。① 然而,爱欲如果受到压制,并不一定会减弱,完全有可能变得更为隐秘和强烈。在亚当夏娃游泳池,朋友们通过审慎的外露而非严厉的压制去控制爱欲的选择。约邦坚持说,本撒冷是"世界贞女",是最为贞洁的国家,"远离所有的邪恶",因此不可能沾染那些数不胜数的恶习。约邦赞美这里的人民具有"纯洁"的心灵,这里的科学观预设并保证了心灵的纯洁性,但纯洁的心灵和这里的科学观之间,到底哪一个首先确立起来,我们很难判断。

大西岛的科学包含有爱欲的内容。他们用"各种鸟兽"进行实验,"我们从中或许可以搞清楚哪些能够用于人体",其中有包括改变生长能力和如何"让它们具有比同类更强的繁殖能力,(或)让它们失去生殖能力"(3.159)。培根预见了代达罗斯为满足帕西法尼"对一头公牛的爱欲"而想出来的"机械技术",这种技术带来的"淫具和致命的武器"都可以让世界动荡不安(6.735)。如此改变肉体之欢可能让人们脱离传统习俗,然而,大西岛人却比较保守。他们接受福音时,科学已经建立起来,但他们遵循的是神启宗教的规定。他们是带着宗教意义上的敬畏之感投身于科学的。萨罗门学院的院士像高级教士一样祝福群众;牧师则像那个科学团体的无足轻重的助手。② 理性带来了和平;这里没有宗教纷争的景象,犹太人约邦受到尊重,接受了基督教政权。国王暗中让萨罗门学院掌握他们的科学所揭示的重

---

① 引自尚未出版的《思想与结论》(Thoughts and Conclusions),收录于 Farrington,《培根的哲学》,前揭,页 73。
② 福克纳和李尔里(John E. Leary)也注意到了这一点,参见 Robert Faulkner,《培根和进步事业》,前揭,页 245;John E. Leary,《培根与科学的政治》,前揭,页 246–247。

大秘密。①

新爱欲表达了科学的要求。尽管科学家在各种理论之间不能包养"情人",他仍需对科学报以炽热的爱,以使他经受住考验和失败。由于他是庞大组织中的一员,他的科学爱欲需要与机构联系起来,与所有致力于探索的普罗米修斯式的众多选手联系起来。这种苛刻的要求使得大多数人对于个人的婚姻生活已没有多少的欲望,这基本上不会让人感到奇怪。俄耳甫斯的情况表明,

---

① 孜孜以求新品种贯穿着培根的整个计划,"因为,如果我们通过暴力能够把一些固定永久的属性植入生物体,那将是个不小的进步"(4.236—237)。在《新大西岛》后面有篇称为"大自然"的附记,培根在其中点出了需要探索的重要课题:"把一些生物体的胎儿移到另外一些生物体内。培育新品种,把一种生物的器官植入另一种生物中"(3.167)。在这份清单中,培根也简短地提到"迷惑感官。给予感官更大的快乐……改变肤色和胖瘦"。

那个设想的启示场景可能是虔诚但骗人的科学家上演的一场高贵的闹剧,只是他们明确表示,他们"憎恶所有的谎言和欺骗行为,严厉禁止我们的人渲染或夸大自然事物,就是要让事物保持原样,不带有任何奇异色彩,否则会遭到羞侮和罚款"(3.164)。参见,《高超的技艺:培根〈新大西岛〉中本撒冷的皈依问题》(A Miracle of Engineering: the Conversion of Bensalem in Francis Bacon's New Atlantis),载于《语文学研究》(Studies in Philology, 87, 1990),页181-193;福克纳也讨论了这个问题,参见他的《培根和进步事业》,前揭,页245-254。

参见Julian Martin,《培根、国家和自然哲学的革新》(Francis Bacon, the State, and the Reform of Natural Philosophy, Cambridge, 1992),页134-140。这本书强调,培根的最终目标是提升王权;然而,萨罗门学院限制国王了解危险的科学发现,从而表明,国王并不具有最高权力。培根的行文也没有一处暗示说,普通的帝制是萨罗门学院的目标,这与马丁(Julian Martin)正好相左(页135)。与此相反,院士似乎预示到,欧洲接受本撒冷的秘密并不是由于新大西岛的政治主导地位,而是由于科学会越过传统的政治体制,在世界范围内产生影响,这就反映了本撒冷自己的形势。

对女性短暂的爱可能与虔诚、狂热的科学之爱产生冲突。

家 宴

然而,新爱欲与旧爱欲可以和平共处。"家宴"对叙述者的"触动很大","因为我从未听说,自然规律会在这么一个庄严的仪式中起如此大的作用"(3.151)。按照这种风俗,有三十位后代的父亲接受家庭成员甚至国王的程序化的敬拜,国王由于这位父亲后代较多而称其为自己的债主。这位父亲坐在隆起的台子上,像君主一样独自用餐,"只有是萨罗门学院院士"的儿子才能作陪。母亲被安置"在椅子右上方阁楼里的一间厢房里,厢房有一个专用门和一个镀金的雕花蓝色玻璃窗"(3.148—149),因此,众人看不到她,但前提是那些后代均为她生。母亲被隐藏起来,但她的荣誉和地位却在父亲之上。①

那些爱欲的种类可以从后代身上看出来。炼金术士死于无果的幻想,但真正的科学家却有众多的后代。怀特认为,那三十个

---

① 阿彻(John Archer)注意到,"母亲虽然被排除在公开的权力显示之外,但她和自己家庭的关系相当于本撒冷和世界其余部分的关系",参见他的《权力与智力》(Sovereignty and Intelligence, Stanford, 1993),页148。也可参见,《如何做一个不露真相的进步分子:培根〈新大西岛〉中的历史与知识》(How to be a Progressive Without Looking Like One: History and Knowledge in Bacon's New Atlantis),载于《克利俄》(Clio, 17, 1988),页249-264,注释10。在培根关于丘比特的故事中,上帝产下宇宙的卵,并把它孵出来;卡俄斯没有母性形象。参见 Charles Whitney,《黑夜孵出的丘比特:"信仰的秘密"和培根的发现艺术》,前揭。

后人"代表心灵与世界结合后繁衍的后代……"① 然而,家宴是对所有家庭成员都表示敬意,对一些拥有高位的人,特别是萨罗门学院的人则是格外的敬重。显而易见,那里的人口有失去活力的危险,从而使大西岛缺少足够的居民,其中一个重要原因就是它在经济上的自给自足。那位讲述者问他们的"婚姻关系,还有他们实行的是不是一夫一妻制,因为人口(population)需要(affected)量大的地方,他们似乎就是这种情况,一般说来允许有多个妻子"(3.152)。在培根时代,affected 用于表示"需要、达到……目标",population 的意思是"居住在某个国家"。② 因此,那个叙述者猜想,该岛国人烟稀少,可能会允许一夫多妻制。

人口短缺的原因文中没有做详细说明。这里适宜居住的地方并不大,因为这个岛屿的面积相当于英国和法国的总和,"周围海岸线长达五千六百英里,大部分地方土地异常肥沃",因此,此地粮食充足(3.144)。岛上的气候温和,长有"朱红色橘子"。治愈水手的神奇药丸表明,这里的医学比欧洲的要先进得多。我们也不会觉得新生儿死亡率对于这样的社会会有多少大的影响,因为这个地方可以制造"'天堂水',因为经过我们的加工,它对健康和延年益寿有特效"(3.158)。本撒冷人已经控制了生育和肉体欢乐。本撒冷在与世隔绝的一千九百年间一直保持

---

① H. B. White,《柳林中的和平:培根的政治哲学》,前揭,177 页。
② 这是维克斯(Brian Vickers)的注释,参见他的《培根》,前揭,页 795–796。

着和平状态。①

因此，人口短缺的唯一解释就是，爱欲改变过大，使得提高生育力和增强肉体欢娱都无法把它纠正过来。虽然只有少数人是院士，萨罗门学院必须雇用很多其他人去处理各种事务。培根暗示，本撒冷整体上深受到其核心事业的影响。显而易见，尽管科学结出了累累硕果，家庭却变得越来越少。我们可以得出这样的推论，过多的爱欲投入到大西岛的科学事业中去，导致性欲的衰退和家庭的萎缩。本撒冷和欧洲人都面临着同样的问题：出生率降低和夫妻生活减少，但其原因却不同。在欧洲，人们放纵爱欲于声色之中（3.152），而在本撒冷，爱欲融入对科学的纯洁欢悦之中。在欧洲设立亚当夏娃游泳池是不可能想象的。约邦把欧洲说成"不道德的淫欲"的"火炉"，"给它一点通风口，它就

---

① 罗素（W. M. S. Russell）指出，培根预示了马尔萨斯（Malthus）关于人口和资源的论述；人们可以推断，培根应该比别人更能意识到，本撒冷不会缺少人口。参见罗素的《社会生物学起源》（The Origins of Social Biology），载于《生物学与人类事务》（Biology and Human Affairs, 41, 1976），页109-137，转引自 Harvey Wheeler，《培根的〈新大西岛〉》，收录于《培根的遗产》（Francis Bacon's Legacy of Texts, ed. W. A. Sessions, New York, 1990），页291-309。罗素还指出，在英语中，取这个意义的"人口"（Population）一词第一次出现在培根的《论强国之道》（1612；6.447）。

大约三千年前，伟大的国王兼勇士阿尔塔本受到了"神的报复"，原来的新大西岛毁灭于洪灾。洪水过后，从1900年前"国家的立法者"所拉门那即位以后，就再也没有发生过战争或内乱。

会烈火熊熊"。①

这与本撒冷的和平状态也有着深刻的联系，"本撒冷"（Bensalem）的意思就是"和平之子"。像培根一样，岛上居民也厌恶战争，也找到了和谐相处的方法。因此，他们似乎养成了爱好和平的禀性，他们的两性生活也似乎得到了约束。现在，约邦和萨罗门学院的院士允许多年以来隐藏的秘密传播到世界各地。大西岛人似乎坚信，欧洲会乐意接受将要和平地征服世界的本撒冷神奇的科学。很明显，他们冒着很大的风险，因为，即使他们具有卓越的技艺，也未必能够抵挡住贪婪堕落的欧洲竭尽全力的攻击。培根的故事到这里就没有了。对他而言，这部作品是否完整或者是否可以完成，我们不得而知。其留下的问题是，人类的本性是否能够受到约束，去证明大西岛威力强大的秘密到底是福还是祸。

结论：伊卡罗斯的飞行

萨罗门院士揭示了以前闻所未闻的神奇事物，但他没有解释这些事物是如何做出来的。这些充满诱惑的前景激起了欲望，而

---

① 温伯格认为，本撒冷设立亚当夏娃游泳池"增加了通奸的可能性"，参见 J. W. Weinberger,《培根乌托邦中的科学与统治：〈新大西岛〉导读》，前揭，页 884；《科学、信仰与政治》，前揭，页 27 – 32, 131 – 133；《〈新大西岛〉和〈伟大的复兴〉序言》，前揭，页 xxxi – xxxii。我不同意这种观点。约邦在这里表示，他非常不同于《圣经》上那个残忍的帮助大卫王满足非法欲望的人。温伯格说，约邦和他的同名人一样，也表示"过度的欲望"；然而，培根可能是在利用他们名字的相似性表示二者之间深刻的差异。参见《培根乌托邦中的科学与统治：〈新大西岛〉导读》。

这些欲望如果用到其他方面可能则会受到严厉的斥责。伊卡罗斯的故事教导说，过分"不好"，但不及的风险更大，"因为过分中包含了崇高的行为，像空中的飞鸟，与天国接近，不及则像爬行动物在地上爬行"（6.754）。然而，那些没有受到科学之光普照的人仍然能够获取科学之果。培根尖刻地写道，"斯芬克斯死后，尸体由驴子驮着，因为知识一旦公布于众，让世人明白，也就不那么复杂深奥了，即使大脑迟钝的人也能理解"（6.757）。科学秘密一旦公开，就会变得平凡，其威力就会被腐败的统治者所利用。由于自己与国王詹姆士的交恶，培根肯定明白，让科学力量不受政治的滥用是多么的困难。① 科学家必须承担起政治责任，监督他们的发明的使用情况。

培根的政治理想表明，欲望可能产生多种不同的结果。那些海员在本撒冷只待了几天，就衷心地喜欢上了这个新世界，它

---

① 在分别时，萨罗门学院的院士给予那些欧洲人大量的赏赐。温伯格认为，这代表"不确定性"和危险（《培根乌托邦中的科学与统治：〈新大西岛〉导读》，页884），因为本撒冷人认为"拿双份工资"是过分（3.132）。我的看法正相反，我认为，这表明大西岛居民从那些受禁的欲望中培养出了慷慨大方的性情，他们希望通过感激的方式把这种性情也灌注到欧洲人身上。

在《论古人的智慧》中，培根把"伊卡罗斯的飞行；斯库拉和卡律布狄斯；或中间道路"插在"普罗米修斯或人类的状况"和"斯芬克斯或科学"之间，具有非常重要的意义。培根认为，"一般来说，年轻人有过分的毛病，老年人有不及的缺点"，因此，对于政治上的中庸之道，"人们怀疑它，谨小慎微地使用它"。培根与布鲁诺（Bruno）都认为，一般来讲，现代人由于更有经验而比古人"年长"；参见尚未出版的《思想与结论》，收录于 Farrington，《培根的哲学》，前揭，页83。

培根在失宠之后写下了《新大西岛》，对于严酷的政治现实肯定不抱有多少幻想，尽管他还继续向国王进言；参见 Nieves Mthews，《培根》（Francis Bacon, New Haven, 1996）。

"足以让我们忘却我们在祖国难以舍弃的一切东西"（3.147）。他们的愉悦表明，新爱欲触动他们是多么之深，培根又是多么希望我们也会受到触动。欲望必须得到净化和升华，避免自相矛盾，因为这种双重运动反映了新科学对人类情感的复杂影响。与此相应，政治也必须调和硕果累累的科学和萎缩的家庭之间的关系。为达到这个目标，培根指望最受人尊重和最自然的东西来降低征服自然的错误影响。他还希望与基督教的人文主义结盟，信奉受难者得救的信条和新式的爱欲。然而，培根虽然谴责代达罗斯的罪行，他自己也不能逃脱伊卡罗斯的危险。① 受苦受难的人类迫切需要这些具有冒险性的措施，但这些措施不仅仅是孤注一掷。伊卡罗斯最终与"天国接近"；看到他跌跌撞撞飞行的人感到一种异样的升华。正如培根所说，"最美之人的形体比例必有异于常人之处"。在美、希望和仁慈的触动下，政治将可能认真关注"费解"的新科学。

---

① 与弗洛伊德不同的是，培根认为，爱欲得不到满足而升华只是其中一种表现形式，爱欲还有更多的形式；参见 Sigmund Freud,《文明及其不满》(Civilization and its Discontent, New York, 1962)。

我同意朗佩特的观点：培根旨在结束宗派纷争，但我不同意他的另一种看法，认为培根意图以反基督教的立场夺取圣殿，参见《尼采与现时代》，前揭，页 68-70。朗佩特似乎忽视了培根看重的那些基督教观念（这与马基雅维利不同）；参见注释 11。参见培根对代达罗斯的评价："是个杰出的天才，但品性不好"（6.734）。朗佩特在《尼采与现时代》中强调了代达罗斯式的科学家嫉妒的本性，页 34-39。

培根的俄耳甫斯神话[*]

——《论古人的智慧》中作为科学目标的权力

佩特森(Timothy Paterson)

大部分人如果试图了解征服自然这个现代概念的历史起源,至少都会研究一些培根的思想。然而,培根自己转向权力而不是真理的原因仍然模糊不清,人们对此的解释也是五花八门,还相互抵触。本文将证明,培根早期的著作之一《论古人的智慧》就这个问题所提供的证据在过去基本上被忽略了。导致这种忽略的原因是误解了作品的文学性,结果没能严肃认真地对待它,没有把它当作培根哲学观深思熟虑的表达形式。培根曾把一个古典

---

[*] 本文原题 Timothy Paterson, *Bacon's Myth of Orpheus*: *Power as a Goal of Science in of the Wisdom of the Ancients*,载于《解释:政治哲学学刊》(*Interpretation*: *A Journal of Political Philosophy*) 16 卷,1989,页 427~444。

神话当作"人格化哲学"的象征。本文仔细分析了培根对这个神话的论述,并把这个文本与培根其他关键性的段落和主题进行并置,从而证明,培根转向权力的一部分原因可能在于,他渴望某种能够支配宗教的哲学,而不是相反。

《论古人的智慧》的文学性

大约四十年前,安德森(Fulton Anderson)让人注意到一个事实,即人们毫无理由地忽视了《论古人的智慧》,没把它当作理解培根哲学的材料。① 尽管关于这本书的历史背景有一些有价值的论述,但公平地说,最近的研究没能改善这种受到忽视的局面。我这里所做的有两个基本意图。第一是想表明,没有把这部作品当作哲学著作进行更为认真的研究,其主要原因是误解了作品的文学性。第二,通过分析培根对俄耳甫斯神话("俄耳甫斯或哲学",《论古人的智慧》第十一章)的解释,以及它对于培根哲学的整体理解所蕴含的意义,本文指出,全面的阐释可以在其中的一些句子上展开。培根科学的根本目标就是权力,而本文研究的最终目的在于搞清楚那些导致或促进这种思想出现的先在动机。

《论古人的智慧》的文学性问题包括两个方面:比较宽泛的一方面是培根著书的方式问题,具体的方面是他在写《论古人的智慧》时的意图问题(准确来说,就是培根在声称要恢复隐藏在古代神话中隐藏的"古人的智慧"时,他有多少的严肃成分)。要解决这个宽泛的问题,最好的办法是回想一下斯伯丁的

---

① Fulton Anderson,《培根哲学》,前揭,页57。

话。斯伯丁曾注意到,在培根的作品中有许多令人费解的段落,这些段落似乎暗示培根有一种信条,而他却秘而不宣。① 斯伯丁关注的问题是,这些话是否意味着培根保留着一些供私下交流的观点,而完全不会把这些观点公开或间接地在作品中表达出来。他如此考虑问题,结果没有充分注意到培根自己的想法。在作品中,培根努力做到既能直接满足受既定观念支配的普通读者,又能针对"高等智力"(卷六,页690)的人间接提出更深层次的教导。

实际上,培根在几个地方都直接公开地提到写作时可能采用"隐秘法"(卷四,页450),因为用这种方法传播新发现"最能(拣选)符合自身的恰当的读者"(卷七,页367)。这里只引用其中比较引人注目的两段就足够了:

> (这种隐秘法)的意图似乎要通过晦涩的传授把庸人排除在……秘密知识之外,而只接纳那些通过教师讲授而学会了解释隐秘的人,或那些具有敏锐的洞察力能够穿透表象的人(卷四,页450)。
>
> 古人小心谨慎……创作所用的方法不会合乎所有人的口味和能力,而是要挑选自己的读者。这种谨慎不能丢掉,既是为了不伤害排除在外的人,也是为了能够增强选中之人的天性(卷三,页248)。

当然,还有其他一些地方讨论了间接传达思想这个宽泛的问

---

① Francis Bacon,《培根全集》(The Works of Francis Bacon. Edited by J. Spedding, R. L. Ellis, and D. D. Heath. 7 vols, London, 1857—1870),页107-113。如不另外注明,本文所有引用培根的著作都出自本全集,只注卷数和页码。

题。① 所有这些陈述表明，培根希望，他的读者中至少有个别人能够做一些字里行间的解读。在培根的著作中，似乎很少有作品像《论古人的智慧》这样适合上述解读方法。这部著作的献词和前言指出，培根不仅把它当作重要作品，关键是他还把它当作哲学著作（卷六，页689，691，699）。然而，从整个培根哲学来看，《论古人的智慧》的存在似乎有点不可思议和自相矛盾，因为它完全驳斥了培根鼓舞人心的根本原则："必须到明亮的自然中寻找新发现，而不是从漆黑的古代搬回新发现"（卷四，页109），也就是说，要从事物当中，而不是从文本当中，特别不是从古代文本当中做出新发现。另外，这本书赖以存在的基础有几条具体的观点：古代神话以寓言或隐秘的方法表现了希腊科学以前并优于希腊科学的整个哲学或科学学说；培根现在已破解了这些寓言的含义，第一次揭示了那些公认的寓言作者的本意。这些观点难以置信的特点也难以和培根通常的清醒和实事求是相一致。

　　对《论古人的智慧》的讨论大多集中在，培根是否真正地认为，在古代神话中，古人有意识地采用寓言表达"古人的智慧"。② 我认为，培根在这本书中的解释观根本不可信，他相信真实存在

---

①　参见 Francis Bacon,《培根全集》，前揭，卷三，页255，363；卷四，页42，53，311，371；卷五，页31；卷六，页377 - 378，页387 - 389，403 - 404，429 - 431，456，701 - 702。

②　目前，关于这方面最精彩的论述参见 Lisa Jardine,《培根：发现与言谈艺术》（*Francis Bacon*：*Discovery and the Art of Discourse*, Cambridge, 1974），页173 - 192。就培根在《论古人的智慧》中的方法和意图，雅尔登的观点和本文给出的观点一样，但对于这本书的写作涉及完全故意设下的骗局这个结论，她既没有认可也没有拒绝。还可参见 Don Cameron Allen,《神秘义：文艺复兴时期异教象征和寓言解释的再兴起》（*Mysteriously Meant*：*The Recovery of Pagan Symbolism and Allegorical Interpretation in the Renaissance*, Baltimore, 1970），页244～246；Benjamin Farrington, trans. And ed.,《培根的哲学》，前揭，页82，注释1，页121，注释1；Charle Lemmi,

着这样的"古人的智慧"也完全是在装腔作势。在我看来，支持这一点的证据有两类，一类在作品本身之外，另一类来自于培根为其写的序言。

外在的证据是培根在《论古人的智慧》发表前后所做的明确陈述，其大意是，任何这样的作品都会被当作"杜撰"或"欺骗行为"而不会有什么不妥：

> （培根）深知，如果他不那么绝对真诚，就很容易说服人们，让他们相信，早在希腊人之前，某种自然科学已在古代的贤人那里繁荣起来，这种科学比他们的更有效，但却被人们深深遗忘了。他很清楚，把新发现与遥远的古代联系起来会给予新发现以神圣感，这与暴发户从家谱学家模棱两可的传闻中赋予自己显贵的祖先没有什么两样。但培根决定依赖于事实证据，避免任何欺骗行为。①

这似乎彻底明确地承认了一个事实，即培根在《论古人的智慧》中的解释观从根本上讲不具有可信性。罗西（Paolo Rossi）曾对此做过最为认真和详细的研究，试图清除培根故意欺骗的恶名。他论证说，培根在写完上面一段话后不久就改变了主意，认定其寓言假设实际上是正确的。罗西繁杂的论述表明，培根对待古代神话的态度有几个所谓的发展阶段，他认为这种发展

《培根作品中的典型神祇》（*The Classic Deities in Bacon*, Baltimore, 1933），页 1–41；Paolo Rossi,《培根：从魔术到科学》（*Francis Bacon: From Magic to Science*, trans., by Sacha Rabinovitch, Chicago, 1968），页 81–96。

① Benjamin Farrington, trans. And ed.,《培根的哲学》，前揭，页 86~87。这里，培根以第三人称的写法谈自己。

到《论古人的智慧》达到顶峰。① 我反对这种理论是因为，它使我们认定，培根思想的演变比罗西教授描述的还要多，演变发生的时期也要比罗西教授描述的时期要长。罗西谈到培根的神话态度在六年内发生了四次逆转，而在《论古人的智慧》中的立场是最后一个。然而，1620年发表《新工具》时，培根在这个问题上似乎又改变了想法，又像最初那样怀疑神话的哲学内容，其表达这一观点的语言也非常类似于上面的引文：

> 并且我知道，如果我不那么真诚，我可能会把自己的观点与……希腊人以前的时代联系起来，很容易为它们找出权威依据……因此也会为它们赢得支持和荣誉。这与非世家出身的人借助家谱学家的大力帮助为自己捏造一个古代的祖先、标明自己的高贵出身没有什么两样。但是，就我而言，要依赖事实证据，摒弃所有形式的杜撰和欺骗行为……（卷四，页108）。

另外，培根几年后似乎又认为"古人的智慧"真实存在着，因为他在《学术的进步》的拉丁文增补版中添加了三篇《论古人的智慧》已探讨的神话，只是经过了修改（卷四，页315-335）。总之，如果把罗西的理论当真，我们会认为，从中年开始直至去世，培根在这个问题上一直反反复复，时而信誓旦旦地认为神话中真实存在着古人的智慧，时而抨击这种主张，认为这是有意识的欺骗行为。本人不准备再为这种思想演变阶段再增加新的阶段以试图拯救这个理论，而是认为，培根谈到把假定存在着的古人智慧从根本上当作一种方法，通过有意的欺骗为自己的思想增添威信，他说的是实话；本人还认为，他创作《论古人

---

① Paolo Rossi,《培根：从魔术到科学》，前揭，页81-96。特别要参见罗西在页95对自己的观点所做的总结。

的智慧》的意图准确来讲就是要欺骗大多数读者。在我看来，这种观点更简单更有理，也更符合人们所公认的思想家培根。认为培根在相反的立场之间不断地变换这种观点不具有说服力，明显也没有经过深思熟虑。其背后的根本原因似乎是，大多数现代学者讨厌作家的这种虚伪行为。这种反应可以理解，但让它们支配对培根著作的解释是有问题的，那就是培根自己并不认为这种虚伪从根本上来讲一定令人生厌。正如他在《论说文集》中所说，在少有的重大事务中（他肯定会把自己提倡的人类知识和状况的改良也当作这样的事？），撒谎有时也是合情合理的（卷六，页389）。

培根从来没有真正认为古代神话是哲学寓言，关于这种观点的内部证据必然没有上述的引文清晰明确，但看起来也具有说服力。只要读者不坚决反对作者可以使用极端的反话或虚伪，那么他就会清楚地看到，培根的前言并没有着重强调自己在恢复已失去的古代科学或哲学，并且，培根自己所说的一些话也会推翻这种观点。另外，细读前言也会合理地解释培根为什么要摆出我们讨论的虚伪，其揭示出来的动机也符合早先提到的著作中所暗示的动机。培根告诉我们，把神话寓言化，使自己的学说"获得古代的认可和尊重"，是由来已久司空见惯的事（卷六，页695）。把自己喜好的东西读进古代神话是易如反掌的事情："我很清楚，寓言的内容具有很强的伸缩性，你可以随意改变它的形状，一丁点技巧和诡辩就可轻而易举地把不属于它的意思强加到它头上，但看起来仍然合情合理"（卷六，页695）。

对于这部寓言作品，尽管有这些措辞有力的反对意见从根本上质疑其正确性，但培根还是写了下去，并给出了四个原因。第一个是宗教原因：宣称不可能有正确的神话解读是"具有渎神意味的鲁莽之举；既然宗教喜爱面纱和阴影，把它们去掉就几乎中断了神与人之间的所有交流"（卷六，页696）。很难看出这种论证与作品有什么联系,因为《论古人的智慧》所考察的寓言既不是《圣经》上的,(根据培根自己的观点)也不是来自任何神灵的交流信息,而据说是哲人有意编造的故事,致力于阐明"生活的困境和科学的奥秘"(卷六,页 689 - 690);在这种特定的情况下,否认寓言的这种假设在任何意义上都不能说是"中断了神与人之间的所有交流"。

第二个原因就是,对于"一些"或"大量的"神话而言,可以对它们做出令人信服的解释,使它们的寓言性质明确无疑(卷六,页 696)。培根接下来给出的具体例子据说具有确定无疑的解释,然而,它们几乎没有说服力,不能从根本上解决其论点令人生疑的性质,特别是培根还承认,"一丁点技巧和诡辩"就足以使极不合理的寓言解释看起来合情合理。培根的论证没有任何力量,只不过在声称,因为神话可以当作哲学寓言给予合理的解读,它必然就是哲学寓言,而这正是争论的焦点所在。

培根要让人相信神话"隐含着复杂的意思"给出的第三个原因是:"从表层叙述看,一些寓言本身荒诞不经,但可能隐隐约约在提醒人们它的背后还暗含他意"(卷六,页 697)。荒诞和愚蠢是哲学与科学智慧出现的可靠标志,这一观点无须评论。

第四个原因是,古代神话虽然首先出现于荷马和赫西俄德的著作中,但它们明显起源于比这些诗人更早的时代。培根声称自己觉得这个原因最有说服力。他不无暗示地说,如果神话证明与荷马和赫西俄德同时出现,他"就不会考虑要从这种源泉中寻找伟大或崇高的东西"。也就是说,他暗中承认,他为寓言假设给出的前三个理由本身不具有可信性;并且,培根的话还质疑了尊崇古代的根本原则,而后者在表面上正是《论古人的智慧》本身的基础。

培根相信神话是系统的哲学寓言,而他提供的论证从最好的方面讲不具有说服力,从最差的方面讲非常软弱无力。这之后,他似乎又戏剧性地转变了立场；在这个过程中，他一方面承认寓言假设对他的作品并不十分关键，另一方面又悄悄暗示出自己的写作原因，仿佛这个假设确实关键。他的假想读者没有被前面的论证说服，仍然认为："寓言的寓意根本不是创作之初就有的，也不是出于作者的本意，总是先有故事，再有寓意"（卷六，页698）。培根宣称，他"不会再争辩"，而"会以新的理由用另一种方式"继续下去（卷六，页698）。

这种"新的理由"包括以下论证。让我们先承认，古代神话作家没有打算什么寓意或隐含义。然而，无论寓言如何编造，它们仍然有另外一种用途，它们

> 重要、合理、不带任何虚荣，是各门科学基本的、有时是必需的方法：我指的是利用寓言来教学，它能让人更易理解新发现或新发明，因为后者比较抽象，与大众的看法相差甚远（卷六，页698，强调为笔者所加）。

在古代，只有少数人拥有新奇的理性，神话可能

> 不是用于掩盖意义，而是让人明白意义……即使在当今，任何人若希望让别人明白关于某课题的新发现，他仍然必须遵循同一种方法，要借助于比喻，否则，会招来敌意或批评（卷六，页698，着重为笔者所加）。

培根的结论明确表示，寓言假设的真实与否并不能决定他作品的价值：

> 总之，上古时代的智慧要么伟大要么幸运。创作人若明白自己的所作所为，且创作修辞的目的在于掩饰，那么就伟大；他们若漫无目的，只是无意碰到了某种素材，激发了这些卓越的思想，那么就幸运。……我要么

揭示古代,要么揭示自然本身。……这里……大家会发现……是旧瓶装新酒(卷六,页 698,着重为笔者所加)。

如果把这些陈述放到早先引述的关于虚伪的外部证据中去解读,想一想培根因为极其拒斥古代而使他的整个哲学显得生机勃勃,我认为,我们可以得出一个合理的结论:培根假装寻找失去的古代智慧,有意识地利用《论古人的智慧》表达自己的思想。培根曾说过,我们应当把他那个时代的人当作真正的"古人",因为他们是后来者,可以从人类以前做出的发现和历史经验中获益(卷四,页 82)。如果把这算作另一个证据的话,我们不禁会问,这部作品的标题本身是否证明培根在玩文字游戏。从表层来看,"古人的智慧"指的是生活在很久以前的人的智慧;从深层来看,它指的是"真正"古人的智慧,即现代人的智慧。

"原初的古代是最令人敬仰的对象"(卷六,页 689),在《论古人的智慧》中,培根就是利用了这个事实,假装这些新发现是由古人做出的,从而"给予新发现以神圣感"。在这个过程中,他探索一种诱人、间接、无害的方法来表达自己的观点,同时也在探索另一种方法,以便能够在某种程度上掩盖这些观点是他的这个事实(声称自己是在解释别人的思想明显是在维护自己的名誉和安全,因为如此描述观点确实会得罪人或使正统思想起疑心)。我将试图从培根对俄耳甫斯神话的解读中找出培根的思想。在这个过程中,我希望能够揭示出,培根这样写作可能出于慎重、教育和宣传这样实实在在的原因。

"俄耳甫斯或哲学"

培根对俄耳甫斯神话的解释中首先让人注意到的是，他选取了一个试图让死人复活的故事当作自然哲学的象征。"因为自然哲学最崇高的任务首先是恢复和更新不能持久的东西，其次是把事物保持在当前的状态，延缓老化和死亡"（卷六，页721）。这种选择既不是偶然也不是任意。培根对人类心理特别是哲学家心理的认识关键体现在《学术的进步》中的明确陈述，即"不朽"是"人类本性最渴望的东西"（卷三，页318）。在他的俄耳甫斯神话解读中，其中心议题就是，追求不朽的各种形式在哲学生活中所起到的作用；并且，明显是出于慎重的原因，培根没有明说，只是暗示了他令人感到最为诧异的观点，即追求不朽最初的形式是渴望肉体上的不朽。关于自然哲学最终目标这种观点从头至尾贯穿着培根的所有作品。在他不让发表的一部分早期作品中，他谈到"知识的真正目标"是"要发现所有的实践程序和可能的实践程序，从不朽（如果这可能的话）到最低等的机械操作"（卷三，页222）；在生命的末期（这时论述这个问题也恰如其分），他利用一本书（《生命与死亡史》）集中探讨长寿、健康和死亡问题。[①]

"不朽（如果这可能的话）……"培根真的认为这是可能的吗？鉴于当时的宗教禁止任何人毫无理由认为肉体的永生是科学

[①] 其他地方也表现了培根对这些问题关心的深度和广度，参见 Francis Bacon，《培根全集》，前揭，卷三，页157, 158, 159, 160, 167；卷四，页85–86, 383–385, 390–391, 418；卷六，页749, 761。

的最高目标,那么我们就难以或许不可能准确地确定他的内心到底走得有多远,同时也难以令人信服地区分真诚的希望和不切实际的幻想。培根认为,后者心照不宣的间接方式有助于为他的科学赢得最大可能的支持(卷四,页 85-86,90-102;卷六,页 411)。就算这个在通常情况下都清醒精明的培根确实抱有这些怪诞的梦想(这些梦想虽然有不可否认的文本作证据,但人们仍然会很自然地表示怀疑),他似乎明确认为,只有在遥远的将来才可能实现这些梦想:在他想象中的本撒冷王国,培根式的科学据说已存在了大约一千九百年,而萨罗门学院的科学家在克服年龄老化和让死者复活这方面似乎只取得了有限的进展(卷三,页 149,159)。

我们所能确定的只能是,培根的作品直接引用了大量典故,其间接引用的数目甚至比直接引用的还要巨大,它们都讲到有可能利用科学配制的药品让死者复活,让活人延年益寿和保持健康。它们似乎在暗示着某种大大超过通常的强身健体过完七十年的想法。培根的一些表述(如"不朽")模糊了生命的无限延长与不朽之间的界限,或似乎暗示,前者可能发展到一定程度之后就与后者不分彼此了。① 这是一个真诚的希望,而不是故意造成的幻想,其目的是为了动员所有可能的人类力量实现科学进步,在这个意义上说,永生在培根思想中看起来就是两种观念的结合而产生的某种极端或渐近的可能性,培根以前毫无疑问拥有这两种观念:一是科学药品可能延长生命和保护健康,二是生产这些药品的科学在征服自然方面可能取得某种或无限的进步。然而,这只是用另一种形式重述了解释问题,因为众所周知,我们很难准确说出培根"征服自然"的思想最终能走多远。

---

① Francis Bacon,《生命与死亡史》(*The Historie of Life and Death*,New York, 1977),页 1-7。

在这个问题上，他最终的想法或令人琢磨不透的想法无论是什么样子，培根作为鼓动家要为科学赢得支持，他显而易见要努力暗示，科学在延长人类寿命方面可能取得某种进展，但却是非常重要的进展，并且，在所有方面，他都极少给予这类事业以限制，相反，他更多的是要否定、除去或隐去限制的存在。培根极其关心"不朽"，通过暗示征服自然的逻辑目标就是征服死亡进行鼓动宣传，努力动员人类的力量去征服自然。在这些事情的背后还有另外一个或许是决定性的动机，在我们考察完"俄耳甫斯"寓言对于培根理解哲学或科学与宗教之间的关系所蕴含的意义之后，这个动机就清楚了。

培根很清楚，在可以预见的将来（或许是永远），人类的精英分子在现实中可以得到的"不朽"只能是俄耳甫斯在拯救欧律狄刻失败之后所追求的东西，即持久的声誉衍生出来的淡而无味的"不朽"。俄耳甫斯试图直接征服人类死亡遭到失败之后，他转向用魔力控制动物、树木和石头。根据文艺复兴时期神话学的权威传统，培根认为这部分寓言象征着"道德和政治哲学"，把它描述成哲学家利用"说服和雄辩让爱心、公正与和平潜移默化人们的心灵"（卷六，页722），从而赢得声誉的一种努力。在这个过程中，哲学家"通过功名获取不朽"（卷六，页722），功名或声誉是对那些赋予人类秩序的人的奖励，他们因此也让大多数人看到了他们能够期望的唯一一种"不朽"，即通过他们的子孙后代（他们又是第三层或更下层的"不朽"）而获得的不朽。哲学家做这些事情的动机不是怜悯人类，更不是任何基督教意义上的慈善，而是用另一种形式表达了他的最初问题，即征服死亡。有几条类似的线索可以让人看到培根如何理解自己作为哲学家的动机,这里,他就提供了其中一条。①

另外,关于"道德和政治哲学"及其与自然哲学的关系,培根提出了一个精彩的见解。政治哲学当下的公开目标就是要维护秩序与和平,而不是宣传理论上的真理。它根本不是要向人们揭示出他们的本性,而是要让人在某种程度上忘记本性,这就是其成功之所在:

> 他以同样美妙的歌声和琴声引来了各种各样的野兽,去掉了它们的兽性,让它们忘记了所有的争吵和凶残……它们温和友善地站在他四周,像在剧院里一样,倾听他悠扬的琴声。……乐曲失去了能够维持秩序和友情的魔力。如此一来,局面大乱。**野兽又恢复了本性,像往常一样弱肉强食**……(卷六,页721,着重为笔者所加)。

另外,培根对寓言中一连串事件(先是自然哲学,再到其失败,最后是道德哲学)的解释明显表示"道德和政治哲学"是次要的事业,因为它的地位取决于当前自然哲学征服自然能力的大小。② 在《新工具》中,培根利用一小段话声明,他的新自然科学或新"科学方法"也将产生新的"伦理学和政治学"(卷

---

① 在这里和其他地方,大家会看到,我把培根当作基督教社会中的基督教修辞大师,而不是一个虔诚的信徒。我清楚地意识到,这只是少数人的观点,但限于篇幅,不能在这里进行论证。我已经在拙文《基督教在培根政治哲学中的作用》(On the role of Christianity in the Political Philosophy of Francis Bacon,载《政治评论》[Polity] 19卷,1987,页419–442)中对这个问题进行了详细论述。关于培根希望后来人能够把他当作类似于神的人物,参见《新工具》卷一,条129,《培根全集》卷四,页114–115。

② 试比较《培根全集》卷四,页114:文明的欧洲人与野蛮人二者生活方式的巨大差异完全是因为"技术"发展的水平不同。

四，页112）。若放在别处，这段话几乎根本不能从培根的其余著作中得到解释（并且，它还完全否定了培根的公开断言，即科技创新可以与政治和宗教保守主义结合起来）。"俄耳甫斯"寓言表明，培根通过它还想说，征服了死亡（或合理地向人类表明它正在向这个目标稳步迈进）的科学可能转向人类事务，而其精神非常不同于古代道德与政治哲学的"忧郁"。培根把他的乌托邦著作命名为"新大西岛"，就表现了这种精神的根本特点；柏拉图在《蒂迈欧》和《克里蒂亚》中描述了"原来"大西岛上的狂妄自大与控制自然和人类的野心，而本撒冷是"新"大西岛，因为萨罗门学院体现的是经过修正和调节的自大与野心。①

此外，这种令人感到惊奇的哲学思想和哲学家心理似乎有一个确定的历史所指。培根认为，哲学的真实本性和功能在历史上曾发生过一次最为严重的扭曲，而上述的历史所指就表达了培根如何理解那场扭曲，这一点柏拉图和亚里士多德也曾思考过。培根强调了俄耳甫斯神话中世俗事件发生顺序的意义：俄耳甫斯首先关注自然哲学，失败后"忧郁地""转向人类事务"。"先是孜孜不倦地实验，企图让死人复活，然后是实验失败，接下来恰当地描写了哲学如何应用于政治事务，也遵循了事件发生的顺序"（卷六，页722，强调为笔者所加）。这种从自然哲学到伦理学和政治学的"转向"让人想起那个西方哲学史上最有名的事件即苏格拉底的转向。柏拉图对此有过描写，（追随西塞罗的）培根在其他地方描述这件事所说的话表明，他在解释俄耳甫斯神话时

---

① 参见 J. W. Weinberger,《培根乌托邦中的科学与统治：〈新大西岛〉导读》(Science and Rule in Bacon's Utopia: An Introduction to the Reading of the New Atlantis)，载《美国政治学评论》(American Political Science Review) 70卷，1976，页879。

心中还惦记着这个转向:

> 苏格拉底将哲学从天上引入人间,使道德哲学变得比以前任何时候都时髦,却转移了人们对自然哲学的关注。(卷四,页78)

苏格拉底以前的哲学家对自然进行了认真的探索,但从柏拉图开始,政治和神学的野心以及追求文学创作声誉的欲望削弱并败坏了这种探索事业。①

> 我的意思不像苏格拉底所说的那样,将哲学从天上引入人间,在人间谈哲学;也就是说,我不会把自然哲学搁在一边,将知识仅仅用于风俗习惯和政策。(卷三,页294)

柏拉图的苏格拉底重心的转移给很多后来的哲学带来了致命的后果,俄耳甫斯寓言认为,转移的原因是前苏格拉底的自然哲学未能达到它的目标(这是"最崇高"的、第一位的东西,也是人性中最根深蒂固的东西)。哲学家在征服自然的最初计划失败之后就从事了次要的事业,即通过仁慈管理他人获得功名。"一些色雷斯的妇女在酒神巴克科斯的煽动下"(卷六,页721)杀死了俄耳甫斯,破坏了他建立起来的政治秩序。培根对这一结局的解释也支持了上述观点,即他讲述的俄耳甫斯神话具有准确的历史所指。看来,哲学建立的人类秩序并不能持久,有些力量会努力破坏这种秩序。实际上,俄耳甫斯神话暗中批评了古代哲学的主流传统(即苏格拉底传统,笼统一点也包括亚里士多德和西塞罗这样的人物)和基督教传统,后者比前者的信

---

① Benjamin Farrington,《培根的哲学》,前揭,页64,83,110–116。

徒要多，组织要严密，存在时间要长，还占有并逐渐支配了后者。为让这个初看起来非常荒谬的观点合情合理，我们必须仔细研究培根对俄耳甫斯寓言和狄俄尼索斯或巴克科斯寓言的详细解释。

首先，我注意到，虽然培根在别的地方称宗教为"人类社会的主要纽带"（卷六，页381），但正如他在俄耳甫斯寓言中所描述的那样，道德和政治哲学在建立人类社会的秩序时似乎没有利用宗教作为促成社会和平的手段。这里，哲学利用修辞（"说服和雄辩"）灌输情感，使人趋向美德（"美德、公正与和平"；卷六，页722）。与此相反，《学术的进步》讨论俄耳甫斯神话时提到了宗教在这方面的作用。在这本书中，俄耳甫斯的故事给人的教训是，要让人们"受到美妙雄辩的书籍、布道和演说的感染……"听从"规范、法律和宗教"，这样才能得到国家的太平（卷三，页302）。也就是说，在《论古人的智慧》中，培根似乎除去了俄耳甫斯神话中的宗教和神学特征，但又在别处提到这些特征。培根讲述这个神话的部分依据是文艺复兴时期的神话学，但根据这种神话学，俄耳甫斯神话又通常具有这些特征。①

其次，培根讲到，"色雷斯的妇女在酒神巴克科斯的煽动下"把俄耳甫斯撕成碎片，但他却没有对这个细节提供任何具体的解释。在解释俄耳甫斯的秩序遭到破坏时，他只是说"国家在繁荣一段时间之后会出现动荡、骚乱和战争，这些动乱……使法律失效……"（卷六，页722）。然而，首要问题是什么导致了这些动乱？受巴克科斯影响的那些妇女是否表示了更为特定的具体历史？而不是表示所谓的和谐与混乱周期性交替的一般趋势？在俄耳甫斯寓言中，培根没有告诉我们受巴克科斯影响的妇

---

① 关于哲学与信仰作社会太平的源泉孰优孰劣，参见"论迷信"，《培根全集》卷六，页415-416。

女代表什么，但是，如果我们按照他在《论古人的智慧》中所声称的解释原则（即哲学寓言中没有无关宏旨的细节），那么他在其他章节以及在《论学术的发展和价值》中详细讲述的狄俄尼索斯寓言中所讲的话就会给我们以启迪。

在《论古人的智慧》中，我们从他对狄俄尼索斯寓言的解读（卷六，页 740~743）中可以看到，巴克科斯除了其他特征之外，还"首创了宗教仪式，不过，这些仪式狂热、邪恶、残忍"（卷六，页 741）。《论学术的发展和价值》详细讲述了同一个寓言。在这里，培根表明，他考虑的不仅仅是异教信仰，因为他说巴克科斯的野蛮仪式说明，"信奉异端的人（heretic）所带来的堕落甚于异教徒（heathen）的狂欢"。① 狄俄尼索斯寓言显示，俄耳甫斯并不是这些仪式的唯一受害者；培根注意到："在（巴克科斯的）狂欢节上，据说有一群受到煽动而发狂的妇女把两个杰出的人物彭忒乌斯和俄耳甫斯撕成了碎片……"（卷六，页 741）。我们试着考察一下这个彭忒乌斯典故就会发现，"亚克托安和彭忒乌斯"就是《论古人的智慧》中"俄耳甫斯"的前一章。在这篇寓言中，彭忒乌斯象征着那些力图通过人类理性掌握神的秘密的人（卷六，页 719~720）。然而，在"狄俄尼索斯"中，彭忒乌斯则象征着那些以冷静、理智的态度探索狂热情感本质的人，并且，培根几乎挑明，他把宗教或宗教的堕落等同于失去理智的冲动：

> 把各种迷信仪式归到巴克科斯的头上并不奇怪，因为每种失去理智的欲望都滋生于伤风败俗的宗教

---

① Francis Bacon，《培根全集》，前揭，卷四，页 335。关于基督教与狂热、残酷行为的关系参见卷六，页 381，383-384，470-471，732-733。

里……。俄耳甫斯和彭忒乌斯两人被撕碎的场景具有明显的寓意：强烈的欲望不喜欢也不能容忍好奇的行为和坦诚有益的忠告（卷六，页743）。

把这些提示与话语放到一起似乎可以得出一个结论：哲学利用修辞为人类带来了和平与秩序，但通过宗教狂热爆发出来的颓废激情会周期性地破坏这种状态。①

我认为，道德与政治哲学家俄耳甫斯不仅表示整个哲学，而且特指苏格拉底以后的古代哲学。如果我的看法正确，那么，比较一下培根在这儿用的语言和他在《新工具》中描述古代哲学命运的语言，就会发现，被肢解的俄耳甫斯表现了两个方面：宗教本身破坏了道德与政治哲学建立人类社会秩序的能力，从而产生了恶果；基督教破坏了古代哲学本身的独立性，或者说通过宗教和神学问题扭曲了哲学。谈到"动荡、骚乱和战争"使国家沦落时，培根说：

> 若动乱持续下去，文艺和哲学不久就会被撕得粉碎，仅仅会留下一些残篇，分散各处，像海难后漂流的船板。不久，野蛮时代开始了，赫利孔的水沉入地下，按照既定的事物盛衰规律，又可能在其他国家破土而出（卷六，页722）。

培根在《新工具》中有一段讨论非常模糊地暗示，基督教妨碍了自然哲学的发展，他说：

---

① 关于"知识"与"迷信"相互对抗，争夺对人的思想的控制，试比较《培根全集》第三卷页316-317与第六卷页415-416。这个话题与本文主题密切相关，说到底与本文就是一个话题。

直至西塞罗及以后的时代，古代哲学家（即前苏格拉底时代探索自然的人）的著作仍然存在。但在接下来的时期里，大批蛮族人涌入罗马帝国，使人类的学术如船只遭受海难而毁灭，亚里士多德与柏拉图的哲学像轻型疏松的材料制成的木板漂浮在时代的浪潮上，并由此保存下来（卷四，页76）。

因此，"野蛮时代"起始于"西塞罗及以后的时代"过去之后的某一时间，或者说起始于野蛮人入侵罗马，直至柏拉图和亚里士多德的思想被重新发现并被保存下来。把野蛮时代等同于实际上的蛮族入侵虽然具有诱惑力但却不正确。是中世纪的教会而不是入侵罗马的人重新发现了柏拉图和亚里士多德思想，并宣称这一小部分希腊科学要大大优于已经亡佚的任何部分。想想这一点可能就会知道野蛮时代持续的准确时间。至于赫利孔（献于缪斯的河流）的水冲出地面的准确时期，即什么时候它们"再破土而出"，培根宣称，他自己的时代适于成为第三个伟大的学术时期，前两个分别是希腊时期和罗马时期；对于中世纪基督教的学术，他要么坚决一言不发，要么公开表示蔑视（卷四，页77）。俄耳甫斯寓言宣称，学术"按照既定的事物盛衰规律"而繁荣和衰落，培根的一篇论说文《论变迁》阐明了这个宣言的含义："最伟大的人事变迁就是宗教和派别的变迁"（卷六，页514）。

众所周知，培根渴望维护科学与哲学的独立性，免受宗教的支配，不再让"迷信和神学的杂质败坏哲学"。我认为，这些问题使他进行反思，以前的哲学中是什么东西使它易受宗教的这种扭曲，准确来说，古代哲学出了什么问题，以至于不能抵制基督教的占有和支配。

毫无疑问，培根在解释俄耳甫斯神话时提出了一些令人难以捉摸的暗示和观点，如果我上文的理解正确，他关于哲学与宗教关系的重要分析就可以初步归纳如下：古代哲学具备一定的能力，能够通过"说服和雄辩"建立起人类社会的秩序；实际上，培根似乎考虑过但不一定怀有下述思想：哲学、修辞学和政治学它们本身足以维持一个井然有序的文明世界，而不需要任何宗教纽带或约束。然而，对于死亡和生存这样自然而然的人类问题，古代哲学有意或无意中没有能够或者拒绝做出有效的回答，并且，它有意或无意地拒绝做出征服自然的努力，没能利用对自然的征服来改善人类的世俗状况；当这个问题以宗教狂热的扭曲形式爆发时，古代哲学就会受到破坏，而基督教声明通过信仰可以达到不朽，更使古代哲学容易受到破坏。古代哲学（至少以主导的苏格拉底的哲学形式）从整体上曾经力图在实践上适应它所熟悉的温和纯洁的主流宗教形式，认为后者能够在实际生活中或潜在地支持社会和平、个人的节制、对成文或不成文法的尊重。然而，它没有预见到，也没有充分重视可能会出现像基督教这样的宗教，即一种好战独断的信仰。这种宗教带着不可一世的哲学姿态，强调信仰的核心是公开坚定地接受正确的信仰，这就产生了无穷无尽的异端思想，其加剧社会冲突的潜在能力超过了它团结信徒的能力：

> 异教徒没听说过宗教上的争吵和分裂这些罪恶。其原因在于，异教的核心在于仪式而不是一成不变的信仰。……然而，真正的上帝有个特点，即他是个嫉妒的神；因此，他的信仰不能容忍其他成分或同伴（卷六，页381）。

古代哲学家们没有预料到，哲学适应了这类宗教之后竟然没有逃脱被后者占有的命运，也没有预料到，他们自己不关心在现实生活中征服自然竟然使他们的信徒抵挡不住另一种宗教的观点，因为这种宗教把哲学主张与宗教主张结合在了一起，前者声称要对最重要的事情做出更好的描述，后者则声称要积极地富有爱心地关注个人的最终命运。哲学未能通过征服自然消除无知和无助的局面，而这种局面又决定性地强化了宗教对人的思想的天然控制，使得任何利用修辞来说服人们"去掉本性"的努力都无济于事。"欲望都是由于受到压制才获得活力，兴盛起来"（卷六，页743）；古代哲学曾要求人们忽略或超越个人的死亡问题，但这却是人类的主要欲望或一直以来最为强大的欲望。俄耳甫斯在懂得如何让欧律狄刻恢复生命之前（保守一点说，在他让别人相信自己正在向这个目标稳步迈进之前），"一些色雷斯的妇女在酒神巴克科斯的煽动下"仍将周期性地毁灭他和他的成就。

毋庸置疑，上述分析具有推测的性质。它表明，培根渴望一种能够成功抵制宗教支配的哲学，这种渴望部分地决定了培根科学的权力倾向。他那本乌托邦著作最为详尽地描绘了人类的宗教前景。实际上，在其勾画的社会中，科学在某种意义上明显支配着宗教。这个事实大大使人确信上述解读从根本上来讲是正确的。

大家都承认，培根的本撒冷是个乌托邦，科学与科学家在其中扮演着非常重要的公共和政治角色。萨罗门学院似乎是国家雄心与自豪感的真正中心，被称为"这个王国的核心"（卷三，页137）和"世界上自古以来最崇高的机构"（卷三，页145）。科学征服自然的能力使科学能够建议国民如何预示各种各样的灾害。我们不禁要问，一个团体为大众利益做出这么大的有目共睹的贡献怎么可能没有权利参与统治呢（值得注意的是，文中说科学家们要建议"人民"而不是"国王"或"国家"。卷三，页166）。科学家显而易见是享有极高威望的人物，因为书中把其中一个科学家到达欧洲来访者所在的城市描述成一件公众的大事,使得人们全城出动(卷三,页155)。那位科学家似乎类似宗教人物,因为他所到之处一片肃静,行进在市民中间时前面有主教和大主教的标志,他打的手势"像是给人们祝福"(卷三,页154-155)。作为宗教和世俗要人,他明显在地位上高于那位基督教神父,后者在书的前半部分曾与那些欧洲人打过交道(卷三,页135-147)。

据书中的明确表述,萨罗门学院可以按自己的意愿保留任何发明创造,不仅不让大众知道,而且也不让"国家"知道(卷三,页165)。和其他事情一样,这使得只有科学家才能拥有先进的军事技术;科学不仅成了说服的工具还成了压迫的工具(卷三,页163)。下面这个事实就充分体现了科学家的政治核心作用:在书的末尾,有位科学家明显出于自己的想法实际上废除了一条一千九百年来对本撒冷具有重大作用的法律。所拉门纳王曾下令,让全岛与世界的其他地方隔离开来,不让外人知道它的存在(卷三,页144~145),但萨罗门学院的那个院士却允许叙述者公开本撒冷的情况"以有益于其他国家"(卷三,页166)。也就是说,科学家为了人类的利益有权更改即使是最古老最根本的法律。

在科学与宗教的关系上,书中关于基督教如何被引入本撒冷的叙述(卷三,页136-139)最终最为具体明确地表达了科学的政治地位。这段叙述有两个方面特别具有启发性。首先,培根式科学在本撒冷的确立据说在基督诞生三百年前,当时新约还未出现(卷三,页144);也就是说,培根本人明确表示,这种科学的源泉在基督教之前,与基督教没有关系。其次,也是最为重要的一点,在本撒冷,预示福音书到来的迹象只有在一名萨罗门院士确认其为奇迹之后才被那里的民众接受为真正的奇迹,证明了《圣经》的神圣起源(卷三,页137-138)。培根描述的情况反映了他自己所希望的科学与宗教的未来关系,正好颠倒了现代欧洲的早期现状：不是培根式科学在基督教社会面前证明自己的合法性，而是基督教必须要经过培根式科学的审查和批准方可进入本撒冷。萨罗门学院的科学家在信仰面前能够占据这样的地位有一个最为重要的原因：他们对自然的控制正接近于宗教以前认为是不可思议的事情。具体说来，它使他们能够有效地应对人类自我生命延续的强大问题。培根似乎认为，这种能力或者说假想的能力是宗教力量的主要来源；在培根看来，基督的所有奇迹除了一个之外，其他全部与人类肉体的保养和修复有关（卷四，页379）。本撒冷的政权存在了一千九百年（卷三，页144），其原因在于，科学已经掌握了培根所认为的对人类生命影响最大的两种"变迁"：自然灾害和宗教革命带来的社会动乱（卷六，页512–514）。

我相信，培根希望他对俄耳甫斯神话的解释应该得到解读。解读培根的解释也因此揭示了它与培根其他的文本和主题多方面的复杂关系。这里呈现的培根形象当然不同于标准的教科书中的叙述。《论古人的智慧》中的培根是位思想家，在他身上，反神学和反基督教的动机要远远超过人们过去通常认为的那种情况。要阐明现代科学早期的目标就是权力，人们自然而然会转向培根，因为培根是最先为此观点高呼的人之一，当然也是最为有力最有影响的人之一。然而，培根自己把权力而不是真理当作科学的最终目标，其中的最终原因目前仍然令人捉摸不透，因此也引来了各式各样相互矛盾的解释。这里，本人并没有声称解决了这个问题，但在我看来，培根的俄耳甫斯神话表明，在这种权力转向的背后或（保守一点说）助长这种权力转向的原因非常重要，但迄今为止却被人忽略了，那就是希望有一种哲学或科学能够通过自己的实践产生出哲学家或科学家统治社会所必需的力量；或者，若不能直接统治，至少能够抢先一步让科学占统治地位，防止宗教和宗教的代言人破坏社会。更为重要的是，权力即对他人的统治权、对自然的控制权，它是培根科学的最高目标，因为权力是通向"人类本性最渴望的东西即不朽"的途径。对自然的控制权最终是为了达到肉体上的不朽，而在现实中实现这个目标至多属于遥远的将来，有可能根本实现不了。对他人的统治权一部分基于对他人的理解，另一部分基于征服自然赋予征服者的压迫和说服能力。这种权力的目标在于"不朽"的替代品即永恒的荣誉。① 征服自然永远达不到完美，不能让人相信有真实的不朽。在可预见到的将来，对自然的征服最终只是控制人的一种途径，但这种控制在诸多方面是实行仁政，肯定不能完全等同于任何野蛮的政治独裁或经济剥削。然而，从根本上讲，它还是服务于个人私利，因为它满足了个人要永垂不朽的深层需要。人们认为培根的科学正在向理性地控制导致死亡和衰老的所有原因迈进。作为这门科学的奠基人和预言家，培根自己的目标就是以永恒荣誉为形式的"不朽"。我们可以认为，它融合了俄耳甫斯最初的哲学目标（征服死亡）和俄耳甫斯后来的政治目标即建立人类社会秩序，并以此来达到永垂不朽。从这个角度看，"改善人类状况"并不是基督教或腐败的即世俗化的基督教让培根想到的东西，而是一种工具，来满足他自己"不朽"的需要。

---

① 对他人的控制权是人文科学的目标，正如对自然的控制权是自然科学的目标，关于这一点的明确陈述参见"斯芬克斯或科学"寓言，参见《培根全集》卷六，页757。

论《宣告一场圣战》

温伯格（J. Weinberger）

我在别处曾论证过,《宣告一场圣战》（以下简称《圣战》）这部未竟之作在形式上促使培根《伟大的复兴》成为一个统一体。① 培根在献词中谈到要完善科学的分门别类,这也说明,他的整个科学计划也需要完善。② 虽然新物理学和新医学最为崇高的部分尚未完成,但在他隐秘的政治学领域,培根通过《新大

---

① 参见 J. W. Weinberger,《培根乌托邦中的科学与统治:〈新大西岛〉导读》(Science and Rule in Bacon's Utopia: An Introduction to the Reading of the New Atlantis), 载《美国政治学评论》(American Political Science Review) 70 卷, 1976, 页 866 – 872。

② Francis Bacon,《培根全集》, (The Works of Francis Bacon. Edited by J. Spedding, R. L. Ellis, and D. D. Heath. 14 vols, London, 1857—1874), 卷七, 页 13 – 14。

西岛》提出了一整套学说，论述了科学征服的优点与危险。从表面上看，《新大西岛》是一部未完成的作品，因为它提出了科学的完美状态，而没有公开论述政治。但《新大西岛》又是完整的，因为它包含了一种政治学说。这种政治学说比较危险，而且令人生疑，因此在书中比较迂回和隐蔽。从深层次上讲，《新大西岛》是完整的，因为它揭示了培根全部作品中所有关于灵魂的思想，即关于灵魂的品质和构成的思想。培根的作品是三维的，而不是二维的，因为所有文本都具有两个平面，在这两个平面下，还有一个面。每个文本都可以由它的深层文本来解释，还可以由《伟大的复兴》中描述的工程来解释，也可以由这些描述的深层意义来解释。

《圣战》不仅使培根作品的各个部分联成一体，它本身还成为这个整体的一部分。只有与《新大西岛》不可分割地联系在一起时，它的表层文本才完全可以由它的深层文本来解释。其表层文本包括对话和科学事业，后者在《伟大的复兴》中有过预示，并在《新大西岛》中有过介绍。若《圣战》以"沉思与实践"的方式处理"宗教与世俗"的问题，① 那么，它也把世俗与宗教政策看作是实现科学事业的途径。在《新大西岛》中，暂行的政治思想似乎是暂时的秘密，这种秘密是科学达到自身目标的途径，随着本撒冷的科学向外界的公布，也就不成为秘密了。决定性的政治思想最终还是个秘密，这是科学令人生疑的目的所要求的，它不会随着本撒冷向世界的公开而显露自身。② 《圣战》与《新大西岛》有着紧密联系，在不完整的形式和作者

---

① Francis Bacon,《培根全集》，卷七，前揭，页15。
② J. W. Weinberger,《培根乌托邦中的科学与统治：〈新大西岛〉导读》，前揭，页880－885。

死后出版这两方面也与其相似。① 我们必然认为，《圣战》也以同样方式处理了世俗与宗教政策问题，把它们既当作促成科学征服的手段，又当作人类科学事业的最终结果。

培根介绍了对话中的人物，但没有解释他们名字的含义。优西比乌斯属于神学温和派，他的名字意味着"虔诚"或"恭敬"。他的一个同名人物曾是凯撒利亚（Caesarea）的主教，因为著有《基督教教会史》和现在已亡佚的世界通史纲要而闻名于世。迦玛列是狂热的新教徒，其名字的意思是"上帝的奖赏"。西庇太乌斯是狂热的罗马天主教徒，其名字的意思是"我的馈赠是上帝"。玛尔提乌斯是军人，其名字的意思显而易见："献给战神玛尔斯"。尤波利斯是政客，其名字的含义是"好城市"。他的同名人物是个喜剧诗人，与阿里斯托芬同时代，通常被认为受到了阿尔喀比亚德的迫害。最后一个人物波利奥是侍臣，他名字的意思是"修饰或装饰的人"，暗示"被统治者"。他的同名人物是罗马的政治家和作家，曾写过历史、悲剧和色情诗。

在尤波利斯家，玛尔提乌斯正抱怨全副武装的基督世界，这时波利奥进来，打断了他的话，对话从此展开。波利奥巧妙地说，在"好城市"家里碰头的人构成了一个好世界。优西比乌斯、迦玛列、西庇太乌斯和玛尔提乌斯各不相同，却是朋友，就像四大元素一样。尤波利斯由于比较温和，没有激情，算作第五本原，即那种在宇宙中兼覆天下、一统万物的神圣物质。尤波利斯反驳说，如果他们五个构成一个宏观世界，波利奥就是微观世界，因为他在言语与行动中都统揽一切。波利奥没有否认这种说

---

① Francis Bacon,《培根全集》，卷五，前揭，页 79。参见 J. W. Weinberger,《培根乌托邦中的科学与统治：〈新大西岛〉导读》，前揭，页 871。

法，而反问说，像他这样的人如果不坦率会是什么样。尤波利斯回答说，这样的人比波利奥易变，但比波利奥危险。接下来，他邀请波利奥加入他们关于基督世界的讨论，因为他们希望听听他的意见。波利奥坦承，由于劳累，而且时间就是下午，自己有些瞌睡，他们的谈话必须要保证让他清醒。然而，他接下来却主动提出，如果谈话让人睡意昏沉，他得提醒他们一下。尤波利斯对此表示赞赏，并认为，波利奥会把他们的谈话当作梦想，只是良好的愿望，而没有权力去实现，但玛尔提乌斯被打断的谈话因为是"战斗的号角"，所以会打消波利奥的睡意。尤波利斯请求玛尔提乌斯重新开始，于是后者又重述了他对全副武装的基督世界的抱怨。

与那些手无寸铁的基督徒士兵和武装起来的商人相比，那些拥有武装的基督徒君主不愿意通过战争传播信仰。玛尔提乌斯提到了三次例外。第一次是伟大的雷班托之战。相比之下，接下来提到的两次则黯然失色：葡萄牙国王塞巴斯蒂安和特兰西瓦尼亚王西吉斯蒙得分别发动的战争，但玛尔提乌斯把三者相提并论。为提醒玛尔提乌斯，波利奥打断了他的话，提到了瓦伦西亚的摩尔人灭绝事件。玛尔提乌斯对此哑口无言，但波利奥第二次插话引发了迦玛列和西庇太乌斯之间的派别之争。迦玛列赞同玛尔提乌斯保持沉默，因为他反对这次针对摩尔人的行动。然而，西庇太乌斯却赞成这次行动。出于政治本能，尤波利斯调和了这场派别纷争，把话题又拉回到玛尔提乌斯谈到的军事上。尤波利斯辩解说，他建议回到玛尔提乌斯的话题上来，是因为玛尔提乌斯的主题和言谈与灭绝摩尔人没有丝毫关系，就主题而言，这件事"不适于归入战争之列"。

玛尔提乌斯继续劝说他的听众支持宗教战争。他说，针对异教徒的战争并不能等同于要获得世俗的伟业和荣誉。这类战争是可能的。为证明自己的观点，他举出了卡斯蒂利人对西印度群岛的征服以及葡萄牙国王伊曼纽尔的环海航行和征服行动。玛尔提乌斯声称,这两桩壮举的动机不是要传播基督教信仰,但它们却让基督教世界富足起来,扩大了西班牙的领土,并把精神与世俗的荣誉和善行结合起来。

就在这一点上,波利奥第三次打断了玛尔提乌斯的话,提醒他注意异教徒之间的区别:有些是野蛮人,他们归属于拥有那片土地的人;有些是文明人,在他们那里不存在这种归属性。玛尔提乌斯回答说,"有理性的人"不会做这样的区分。他主张,无论一个民族多么文明,只要是为了这个民族的至善,任何针对他们的行动都是讲得通的。为强调自己的观点,他认为,秘鲁人和墨西哥人根本不是野蛮人,但征服他们却是理所当然,并且还可以比较一下被西班牙征服的民族的政治和宗教制度与土耳其帝国野蛮残暴的专制制度之间的差异。

波利奥第四次打断玛尔提乌斯,让他注意偶像崇拜者与"承认上帝"的土耳其人之间的区别。玛尔提乌斯又一次无言以对,但西庇太乌斯插了进来,以严厉责备的口吻警告波利奥,不要陷入异端邪说。与第二次插话相相似,波利奥没有进一步发表评论或反驳。玛尔提乌斯明确表示,相对于其他战争,无论是出于宗教还是荣誉的目的,他更热衷于针对土耳其的战争。波利奥在此时一言未发。然而,玛尔提乌斯承认,自己的判断不一定正确,一方面因为判断本身的无力,另一方面是因为他自己的狂热。他于是请求其他各式各样解释宗教法律的人评判这类战争是否具有合法性。温和的政客尤波利斯表扬了玛尔提乌斯,说他有自制力。尤波利斯接下来宣布,他想把余下讨论的几个部分进行分工。

尤波利斯的分工如下:西庇太乌斯将探讨为传播信仰而进行的战争是否合法,又在哪些情况下合法;迦玛列将论述基督教世界的君主和国家是不是必须发动这样的战争;优西比乌斯将进行比较分析：相对于论争、剪除异端、调和宗派纷争和追求合法的世俗利益，这种战争是不是要居于优先地位，在多大程度上，这种战争会取决于这些事务，或与之相互牵连，或与它们擦肩而过，并规定它们相比之下显得并不重要；波利奥则通过论证来判断战争的可能性；尤波利斯要证明圣战是可能的；玛尔提乌斯接下来将重新进行劝说，并论述"方法和准备工作"。参与讨论的人同意这种分工，他们决定暂停，第二天再继续讨论。然而，本应昏昏欲睡的波利奥这时插了进来。

波利奥的最后一次插话打乱了尤波利斯定下的发言顺序。波利奥承认，尤波利斯把他看作怀疑论者是正确的，因为他认为，基督教世界如果不经过碾碎，塑造成新的形状，就不可能有圣战。然而，波利奥表示，他愿意与这五位交谈者——好世界——保持意见一致，并同时声称，雅典人都疯了，只有德谟克利特清醒着。① 为表明自己赞同战争，他将"在这件事上，明确表示支持"。他建议，若要打一场圣战，他们必须选一个五六十岁之间"年轻"点的教皇，名字必须叫乌尔班。尤波利斯说波利奥讲得好，但要求他严肃一些。培根接下来告诉我们，这些讨论者按事先约定，第二天又碰头了。波利奥开了个玩笑，但没有详细说明，大意是说，圣战已经开始，因为他梦见了土耳其士兵、鞑靼人和苏丹。对话重新开始时，玛尔提乌斯提醒说，尤波利斯对于发言的分工可能有误。他不同意各个部分的排序。他关于方法和准备工作的发言应该放到波利奥和尤波利斯就圣战的可能性进行辩论之后。由于方法问题常常影响关于可能性的判断，因此，这个排序也不是最佳的。玛尔提乌斯提醒波利奥和尤波利斯，在听完他关于方法的发言之前，他们不要主观武断地下结论，并且还让他们准备回应他的发言。

---

① 《宣告一场圣战》，《培根全集》卷七，前揭，页25，注释1。

培根告诉我们,所有人都赞赏玛尔提乌斯的慎重。尤波利斯依照玛尔提乌斯的样子也重新做了安排,以消除遗漏。本来西庇太乌斯要讨论合法性问题,尤波利斯向这个问题里又添加了下面这个问题:圣战最终是不是要灭绝那些民族,是强迫别人接受信仰并惩罚异教徒,还是仅仅征服那些民族,以便迫使他们向"精神之剑"——适合灵魂和良心的劝说、教诲等——敞开大门。修正之后,尤波利斯解释说,这个问题将由西庇太乌斯来谈论。西庇太乌斯的发言在最后,长度是前面所有发言的总和。

西庇太乌斯由于打算首先"区分"合法性的"不同情况",于是宣布自己的发言要探讨六个问题。第一个问题是,在没有受到挑衅的情况下,基督教世界的君主为了传播信仰而发动战争合不合法。第二个问题是,让曾经信仰基督教的国家恢复基督教信仰,如果也算是圣战的话,它合不合法。第三个问题是,在不信仰基督教的国家,如果把基督徒从异教徒的奴役下解放出来也算是圣战的话,它合不合法。第四个问题是,发动战争去净化并恢复圣地合不合法。第五个问题是,对渎神行为以及虐待或杀戮基督徒的行径发动报复性的战争合不合法。第六个问题是,圣战最终是不是要驱逐人民或强迫他们改变信仰,并且如何保持节制,以免基督徒忘记了"别人也是人"。在这六个问题之上,西庇太乌斯又增加了一点。它虽然不是问题,但要"先于"所有问题,还在"某种程度上"解决了所有问题。在这最后一点里,西庇太乌斯将会提出,"即使我们不是为了宗教问题,为平定那个(土耳其)帝国发动战争也是正义的"。他认为这也是玛尔提乌斯对土耳其的准确指控。

西庇太乌斯停顿了一下,又讲了下去。他首先警告说,不要让人们在不义之战中流血牺牲,以免使耶稣变成偶像或摩洛克。然后,他论述说,针对土耳其人的战争理所当然地具有正义性。他认为,根据自然法、万国法和神法,对土耳其作战都合乎法律。崇高的动机、司法的保证和执行形式使得这种战争具有了正义性。他不重视罗马的实在法和民法，因为这些法律"无能为力"，因此他也不重视后来经院哲学的观点和著作。西庇太乌斯接下来给出了自然法方面的证据。他对自然法的解释只不过是维护亚里士多德天赋统治权的观点：一些人天生要统治，而另外一些天生要服从。西庇太乌斯把这当作真理，"因为亚里士多德就是如此定义的"：人与兽、肉体与灵魂之间存在着不平等，若在人与人之间也可以发现这种不平等，那么，这种不平等就会赋予某些人以统治权。所有西庇太乌斯的言谈都证明，尽管这种主张似乎不适于人类，但还是正确的，"这种情况小到个人大到国家在过去和现在都有实实在在的例子"。

西庇太乌斯承认，要贯彻这种主张比较难，因为亚里士多德仅仅给出了统治者要具备的品质：智慧、勇敢、诚实、正直，但至于谁更为优秀，适于统治别人，人们从来不会达成一致意见。因此，西庇太乌斯是在"匮乏"意义上，而不是在"比较"意义上认同了亚里士多德的观点。他得出了这样的结论："有一群乌合之众，尽管我们称之为王国或国家，他们根本没有能力也不应该占据统治地位，另外有个文明国家发动战争去降服他们都是正义的。"在对细节进行论证之前，西庇太乌斯补充说，他谈的不是个人专制，而是国家的法律违反了自然法和万国法的情况。

西庇太乌斯把这类情况一分为三来讨论：首先探讨存在不存在应该征服的国家；其次论述哪些违背自然法和万国法的行为会使国家丧失统治权；最后要看一看，能否在某个政权即土耳其帝国里找到这些违背自然法和万国法的行为。

在第一个问题上，西庇太乌斯断言，存在那么一些国家，它们没有统治权，应该被别人征服。确定到底是哪些国家的根据是最初是否被赠予统治权。像神一样的人，即具有自然理性的人，具有统治权。只有这种形象全部或大部分遭到损毁，统治权才会遭到剥夺。与一些狂热分子和里昂穷人派的主张相反，原罪并不会剥夺这种统治权。为证明自己的观点，西庇太乌斯援引了上帝对诺亚及其儿子的话。他还引用了先知何西阿的话来说明，虽然有些统治权通过秘而不宣的神意得到认可，但上帝通过神启表示并不承认。西庇太乌斯认为，先知指的不是某些暴君，而是某些乖戾有缺陷的民族。此外，先知也不是指所有崇拜偶像的民族，"那时的犹太人和从那时到现在的异教徒，他们搞偶像崇拜是性质迥异的两种罪过，因为上帝曾经与那个民族订立了特别的合约，并向他们明确无误地显灵"。① 以色列人不同于现代崇拜偶像的人，同样也不同于迦南人，后者只是名义上的民族，不是真正的民族。自然法和万国法或者上帝的口谕把他们排除在民族之外，剥夺了他们的权利。

西庇太乌斯举出了七个这样的例子：（1）海盗。海盗是人类社会的共同敌人，所有人也会自然而然地组成心照不宣的联盟对付他们；（2）陆地上的强盗；（3）阿萨辛王国；（4）明斯特的再洗礼派（虽然他们没有造成危害）和其他依据"精神中暗中变化的意愿和本能"确定一切事物均为合法的人；（5）传说中的亚马逊那一类的人，他们由女子来统治；（6）诸如马穆鲁克的苏丹国那样的国家，他们违背了自然法和万国法；（7）西印度群岛上的人。对于所有这几类人，任何国家，无论距离远近，都可以去消灭他们。谈到最后一种情况时，西庇太乌斯对玛尔提乌斯说，即使把传播信仰的问题搁置起来，西印度群岛上的人受到西班牙的征服也是理所当然的，因为他们的人牲和吃人的行为破坏了自然法，使他们丧失了自己的领地。然而，西庇太乌斯在此处补充说，他不会为西印度群岛居民"所遭受的残忍行为做辩护"。西庇太乌斯最后用赫拉克勒斯的例子作了概括。他

---

① 《宣告一场圣战》，前揭，页30-31。

认为，赫拉克勒斯的行为表明，所有国家、所有时代在"根除和征服巨人、怪物和外国暴君"这个问题上都是一致的。

西庇太乌斯接下来通过论证而不是例子来证明有些国家不能算作国家，因此必须受到文明国家的征服。首先，人们由于天生的联系和纽带肯定会采取这样的征服行动。这种联系和纽带表现在：殖民地对宗主国的依附关系，相同的语言，相同的基本法和风俗习惯，最后是相同的仁慈之心。西庇太乌斯没有把相同的错误信仰作为纽带，但他说，相对于其他人而言，基督徒更有必要承认，"没有哪个民族完全是外邦人"，并且还必须与那位喜剧诗人介绍的人一样友善："在我看来，与人类有关的任何事情都与我有关。"① 西庇太乌斯声称，此类不言而喻的纽带有着积极的作用，"要对付的是那些乌合之众和暴民，这些人背离了自然法彻底堕落"。所有国家都必须讨伐这些民族，而且，这种行为不能用法学原则来评判。准确来讲，评判这种行为，要运用友爱原则（新律）、爱邻原则和人类同源的原则。西庇太乌斯说，否认他的观点的人基本上是搞教会分裂的人。他咄咄逼人的话一结束，对话就戛然而止了。

与《新大西岛》一样，《圣战》最为突然的特征就是其表面上的不完整。由于《圣战》是未完的对话，所以它更加具有隐蔽性。因为它是对话，我们只能通过认识各个部分才能深入作品的内部，但这些部分又不是纯粹地表达了培根的观点。尽管培根赋予这些人物说话权，但来自他们各自内心的发言并不是培根的语言。然而，由不同的部分有机结合在一起的整体却表达了培根关于最高问题的看法。机智的波利奥告诉我们，这几个对话人构成了一个世界；培根在献词里告诉我们，他们的发言把一般问题与个别问题——宗教与政治——放在一起加以讨论。培根的全部

---

① 《宣告一场圣战》，前揭，页35。

看法可以由两点推出来:对话本身和表面不完整的作品可能具有完整性。

纵观对话的安排,我们会发现,它比一眼看起来要完整。尤波利斯把讨论的各个部分分给参与者。在他提出的六场发言中,只出现了两场:西庇太乌斯的发言和波利奥的发言,前者比较长,而且明显被删掉了一些,后者比较短,并且不符合顺序。虽然尤波利斯指派的发言没有完成,但他指派的话题大部分都谈到了。他指派了七个话题,只有一个在发言中没有得到讨论。西庇太乌斯的发言完整地论述了合法性问题。严格来讲,针对土耳其的战争问题与"宗教事业"并无瓜葛,但它在某种意义上解决了西庇太乌斯所暗示的六个细节问题。并且,对土耳其的战争与自然法具有一致性。西庇太乌斯的发言回答了本应该由迦玛列解决的问题,因为前者主张,天生的纽带关系使针对土耳其的战争成为责无旁贷的义务。波利奥本来要判定圣战的可能性,优西比乌斯要证明圣战的可能性,但波利奥的总结和玛尔提乌斯列举的圣战个案把这两个问题都解决了。波利奥的简短发言不仅完成了分派给自己的任务,还回答了本应最后由玛尔提乌斯解决的问题。波利奥参与赞成战争的讨论,也就承认了战争的可能性。不仅如此,他还给出了主要的方式和准备工作:他建议,应该把基督教世界"捣碎,塑造成新形状";取名叫乌尔班的教皇应该体现年轻原则,因为五六十岁的教皇严格来讲并不年轻。① 因此,波利奥的主张是,基督教世界必须彻底改变,由温文尔雅的年轻人来领导。

那么,分派的话题和发言又为什么仍不完整呢?唯一一个没有得到讨论的话题是"比较分析",这本来指定给了一直没有发言的优西比乌斯。优西比乌斯是个没有宗派观念的神学温和派,

---

① [译按]此句关于教皇年龄的解释似乎与原文不符。

非常虔诚，他的名字来自于那位著有教会史和世界通史的作家。中心议题的不完整正好与发言和发言人的不完整互相对应。《圣战》全文就圣战展开论述，涵盖合法性（包括灭绝一些民族是不是合法）、义务、可能性以及进行方式和准备工作。在论述过程中，《圣战》只让波利奥、玛尔提乌斯和西庇太乌斯发言，并让他们在发言中替迦玛列和尤波利斯回答了问题，同时使得优西比乌斯无法发言，以讨论自己的话题。

优西比乌斯的话题涉及政治与宗教问题，比较圣战与眼前迫切需要解决的政治与宗教问题孰轻孰重。优西比乌斯的话题与他的名字的意思以及他的同名人身份正好吻合。那位教会史和世界通史作家按照人们对于全人类的事业的不同义务，指派给政治和教会不同的职责。从形式上讲，对话缺少中心，因此，凡是填补了优西比乌斯留下的空白的东西就构成了对话中有价值的部分。

对话一开始，波利奥就加入到一些名人的讨论中来，打断了玛尔提乌斯拥护圣战的发言。是什么原因直接导致这场讨论，又是什么原因促使波利奥从宫廷跑过来，加入他们的讨论，我们尚不清楚。我们看到，如果把第一次插话也算进来，波利奥共有五次插话，这些行为促使尤波利斯指派发言的内容及顺序。波利奥第二次插话在对话中出现的比较早，当时，玛尔提乌斯正极力主张圣战，波利奥提醒他注意"灭绝瓦伦西亚的摩尔人"事件。波利奥这次插话导致了宗教争吵，结果被温和的政客尤波利斯化解了。尤波利斯的化解让讨论的中心又回到玛尔提乌斯对土耳其人的谩骂上来。波利奥的话使玛尔提乌斯无言以对，尤波利斯利用这个空挡，对玛尔提乌斯表示支持。他解释说，玛尔提乌斯保持沉默是源自他的军人天性和战争的性质，这两点都禁止滥杀手无寸铁的平民。

对话的第一次冲突使温和的政客和狂热的士兵结成了联盟。我们后来看到，这个联盟并没有直接回答波利奥的问题。玛尔提乌斯刚讲完西班牙对西印度群岛的野蛮征服,波利奥就提醒他要注意那些异教徒的不同类别。一些异教徒比较文明,一些则与野兽无异。不仅波利奥的提议宽恕了针对那些野蛮人的残酷行径,玛尔提乌斯回答甚至也否定了波利奥的提议中暗示的仁慈行为。波利奥提到瓦伦西亚的摩尔人事件时,无论是什么原因促使玛尔提乌斯保持沉默,都不能狭隘地理解为与战争相吻合的东西。

波利奥第二、第三次插话更加剧了玛尔提乌斯的杀戮欲。玛尔提乌斯与尤波利斯的联盟虽然调和了宗派纷争,但无法冷却玛尔提乌斯的战争狂热。玛尔提乌斯赞赏西班牙对西印度群岛的血腥征服,即使狂热的西庇太乌斯也认为这些征服行为过于野蛮。波利奥的插话造成了对话的第一、第二个冲突,提出了极端的方式问题。这些问题间接地得到了回答:应该用极端的方法;同时,温和派和战争狂热派的结盟在某种程度上对此也作了回答。这种联盟一直没有遭到破坏,而且表现出狂热派同化温和派的倾向。结盟之后,尤波利斯这位温和派政客并没有以温和为理由,抗议玛尔提乌斯的缺乏节制和极端倾向。尤波利斯为玛尔提乌斯所做的第一次辩护并不恰当,因为后者就没有节制。并且,尤波利斯在波利奥第三次插话后保持沉默,这表明,被西班牙征服的人遭受到的所有暴行都可以用到土耳其人身上,因为后者比西印度受过教化的野蛮人还要败坏。

波利奥的第四次插话又一次挑起了西庇太乌斯的派系激情。波利奥建议区分一神论者和偶像崇拜者,玛尔提乌斯对此没做回答,这时,西庇太乌斯提醒波利奥,让他不要陷入异端邪说的危险。对话发生的时间和地点——1621 年的巴黎①——着重点明了

---

① 雷班托海战,是玛尔提乌斯提到的最早的战争,参见《宣告一场圣战》,前揭,页 35。这场战争发生在 1571 年,按照玛尔提乌斯的说法,是在对话发生的五十年前。

西庇太乌斯的警告所暗含的威胁。对于这个神学问题，没有展开讨论，也没有解决办法；相反，波利奥没有发言，而玛尔提乌斯承认自己热衷于对土耳其作战，因此要求那些精通神律的人帮助他确定战争是否具有合法性。由于结盟的缘故，尤波利斯向玛尔提乌斯伸出援助之手，作了具有关键作用的发言。

尤波利斯指派发言、波利奥和玛尔提乌斯的插话推动着整个对话，形成了对话的结构。波利奥的第四次插话把对话推向高潮，因为他提出了土耳其人与偶像崇拜者有所区别的问题，这促使玛尔提乌斯提出合法性问题，并使尤波利斯就合法性问题指派各个部分的发言。玛尔提乌斯第二天的插话使那些发言人意识到，战争进行的方式问题必须加以认真考虑，这就促使尤波利斯扩充西庇太乌斯的发言，以涵盖方式的限度问题。这样向前推进的对话使得优西比乌斯被排除在对话之外。尤波利斯指派发言之后，波利奥最后一次插话，回答了玛尔提乌斯的方式问题，还点明了我们应该如何理解优西比乌斯没有机会发言这一事件。波利奥认为，圣战所许诺的基督教的普世事业和点石成金术一样，"只会召集来疯子"。① 培根向我们解释了为什么炼金术士的梦想和圣战带来的希望在这一点上具有共同之处。他们之间没有差别，是因为"在它们的主张中，方式要比其吹嘘或目的更让人难以置信"，然而，这个目的却是崇高的。② 但就基督教在宗教和政治上的普世性而言（这应是优西比乌斯的话题，因为他写过教会史和通史），真正的方式与可能实现的真正目的密不可分，并且也可能不存在真正的方式。优西比乌斯没能参与对话，正好符合培根在《学术的进步》中所持的关于教会史和通史的观点。因为奇迹包括神的启示都不可信，完整或完善的现代史将

---

① 《宣告一场圣战》，前揭，页24。
② 《学术的进步》，《培根全集》卷三，前揭，页362，289。

取代神的历史,去划分时代,宣布世界末日,而真正的通史必须是人类科学事业的历史,记述的是人类驶向本撒冷,推翻上帝统治的过程。① 只有科学变得完美,使人类脱离上帝的统治,神意不再是终极目标,人们才能改进方法,以实现炼金术和通史的崇高目标。由于优西比乌斯没能发言,因此,波利奥提出的基督教改革必然是由年轻人领导的新的天主教或普世事业。这个普世事业不是别的,而是科学声称要普遍救助和保护凡间事物的行动。科学事业的普世原则决定着政治和宗教政策的导向和评价。通过尤波利斯对发言的修正,这些问题被悄无声息地转移到玛尔提乌斯、波利奥和西庇太乌斯的发言里。他们的发言一起探讨了如何才能实现人类新的普世事业。科学事业最为紧迫,所以就略去了专门进行"比较"的发言。无论是什么样的政治或宗教事务,其政策措施都显而易见包含了人类为实现本撒冷的目标所必需的方法和手段。

尤波利斯、玛尔提乌斯、波利奥和西庇太乌斯一声不响地把优西比乌斯排除在外,这不仅仅说明人类的科学事业取代了神意和恩典,还表明温和派也被排除在对话之外,因为尽管尤波利斯被描述成政客,温和的他却与狂热的玛尔提乌斯结盟。另外,培根还明确把优西比乌斯归为温和派。我们必须借助于尤波利斯指派发言的行为、波利奥及玛尔提乌斯对对话的推进,来看待为何波利奥戏称尤波利斯"比较温和,缺乏激情"。既然优西比乌斯被排除在对话之外,那么尤波利斯政治上的温和面目必然令人生疑,我们必然也想知道,规范新圣战的法律是什么。

波利奥没有拒斥玛尔提乌斯想当然的野蛮方式,还在自己的发言中回答了方式和准备问题,这本应是玛尔提乌斯要讨论的话

---

① J. W. Weinberger,《培根乌托邦中的科学与统治:〈新大西岛〉导读》,前揭,页 876–878。

题。培根通过温和的政客和圆滑的侍臣把那些极端派组织在一起,从而造就了对话的统一性。正是尤波利斯,通过分派发言任务把对立的角色联系起来,并明确增加了方式限度问题;正是波利奥这个圆滑搞笑的侍臣,促成了分派行为,并在最后一次插话中赋予这种分派以意义。他还和玛尔提乌斯一道引导着整个对话,去探讨关于极端方式的问题。随着对话的展开,我们发现,为了新的圣战,宗派纷争得到了调和,而且,这场圣战的目标非常崇高,无论以何种方式实现都合情合理。《圣战》是由温和主义原则主导的一系列发言,但在实现人类真正的普世事业的方式问题上,它却主张抛弃温和主义原则。因此,让激进的神学派人物西庇太乌斯完整地讨论决定方式的法律问题,就不足为奇了。

波利奥的发言包含了玛尔提乌斯关于方式问题的讨论,实际上还确定了方式的最终目标,但西庇太乌斯的发言详述了这些方式的个案、应用和限度所要遵循的法则。尤波利斯指派给西庇太乌斯的是关于方式的根本问题,也就是限度问题,在本篇对话中是指,在进行圣战时,要不要灭绝一些民族。西庇太乌斯的发言是所有发言和整个对话的高潮,它成功地重新构建了不需要优西比乌斯的好世界。发言模仿了对话的结构,因为它也是一篇完整发言的一部分。那个综合性问题和六个细节问题被归到对土耳其作战这个世俗问题中来,而对土耳其作战合乎的是自然法和万国法,不是神律。西庇太乌斯从神律的角度讨论对土耳其的战争之前,对话就结束了。由于培根把战争编排到对话中去,使得西庇太乌斯的发言用世俗问题涵盖了神学问题。发言重复了整个对话的进程和结果,排除了神学,消除了温和派和极端派在方式上的差异。像整个对话一样,西庇太乌斯表面上的节制——由于尤波利斯关注灭绝和驱逐方式,他就悄悄地转向主张驱逐或强制改变信仰的方式;他还提醒不要把耶稣塑造成摩洛克;他也不赞成西班牙的野蛮行径——揭示出其发言暗示采取极端方式。

纵观整个对话，略去神律部分并不奇怪。认真讨论这样的律法与用科学事业取代神学事业无法兼容。然而，西庇太乌斯尽管提出要论述自然法和万国法，并且要分而述之，因为他一开始就说"就自然法而言"，但还是把它们放在一起叙述，没有做出区分。他为土耳其战争所做的辩护词起初只是依据自然法，后来为了排除"个人专制"，他把范围加以限定，讨论那些"国家的体制、基本风俗和所谓的法律违背了自然法和万国法"的情况。最后，在列举那些名义上的民族时，他说，这些民族被自然法和万国法排除在外，是非法的。

西庇太乌斯忽略自然法和万国法之间的差异不应该让人感到奇怪，因为他在发言一开始就告诉读者，他不考虑罗马法和经院哲学著作。以前人们认为，区分自然法和万国法的根据就是罗马法。据经院哲学的巨擘讲，自然法与万国法的区别就是人与野兽的区别。阿奎那认为，自然法适用于所有动物，而万国法只适用于人类，他给出证据来说明这个基本区别，这个证据来自于罗马"法学家"。① 在永恒的或神的实在法没有得到讨论的情况下，西庇太乌斯的发言表明，限定方式的法律来自于人与动物之间的道德差别。我们不要忘记，他关于战争的论述所包含的第六个细节问题是极端方式问题。

西庇太乌斯接下来的论述证实了他的极端想法。他的论证对亚里士多德的奴隶制思想做了一些细微但却至关重要的改动。② 西庇太乌斯把亚里士多德关于奴隶制的论述（是讨论家庭的一部分）当作根据，以证明在人事和国家方面存在着天赋统治权，却只字不提自然奴隶制和契约奴隶制之间的区别，也不提统治的

---

① 《神学大全》第二部，问题 57，条 3。阿奎那提到了乌尔比安（Ulpian）《学说汇纂》卷一（I. i. I）。

② 亚里士多德，《政治学》，1252b 1–5，1253b–1256a。

各种类型，这当然令人感到吃惊。西庇太乌斯做出的小小改动也同样非同小可。亚里士多德声称，如果一个人与其他人之间达到了人与兽、灵魂与肉体之间相异的程度，他就必须做奴隶。然而，亚里士多德只是在假设层面进行论证，从来没有断言说存在这么一些人，西庇太乌斯则明确表明有这么一些人。亚里士多德表示，奴隶必须理解其他人所具有的理性，因此也就表明，人与野兽之间存在着不可逾越的鸿沟，但西庇太乌斯却没有如此表示。① 相反，对西庇太乌斯而言，若人的自然理性大部分遭到损毁，就可以认为他们没有理性。② 根据西庇太乌斯由自然法得出的观点，人兽之间的道德差别并不会限制圣战原则。西庇太乌斯本来提醒说，不要忘记别人也是人。现在看起来，他推翻了自己的说法。

这样的论述或许有些夸张，因为西庇太乌斯旨在让读者从"比较"的角度来理解他的论证，而不是把它当作为天赋统治权所做的普遍适用的辩护词。因此，他的论证只是基本原则，只适用于那些如野兽一样的人，也就是那些一眼就可看得出来的少量的处于极端情况下的人，他们只是"一群乌合之众"，"根本没有能力也不应该占据统治地位"。西庇太乌斯承认，天赋统治权的问题非常复杂，难以处理，只有在极端情况下才变得比较简单。他通过排除个人专制来限定哪些是可能比较简单的情况。但西庇太乌斯其余的发言表明，此类简单情况是真实存在的。并且，他认为关于简单情况比较罕见。尽管有七个例子吻合这种观点，但最后一个带有概括性的例子说明这类情况并不罕见，而且

---

① 亚里士多德得出结论说，有些人天生是奴隶。他的根据是自己陈列的一系列特征，符合这些特征的就是天生的奴隶。当然，这个陈列并不说明存在着这类人，亚里士多德的结论也没如此说明。

② 参见本文上面的论述；《宣告一场圣战》，前揭，页30。

个人专制也属于此类情况。

最后一个例子具有概括性，它表明，有一些民族实际上不是民族，没有统治权，因为他们损毁了最初赠予的统治权和自然理性，因而在道德上与野兽毫无二致。这个最后的例子说明，这七个例子都可以归为巨人、怪物、外国暴君这些一般的类型。这个概括性的例子抹杀了暴君与暴君统治下的民族之间的区别。西庇太乌斯同意玛尔提乌斯对土耳其人的"正确指控"，但这种指控的根据是奥斯曼家族的专制和他们的人民受到奴役，而不像西庇太乌斯所说，是他们破坏了自然法。西庇太乌斯的观点针对的是那些"背离了自然法彻底堕落"的人，但他却把土耳其人划入"乌合之众和暴民"之列。然而，对于玛尔提乌斯而言，土耳其人是值得尊敬的敌人。①

由于西庇太乌斯的最后一个概括性的例子和他对可能出现的情况进行的限定之间存在着矛盾，我们必须得出这样的结论：至少可以肯定，可以被视为野兽的人必定很多。西庇太乌斯的发言论述如何限制极端方式，却重申并维护了玛尔提乌斯肆无忌惮的血腥主张。在异教徒具有不同类型这个问题上，西庇太乌斯加入了玛尔提乌斯和尤波利斯之间的血腥联盟。他对先知的解读表明，他是"有理性的人"之一，偶像崇拜程度的差别对他们来讲无关紧要。就西庇太乌斯而言，唯一具有重要性的差别是"那时"的犹太人和"从那时到现在"的崇拜偶像的异教徒之间的差别。西庇太乌斯对土耳其人的抨击包括并扩大了玛尔提乌斯的敌对范围。

西庇太乌斯肯定不能提供他那时的证据，证明上帝直接发布命令，惩罚某个特定的实际上不能称为民族的民族。对于1621年的人们来说，《圣经》上支持他们的证据必然是原初赠予统治

---

① 《宣告一场圣战》，前揭，页 20，22，23，28，32－36。

权的证据，以及某个民族事实上不是民族，只是与群兽一样的"乌合之众和暴民"的断言。对于动物，人类当然具有统治权，但在援引上帝对诺亚的话时，西庇太乌斯小心谨慎地略去了接下来的话。诺亚的后代统治的动物世界是人类的食品库。①

培根把西庇太乌斯、玛尔提乌斯、波利奥和尤波利斯的发言组织起来，成为一个复杂的结构，西庇太乌斯的发言使这个结构完整化。在用科学前景代替上帝许诺的过程中需要使用的极端方式，作为结构的核心部分，西庇太乌斯的发言描述了这些极端方式的限度问题。培根的高超技巧让我们知道，培根让西庇太乌斯的发言解决圣战在神学上的合法性问题，表达的是自己而不是西庇太乌斯的意图。基督教世界针对土耳其的圣战代表的是具有新普遍性的科学针对人间自然的战争。② 但同时，它也表现了英国为科学征服世界的政策。《圣战》表明，政治与宗教政策必须成为实现人类科学事业的手段，这些手段包括忽略人与兽之间的道德差别。追求并完成人类的科学事业依赖于恰当的政治与宗教政策。对话的结构、发展和内容表明，这场新的世界范围内的战争所必需的温和方式复杂而又问题重重。进行新圣战的温和的勇士们必须随时准备走向温和的反面。

《圣战》是一部承上启下的作品，对于全面了解培根关于科学和人类的思想起着关键作用，同时，作品中的思想也是承上启下的。作品回答了关于方式的最普遍、最重要的问题。从事人类科学事业的温和派必须准备接受如下可能发生的事情：只要目的

---

① 《圣经·创世记》9:3-5。

② 要注意的是，迦玛列这个新教狂热分子只有一小段发言，在由尤波利斯、玛尔提乌斯、波利奥和西庇太乌斯的发言构成的整体对话中，没有任何作用。尽管迦玛列没有像优西比乌斯那样被排除在对话之外，他也基本没有露面。我们或许会认为，他的出现是不是因为他的狂热，是不是培根认为，大范围的征服活动应该向天主教而不是向新教学习。

正当，可以不择手段；正当的方式可能与温和态度不相容。上面说过，必须借助于《新大西岛》才能理解《圣战》的思想。以这种视角来看，《圣战》阐明的方式也是披露本撒冷"有益于其他国家"的方式。① 关于方式的道德评价取决于本撒冷即人类科学事业所预示的益处。但《圣战》不仅传授了建设新世界的方式，我们也还看到了旧世界到新世界的转变。

那个被波利奥戏称为"好世界"的整体是个旧世界，依赖尤波利斯这个温和的缺乏激情的好城市兼喜剧诗人统一起来。在旧世界里，这座城市由未经改革的基督教构成。这就是为什么在旧世界里，只有好城市具有喜剧诗人传统的得体行为护身，态度温和，不会冲动，所以能够把世界联合起来。主张建立一个泛基督教王国的西庀太乌斯是个严厉的狂热分子，他在旧世界里也有一席之地。培根让波利奥影响尤波利斯这座城市，以达到改造旧世界的目的。尽管尤波利斯认为波利奥是与整个世界相对的个体，但波利奥作为新自然科学的代言人取代了第五本源尤波利斯，成为联合新世界的源泉。因为波利奥代表着科学的前景，独自表达将来的可能性，他就成为新整体的动力因与目的因，而尤波利斯则是这个整体的一部分。新的好世界由波利奥统一起来，因为他谈到，也公开承认自己统揽一切。波利奥自私的世界大同思想由历史、爱欲和悲剧构成，它容纳了基督教的城市，后者把喜剧诗人独有的传统得体行为和温和的天下一统的主张结为一体。

波利奥的诙谐表明，尽管他统揽一切，但并不总是如此承认。当然是培根使得波利奥欠缺直率的性格，培根自己也是如此。他通过叙述对话让我们意识到他的存在，他还不让我们知晓波利奥未被记录的发言是什么。因为波利奥不直率，所以他就更

---

① 《新大西岛》，《培根全集》卷三，前揭，页166。

危险。培根把旧世界塑造成了新世界，并让波利奥把它统一起来。新世界包括了宗教和战争狂热与基督教城市的温和禀性。既然基督教城市取代了古代城市，被用来观察整个世界及人在这个世界的位置，那么基督教城市也必须让位于由新的自然科学确立的城市。但这个城市的温和立场问题需要解决——它必须准备走向它的反面。喜剧的地点不再是城市：本撒冷表面上温和，实际上非常严厉庄重，并且，虽然尤波利斯的名字来自于喜剧诗人，但我们从未见过他摆出喜剧诗人的姿态，倒是波利奥戴着喜剧诗人的面具。由人文主义原则统一起来的新世界随时可以接受极端、爱欲和悲剧，我们从波利奥诙谐的喜剧可以看出这一点。西庇太乌斯援引克利米斯（Chremes）的逗人名言，促使我们想搞清楚，新世界的人事到底应该包含什么样的经验。在特伦斯的喜剧中，奴隶又回到自己的地方，欠妓女的债也还了，家庭的传统美德得到重新肯定，以符合城市的正义。在新世界中，通过揭示在城市中保持虔诚和得体行为的原因，喜剧不再是悲剧的陪衬，而要比它优越。但像柏拉图对话中押韵的双关语一样，喜剧又不是独立于悲剧之外，仅仅为了搞笑。准确地说，波利奥和西庇太乌斯上演的喜剧是服务于人类的普遍科学事业。培根暗示，喜剧与悲剧毫无二致，因为他们揭示了完美的人类欲望所具有的各种潜力。既然众神在本撒冷失去了统治权，智慧在那里也没有了笑料，我们只有明白培根这个秘而不宣的观点，才可能理解本撒冷的科学事业。

培根的新大西岛[*]

——基督教的希望和现代的希望

英尼斯（David C. Innes）

现代政治学的特点是倾向于并确信所谓的"进步"。因此，一种特定的希望，即这种进步的历史发展要达到的预定结果，就具有突出的甚至是根本性的作用。这种希望赋予我们的世界以特征，对于理解弥漫于现代政治学中的进步态度具有关键作用，其也是现代科学事业的承诺。我们过去通过科学或通过基于科学模式的学科取得了成就，我们确信用同样的方法将来也会取得成就，所有这些成就都贯穿于我们对于政治学的厚望之中。也就是说，我们对自然的支配和这种支配所激发并支持的希望从根本上

---

[*] 本文原题 David C. Innes, *Bacon's New Atlantis*: *The Christian Hope and the Modern Hope*, 载于《解释：政治哲学学刊》16卷，1994，页3-37。

决定了这种进步观：我们自信地认为，科学事业将实现我们认为将会是幸福的世界或生活方式。这种希望暗中判定了何种生活最令人满意的问题，而这种判断反映了一种特定的人性论和上帝观。

正是通过基督教，希望才成了核心的宗教主题和美德。基督教的希望在某种程度上就是期望至善。对于异教徒而言，希望仅仅是一种冲动的欲望，让人误入歧途，因为它具有谬误倾向。然而，由于启示所提供的确定性，基督教的希望则是毫无疑问的事情。但由于信仰在上帝显示的承诺中具有一定的作用，希望还是一种美德。基督教的希望是希伯莱人希望的实现，但和后者一样从根本上讲都具有神学性质。它以上帝开始，又以上帝结束，上帝就是根据、途径和目的。它首先基于上帝的本质，因为上帝纯洁、永恒不变、至高无上，所以他的话完全具有可信性（《提多书》1：2）。其次，基督的复活为这种确定性提供了历史见证（《哥林多前书》15：20；《罗马书》8：32）。最后，寄居于信徒身上的圣灵同样证明了这种确定性（《哥林多前书》2：14；《罗马书》5：5，8：11）。另外，上帝本身就是途径，通过他可以实现这种希望。正是他预先知道他的人民，预定他们的命运，召唤他们，使他们称义（《罗马书》8：29，30）。儿子耶稣受难后复活赎清了从世界之初到世界末日所有信徒的所有罪恶（《歌罗西书》1：20；《希伯莱书》9：22）。圣灵利用这件事并让信徒牢记住它（《提多书》3：5－7）。最后，希望本身的目标或实现即是天国，曾经受苦受难辛勤劳作的信徒并不是要到这里享受在世间未曾得到的快乐。天国就是上帝本身。正是在上帝的怀里，完美的信徒肉体得到复活，精神变得神圣，从而找到永恒的完美的快乐。

在现代，这种希望具有了世俗职能，它首先出现于培根的著作中。在他的作品中，我们可以看到这种希望与科学事业联系起来。在提倡新科学的过程中,培根预示了很多界定我们现代特点的技术进步。他在《新大西岛》中讲述了萨罗门学院的各种活动,充满信心地暗示了一些诸如医学、气象学和农学方面的进展,它们都类似于现代人的成就。然而,培根自己认为,这种预示并不是被动地向前看,而是通过提倡和建立他的新科学进行积极的引导。培根声称,他发现了一种发明方法,今天的我们都知道它具有难以置信的生产能力。如果培根的声称是真的,既然我们拥有程度不同的能力,几乎可以控制发明的方方面面,那么这种能力基本上要归功于培根。除了培根的著作本身之外,培根科学的成功还决定了我们对未来的态度,也就是说,使我们的文明焕发出生机与活力的希望具有什么特征。

随着一个个的世纪流逝,培根的承诺越来越普遍地受到人们的欢迎,甚至减弱了人们对基督教承诺的信仰。至少在培根去世后的几年里,科学还没有结出多少硕果之时,从《新大西岛》可以部分地看出这种承诺的迷人之处。《新大西岛》的文学功能就是完成故事末尾那个叙述者受到委托的事务:去宣扬那些可能性,也就是新科学的希望。美丽宜人的本撒冷岛证明了科学的优越性,因为它完全展示了科学提供的希望。岛上的居民和我们一样都是现代人。"幸福"的他们广泛享受着对他们至关重要的东西,也就是取得巨大成功的科学所带来的果实。他们的美德就是他们的"人道"。从根本上讲,这就是乐意向别人提供物品的性情,而这些物品则是现代科学让我们能够提供的东西。然而,他们的"人道"还包括容忍和礼貌,这是那个以宗教和谐与国家太平为特征的岛屿的基础。之所以有这种和谐局面是因为本撒冷人重视科学成功提供的舒适和安全。

然而,勾画出来的希望比这要更深一层,它几乎体现了宗教的特点。我们看到,这个国度居住着秩序、文明、满意的天使。他们集纯洁、人道或善良于一身,对他人也是如此。此外,他们还有信仰。我们得知,福音来到这个岛屿时有奇迹出现。通过他们虔诚和慈善的表现以及那个奇迹,我们可以看出,他们对基督教忠贞不贰。看一看这些天使般的主人所享受的生活条件,我们会发现效能卓越的药品和精炼炉。这部著作似乎旨在向怀疑这种新知识的一代宗教权威表明基督教与现代科学的兼容性。① 然而,在这些描写中却充满着不和谐的细节。这些描写如何改变希望的本质?强有力的文本证明,本撒冷的人道在真诚满足基本需要的同时掩盖了其残酷性。仔细研究贞洁就会发现,它不过是经过疏导之后变成了有用的冲动。虔诚的基督徒行为削弱了对基督教更大的攻击、改造以及最后的取代活动。

的确,培根写《新大西岛》针对的就是那一批犹豫不决满腹狐疑的读者。人们感到绝望,因为他们不相信科学能够提供培根所倡导的征服自然的能力。因此,《新大西岛》不像《新工具》那样去争论,它是一篇引人入胜的故事,旨在促使人们相信灵验的科学会治愈我们所有的痛苦。通过广泛的政府支持的科学研究与开发可能实现这种前景,福克纳(Faulkner)认为,这种希望是培根在"幻想一种可实现的平安状态"。② 在培根的故事中,我们见到,人们都因为自己的文明而欣喜若狂。培根所用

---

① Frank Manuel and Fritzie Manuel,《西方世界的乌托邦思想》(*Utopian Thought in the Western World*, Belknap Press, 1979),页206, 208。

② Robert K. Faulkner,《培根和进步事业》(*Francis Bacon and the Project of Progress*, Rowman and Littlefield Publishers, 1993),页243。对将来的想象能够激发人的希望。谈到《新大西岛》末尾关于萨罗门学院的组织和发现时,法林顿说:"正是因为明确希望把萨罗门学院的幻想变成现实,弥尔顿的朋友、农业改革先驱哈特利伯(Hartlib)才把波西米亚伟大的教育家夸美纽斯(John Comenius)请到英格兰。"(强调为笔者所加)参见Benjamin Farrington,《工业科学哲学家培根》(*Francis Bacon, Philosopher of Industrial Science*, London, 1951),页17。

的大部分语言似乎都恰如其分地描写了这些希望得到实现、最深层的渴望得到满足的人们（比如，"天使之国"和"拯救的画面"）。本撒冷就是培根展示的希望，针对的是那些愿意看一看更美好的世界或至少更安全更舒适的世界的人们。因此，这些人改变了信仰，因为他们在这片土地上看到了拯救的希望……只不过是尘世的拯救。

完全拯救是人类的最高希望。它表明我们获得拯救后要达到的目标，同时也表明我们获得拯救前的状况，从而揭示出这个最令人头疼的根本问题。培根在《新大西岛》中的所有"希望"全部与保护肉体防止衰老和死亡有关。比如，他第一次使用这个词是在欧洲人的船只遭遇到风暴的时候。希望的目标就是他们见到的陆地，即他们在尘世中立即得到的拯救。① 第二处用这个词是要保护身体预防疾病（页40）。基督教的希望通过复活进入永恒的安息，从而恢复不朽的精神实体，而培根的希望则通过自然的方法恢复和保护今世的人的肉体。② 但作为希望，这种情况必须确定无疑，还要令人感到合适或惬意。鉴于是一个特定的国家表现了这种希望，它的政府当局还要组织科学事业，显而易见，这种希望具有了明显的政治因素。因此，其现代性的深处具有很大的模糊性。我们把过高的期望寄托在了可能令人恐惧的道德与政治之上。

《新大西岛》开篇描绘了近代科学以前的人的形象，他们完全听命于无情神秘的自然，并受后者的打击（页37）。这些人贮

---

① 《新大西岛》，页37。所有下文引用这部作品的地方都只标页码。本书引用培根的著作出自《培根全集》（*The Works of Francis Bacon*, J. Spedding, R. L. Ellis, etc,. eds., Brown and Taggard, 1861）。

② J. W. Weinberger,《培根乌托邦中的科学与统治：〈新大西岛〉导读》，前揭，页872。

存了一年的粮食，以防未来。但是，险恶的天气变化让他们变得一无所有。结果，在自然的摆布之下，是自然的力量而不是他们的愿望连续几个月左右着他们的方向。正是由于大风而不是他们的计划使他们"只能听任大风将我们带向北方"。在疾病的厄运面前他们无能为力。这就是那幅场景：无助，依赖于环境（通常是恶劣的环境），"省吃俭用"有限的物品，最后是一无所有。① 总之，近代科学以前的人是漂泊在"荒凉浩瀚的大海上"。说它荒凉是因为人类还没有征服它，没有驯化它，因为它敌视人的需要和欲望，最多是漠不关心（这与前者是一码事）。这并不奇怪，因为描写的是水域，具体来说是大海。世界上的海洋是未征服的巨人，是无法征服的边疆。② 对于那些培根向其展示科学的人，这种描述可能就是整个世界的写照。因此，在海上的这些

---

① 这里的航行比喻科学。培根在《新工具》中认为，中国人生性懦弱，这种品质是科学进步的障碍之一（《新工具》，条92）。他们航行到"他们想去的或能够去的地方"（页57）。因此，他们害怕外国人，害怕他们认为超越自己航行能力以外的区域。象征科学文明的本撒冷能够周游世界，它的科学与船只无处不到。当然，任何人都会把海上力量与政治力量、把航行与政权联系起来。同样，科学与政权之间的联系对我们这一代人也是显而易见的。培根对两种联系都很明白。

② 尽管他们"掌握了风与潮汐的知识"，但摩尔的乌托邦人"曾经一直害怕海洋，除了夏天之外，他们很少冒险出海"。乌托邦人与航行到他们岛上的欧洲人之间的区别在于后者拥有指南针。参见 Thomas More，《乌托邦》(*Utopia*, Paul Turner, trans. Penguin Books, 1965)，页40。培根把指南针当作三个给生活带来革命的有用发明之一（《新工具》卷一，条129）。在他们二人那里，指南针都表示技术进步，大海则暗示可怕的自然力量。黑尔（J. R. Hale）先生论述了15世纪末16世纪初人们对自然的总体认识，特别是对海洋的认识，其描述极具启发性："对于很多自然景色来讲，决没有人心平气和地欣赏它们的美景。除了偶尔才见的稀稀落落的渔民居住区和几条晒盐地带，欧洲的海岸一片荒凉，只有旅行者或商人会穿过它的岩石和沼泽屏障，在这里上陆或出海。……度假的人从来不会来

人看到没有了希望,"只有等死了"。

尽管明显感到绝望,他们还是向上帝祈求。"然而"一词的运用说明培根认识到了这种行为的独特性。"我们完全失去了希望,只有等死了。然而,我们还是打起精神,呼吁上帝……"或许他们心中记着培根关于祈祷有效性的观点(《新工具》卷一,条46)。但是,祈祷是"呼吁上帝在深海中显示奇迹",即向上帝求助。这里引用了《诗篇》(117:23-32)。在这几节中,充满爱意的上帝利用至高无上的神权让大海平静下来,把敬畏上帝的水手带到他们渴望的港口。温伯格注意到,在培根类似于诗篇的叙述中,大风和海水把水手们带到了他们没有预见到、因此起初也没有渴望到的港口。他的观察是正确的。我们后来会了解到,萨罗门学院的人能够控制风力和大海,这似乎表明,"新大

到海边。它充满着危险,是船毁人亡的罪魁祸首。书中描写到它的地方都充满了悲伤的调子,在绘画中,它只用来衬托怡人的城镇码头……森林覆盖着大部分的欧洲,但除了猎人和逃犯之外几乎没有人深入进去……人人都害怕黑夜。村庄内外没有行人,村民都上紧了门栓……狼群游荡于市郊,野猪把果树幼苗连根拱起,一伙伙的强盗把持着的大路……因为害怕引起火灾,火炉也被熄灭了,城镇内外,身心受困的人们就这样度过了一个个夜晚。"休假者或艺术家的欣赏眼光与今天环保主义者的环保关注之所以可能是因为自然已经被驯服了,失去了獠牙。具有讽刺意味的是,只有现代科学倡导它的特点即人与自然只有实用关系时,大范围的纯粹审美关系才得以可能。在培根革命以前,根本没有这种情况。黑尔告诉我们:"也是在这个时代,健康,有时是生命,都取决于天气……一次歉收会使除富人以外的所有人都遭受痛苦,使穷人挨饿;人们对风景的第一反应不是'美丽'或'萧条'而是'富饶'或'贫瘠'。人文主义者、商人、僧侣等与农夫看问题都是一样的。"参见,J. R. Hale,《文艺复兴时期的欧洲:1480—1520》(*Renaissance Europe 1480 - 1520*, London, 1971),页 41 – 42。

西岛表现出的神意取代了不负责任的带有敌意的造物主所具有的神意"。① 水手们祈求神的怜悯是因为他们不懂得本撒冷科学的奇异能力。因此,温伯格认为,这段话的中心就是,我们俗人与自然斗争时不要指望上帝,相反,我们只能依赖于现代自然科学。

这种解释是根据文本自然而然做出的,本人虽然同意这种观点,但培根使用这段引文还马上给人一种戏剧效果。按照文中叙述,水手向上帝求助的方式有些特别。在这种情况下,我们肯定有希望,但他们不一定。他们呼吁的上帝不是把以色列人带出埃及的上帝,也不是具有长手臂能够救人的上帝,准确地说是那个通过普遍启示而被人了解的上帝,那个在自然中显示的上帝。培根使用"深海"意图通过诗篇作者的话暗喻自然的奥秘,他在别处曾说这些奥秘隐藏在"自然的内脏中"(《伟大的复兴》,页21)。只有旅行者求助于这样的上帝才能看见"乌云",而乌云可能就隐藏着大陆或岛屿。看到这种迹象会让他们有了希望。培根的新科学曾经看起来很遥远,像裹在乌云当中,让人捉摸不定,以至于他曾把自己的科学比作新大陆(《伟大的复兴》,页13)。实际上,对很多人来讲,这种科学的可能性正如培根谈到南海时说的那样"完全不为人所知"。果然不出所料,欧洲旅行者发现的陆地就是培根式科学的家园。这块陆地即本撒冷国就象征着现代培根科学向人类提供的希望。它是来到人间的上帝之城,或至少是一个神的城市,而对这个神而言,每次实验都是一次祈祷,每个发现都是祈祷的应验。

从上面我们看到,基督教的希望在于上帝,因为所有的幸福从他那里来。《新大西岛》中的本撒冷则描绘了新希望。这个岛

---

① J. W. Weinberger,《培根乌托邦中的科学与统治:〈新大西岛〉导读》,前揭,页873。

屿只容纳培根科学,后者在这里得到了合理设置和成功展开,这就是本撒冷的特征。然而,更加引人注目的是,培根描述这个地方时使用了暗中与天国和上帝有关的术语。这部分地证明,作品具有幻想的特点,并诉诸所有人最根本的欲望,虽然在后一点上不那么有效,但仍然具有诱惑力。然而,提出这种世俗幻想却削弱了更为宗教性的幻想。

水手们到达外乡人安置处还没有见到总管时,故事的叙述者对他的船员讲的话通篇都把本撒冷讲得像上帝(页43-44)。这些欧洲人对那个护送他们到外乡人安置处的官员高喊"上帝确实在这片土地上显灵了"。他们说这话时"满怀感激和尊重",仿佛某人带着某种爱意和畏惧在向自己的父亲或上帝说话。叙述者规劝同伴们"尊重上帝",把本撒冷人描述成"基督徒,他们非常虔诚并富有人道精神",但他仍然警告他们不要"在他们(本撒冷人)面前"显示出他们的"堕落和卑劣"。他还建议他们要注意自己的行为举止,以"获得这些人的好感"。另外,之所以有这些考虑是因为他不清楚,本撒冷当局如果不杀他们是会驱逐他们呢还是让他们待下去。他们看到,总管有带来灾难和幸福的权力,就在他面前深鞠一躬,"因为他看起来掌握着我们的生杀大权"(页44)。

接下来描写了他们为总管"父母般的无私关怀"所感动(页45~46)。他们被这个民族的善良或"人道"所震撼,竟然一时说不出话来。在这里,他们看到了"在天国得到拯救的画面",感到"处处都令人欣慰"。他们内心非常激动,渴望去看看他们所说的"神圣的乐土"。接下来的典故出自《诗篇》(137:6),由此又点出了锡安山(Zion)或耶路撒冷,预示着天国的希望。① 本撒冷被称为"这块乐土",就意味着它具有幸福、天堂、满足之意。他们自愿做总管的仆人,听从他的吩咐,"像世上任何其他奴仆一样"。我们不禁会问,这不是比效忠于上帝还要过分吗?他们还要"把自己的人身与财产都交与他处置"。但这种行为对神或暴君而言都是恰如其分的。总管离开时"满含着热泪",表现出神一般的怜悯,使这些旅行者既茫然又高兴(参见《诗篇》137：6),认为自己来到了"天使之国"。② 但这最后一个判断并不是基于他们在那里看到的对上帝的明确虔诚,而仅仅基于本撒冷人预见了他们的身体需要并给他们提供舒适用品。他们把这些必需品与舒适用品误当作善意,又把善意误当作神性。

本撒冷不仅被比作上帝,而且看起来还优越于上帝。相比之下,本撒冷国王阿尔塔本对侵略者宽宏大量要好于神对大西岛的报复行为。阿尔塔本能够这样做是因为他准确地知道,自己的力量很强大,而敌人的力量相对弱小得多。对比使上帝显得不仅残酷,而且力量不强,行动过分。因此,培根通过比较不仅批评了

---

① "另外,我们还说:'除非我们的舌贴于上膛,我们会永远为德高望重的他和整个民族祈祷'。"参见《诗篇》(137：6):"如果我不记着你,若我不把耶路撒冷放在我最喜爱的之上,(哦,耶路撒冷,)让我的舌贴于上膛。"培根更爱他最喜爱的本撒冷而不是耶路撒冷,他建议读者也这样做。

② 叙述者承认,他们确实认为:"这个岛屿有点神奇,但不是魔术师那种而是天使的那种。"接着,下文对本撒冷与上帝的本领做了进一步的对比(因为天使都是代表上帝在施展本领)。但他们在两点上犯了错误。第一,岛屿施展的本领没有任何超自然成分。这些事情变得可能并不是超出了自然之外或借助了自然运行之外的原则,而是由于遵从了自然才使本撒冷能够征服自然,使自然按照他们的要求行事(《新工具》卷一,条3)。第二,因为他们的成就并不是在通常的自然条件下能做到的,因此,其确实是魔术,但却是自然魔术,即科学。

上帝,还证明了其存在的不合理性。

五重希望

刚才我们看到,《新大西岛》以整个本撒冷表示希望,实际上这个希望有五个层次:他们工业科学生产满足身体需要的生活用品和便利设施;本撒冷人尤其是官员们表现出的非同寻常的人道;宗教和谐以及由这三者促成的国家太平;最后,对于在这些事情之外追求个人名声的人,萨罗门学院的荣誉就可满足他们的抱负。

一、生活用品和便利设施

有可能会说,除了居民的人道之外,故事中能够立即引起人们注意的是该地大量新奇的财富(这与人道是相关的)。叙述者当然总是让我们注意一些细节,表明本撒冷的东西比欧洲的东西要好到何种程度。官员的羊皮文书"比我们的要黄一些,像写字台的活动桌面一样闪闪发光,不过,与桌面不同的是其柔软易叠"(页38)。所罗门学院的院士脚下的地毯"和波斯地毯不差上下,但要精美得多"(页70)。

欧洲旅行者认为有很多财富存在于遥远的异国他乡,然而,作品的结尾处讲述萨罗门学院的活动时都对这些财富做了说明。比如,那个护送他们到外乡人安置处的高级官员穿着"天蓝色羽纱袍子……比我们的更加光泽照人"(页39)。在萨罗门学院,我们可以看到"各种机械技术和用它们制造的一些东西,如纸张、亚麻布、丝绸和绢纱,……高级染料及其他许多东西"(页

77)。外乡人安置处款待客人的食品中有"一种米酒,它相当于我们的浓啤,不过更清亮一些;还有一种苹果汁似的东西,是用该地特有的水果制成的,喝起来沁人心脾,令人心旷神怡"(页43)。这似乎仅仅反映了地域上的差异,实际上却是技术上的不同。毫无疑问,浓啤是萨罗门学院里的啤酒厂生产的(页75)。这所伟大的研究开发机构还培育了不同种类的树木,结出不同的果实,从而制成各式各样的饮品,其中就包括给欧洲人印象比较深刻的那一种。本撒冷的技术人员能够"通过技术"让这些树"比正常情况下更高,果实更大更甜,并改变它们的口味、颜色和形状"(这里技术与自然的对立是培根自己的)。想一想在消费社会,油桃等果实将会获得怎样的市场(页74)。有种水果,颜色古怪,"气味芳香",和橘子一样,用来预防疾病,这同样在萨罗门学院的成果中也有描述。那里,我们看到"大片的各式各样的果园和花园",里面培育着能"达到多种效果"的果树。

这种叙述还显示,研究与开发总是注意在医学上的应用。旅行者们拿到这些看起来神奇的药品时感到不可思议,任何一个因为重病或受伤而感到痛苦和虚弱的人都会如此,这一点可以理解。他们高兴地接受了很多刚才提到的那种朱红色橘子,因为它们"制疗海上引起的疾病有特效"。这里,培根不仅指出了橘子对坏血病的疗效,而且指出了经过科技处理的橘子能够使人快速恢复健康。这群人中的病号"不知不觉中恢复得很快",仿佛被"放进了神奇的疗养泉里"。这句话包含了两个不相关的典故。第一个指的是《约翰福音》(5:2-4)中描述的毕事达(Bethesda)水池。在这里,我们见到很多悲惨的人,他们或瞎或瘸或在其他方面遭到不幸而虚弱多病。这些人都在等待偶尔会下来的天使搅动池水,治愈第一个跳到池中的人。另外,这个关于"神奇的疗养泉"的典故还预示了下文讲到的人造浴池,后者模仿了自然中发现的疗养泉（页 73）。叙述者没有意识到这一点，但培根肯定是这样打算的。在这些不同的水中，有一种"'天堂水'，因为经过我们的加工，它对健康和延年益寿有特效"。二者一相比较，那个神奇的池看起来就相形见绌了，而通过技术或科技造出的泉还更加人性化。当然，这种观点会忽视两个要点：一，在福音书中，那个不能走到水池里的体弱之人被耶稣治愈了；二，这个典故的主旨是信仰。然而，在讲述机械技术之前，描写萨罗门学院科学工程的"准备工作和工具"一节共有十五段，其中八段都与保持身体健康有关。

尽管这些活动都志在取得复活和永葆青春的伟大成就，尽管本撒冷据说也为此经过了一千九百年的共同研究，但我们看到，这两个目标仍然无一实现。虽然如此，我们也看到了一些成就，因此，似乎也没有理由证明，从理论上讲找不到这些必要的科技。从全部论述可以得出一个结论：供应的所有物品都不是取决于本撒冷的地理或历史条件。随着欧洲建立起类似的科学研究机构，在那里也可以供应同样的东西。

二、人道

本撒冷人尤其是那些官员们极其仁慈和温和使那些旅行者们备感诧异。我们第一次看到这种表现是在这些旅行者受到警告不准上岸的时候："（他们）没有大喊大叫，或作凶恶状，只是打手势让我们不要上来。"他们遇到的官员给他们以"救济"。虽然注意到对方的接待令人感到模棱两可，他们仍然认为这儿的人"极具人道精神"。在当时的情况下，这个词用得似乎有点夸张（页 38 - 39）。他们下一次要见到的要人即那位高级官员有个随从，后者让我们注意到这位官员的谦逊。他解释说自己不上他们的船并不是由于"傲慢或自以为了不起"而是由于健康原因

（页40）。叙述者代表全船人赞扬这位高级官员的"深切关怀",然而,其原因并不明确（页40）。在赞扬时,后者实际上还没有为他们做任何事情。他看起来德高望重;（问过那伙人之后）他为他们是基督徒而感谢上帝;他还声称自己并不傲慢。在基督教的虔诚与这个岛上几乎算得上神才具有的人道之间暗中似乎有某种联系。叙述者后来向他的同伴们解释说,他们周围的人"都是基督徒,他们非常虔诚并富有人道精神……"（页43）,这更清楚地证明了上述联系。

他们遇到的官员都非常正直,不收受贿赂（页39,41,43）。城里人排起队迎接那些疲惫不堪的外国旅行者（页41）。本撒冷非常热情好客,设置有外乡人安置处专门满足类似的这些旅行者,虽然从上次接待宾客到目前已有三十七年了,它依然存在（页45）。病人得到护理,所有人都得到了安顿（页44）。外乡人安置处的总管所给予的慷慨仿佛是没有限度的:"若还有其他要求,尽管讲,你们会发现我们的答复不会令你们失望。"基督教神父向水手们提出这样的帮助令人匪夷所思,毕竟,这些水手尚未得到允许能够在岸上久留。① 并且,就在说这些话的时候,那位总管还提醒客人们不要越过一定的界线,似乎继续在软禁他们。那些人及官员的善意行为与其说给人留下了深刻印象,不如说让人感到惴惴不安。它是出自于美德,还是出自于控制的需要?

这时我们应该注意,培根把"人道"（humanity）与慈善（charity）对立起来了。这对于理解本撒冷人特别的善行具有关键作用。如上所述,叙述者认为,本撒冷人"都是基督徒,他们非常虔诚并富有人道精神"（页43）。人们通常认为,描述基

---

① J. W. Weinberger,《培根乌托邦中的科学与统治:〈新大西岛〉导读》,前揭,页874。

督徒的特征要用"慈善"这个词,但培根没有用。第一个见欧洲旅行者的官员称他给后者提供的物品为"救济",在这种情况才用了一个基督教术语,最起码是基督徒都用的术语,但这时,那些欧洲人还不熟悉本撒冷人的行为方式。然而,就在下面隔几行,叙述者就把这种行为称为人道,仿佛他信奉并习惯了这种方式(页38-39)。培根在这里称为人道的行为在《伟大的复兴》中被称为慈善(页15,16)。但是,这只是证实,培根打算以另一种方式修正我们的基督教慈善观,使其有助于科学的进步。培根用慈善一词与用人道一样,仅仅表明,他要减轻人类的痛苦,详细来说,是要延长寿命,在更大范围内让人们得到无害的世俗享乐。赞扬本撒冷的人道是因为他们能够让病人康复,提供"欣慰"和"舒适生活"(页38,45,46)。

尽管旅行者们看到这里的人们极其人道,他们仍然感到"害怕"。上文已经讲过,本撒冷的第一次接待让他们感到捉摸不透。在外乡人安置处,尽管还没见到外乡人安置处那个总管兼神父,叙述者对同船人的讲话中就把安慰与恐惧交织在一起。他认为他们处于"生死难料"的境地。看到"当前和将来都面临着危险",他怀疑他们是不是能够再见到欧洲。但他接下来把主人们描述为"基督徒,他们非常虔诚并富有人道精神"(页42)。那位总管"极其友善",其天使般的性格使客人们忘记了"过去的危险与对将来的恐惧"。即使与这样的总管相处一段时间后,旅行者们仍然"不敢问"他们的第二个问题:这个岛屿如何能够知道一切,而又不为人所知(页50)。引起这种恐惧的是他令人敬畏、如神一样的外表还是他显示出的管理大权?他们在欧洲的经历,甚至与神职人员在一起的经历肯定会影响他们对本撒冷的预想。或许他们还不了解新老世界之外的文明人道的政治生活。这个总管是"技术专制政府"的官员,而这个政府能够控制大风和海洋。会不会是因为他所具有的巨大权力引起了他们的恐惧？但此时，故事还没有显示出他的权力。

　　旅行者们自己解释了不敢提问的原因，即他们想起了总管曾提到过的针对外乡人的保密法。尽管有诸多令人感到欣慰的迹象，他们在了解保密法之前的恐惧仅仅是由于害怕死于主人们之手。他们第一次见到外乡人安置处总管时的态度即可证实这个判断："因为他看起来掌握着我们的生杀大权"（页44）。虽然和蔼可亲的总管那天陪他们聊天，使他们忘记了"过去的危险与对将来的恐惧"，这种平静似乎像睡眠或醉酒一样没有持续多久，因为接下来他们又表达了自己的恐惧。即使他们有些过分，让自己突然变成了令人讨厌的外乡人（或甚至像叙述者所承认的那样，他们感到自己成了令人讨厌的仆人），他们又害怕什么？总管不仅告诉了他们这个岛国处理对外关系的保密法，还让他们明白，这个国家"很少允许外乡人入境"（页46）。他们自然会想到，任何允许外乡人入境的行为都会危及保密效果。当然，他们还想弄清楚下列问题：第一，有些外乡人没有被接收，又不能回去告知别人他们目睹的一点东西，对于这些人本撒冷是怎么处理的；第二，接收外乡人需要什么条件？第三，那些入境的外乡人现在境况如何？尽管他们声称不清楚本撒冷如何对欧洲了如指掌，而自己却不为外界所知，他们心目中或许有一个不太充分的解释，即那些旅行者先是得到接待或受到劫持，然后是审讯，最后遭到杀害。

　　他们起初仅仅是害怕死亡，早在海上的时候就是如此。但随着他们越来越多地了解本撒冷，其害怕的对象变得复杂起来。他们看到，本撒冷能够知道别人而自己却不为人所知，背后肯定有很大的问题。在外乡人安置处，旅行者们猜想有人在暗中监视他们（页44）。总管让他们提问题，因为他们知道得最少。不言而喻，关于他们，他已知道了所有他需要知道的东西，因为他们的国家或他们自己为他所熟悉（页46）。问第二个问题时，他们注意到总管知道他们个人的很多"情况与事务"（页50）。他们说，在他们看来："只有神才能不为他人所见，而又将他人置于光天化日之下，使其一目了然"（页51）。在这里明确被比作上帝的本撒冷是未知的明白人，就是这一点使人产生了恐惧。

这个国家是个未知的明白人，因此变得令人恐惧，这对于其人民来讲也是一样。十二年都没人见过萨罗门学院的院士（页69）。文中提到了"本国的王权和法律"（页56）以及国王（页62-63），但是如果有国王存在，谁也没见过，也不知道他姓甚名谁，几乎没人谈到他。在家宴上，给予提桑"国王的特许状"称提桑是"朋友和债主"，而不是属民，尽管这种称呼适用于当时的场合（页62）。读完特许状，所有参加者高呼的不是"国王万岁"，而是"愿本撒冷人民幸福"（页63）。我们看到，唯一受到尊崇的是萨罗门学院的一个院士，他出行时很隆重，坐就在宝座上，具有很大的权力。但是，他与最高的政权如果确实是两码事的话，它们之间是什么关系从来也没有得到阐明。他提到过国家，但从来没提到过任何国王。国王是否仅仅是萨罗门学院集体领导的受人欢迎的代表？若有人是明白人，这个萨罗门学院的院士就是。谈到约邦的那一部分说约邦是个"睿智的人，学识渊博，做事慎重，精通本国（不是王国）的法律和习俗"。在这一部分，我们了解到，本撒冷的犹太人希望，在弥赛亚降临时，本撒冷的国王要坐在他旁边。但这不是直接出自约邦之口，而且被粗俗地称为"犹太梦想"。

我们见到了统治的结果，但没见到技术人员，见到了代理人而没有见到当权人物。只有一个不露面的无姓无名的权威，可能就是国家，它似乎知道人们在哪儿，他们在做什么，并能够在他们忙于事务时把他们叫走（页49，68-69）。福克纳表明，信使的干扰与无所不在的监视和控制有关。"有人在幕后监听和指挥!"① 刚才已提到,还有一些彬彬有礼的官员和平民让人感到迷惑不解。我们不禁又一次会问,这是出自于美德,还是出自于控制的需要?然而,这些未知的人物都是彻头彻尾的明白人。萨罗门学院是王国的"核心"② 或眼睛(页48)。这表明其在监视,并由此知道了一切。但这只眼睛没有脸做依托。温伯格认为"眼睛"表示"智力之源",这与本文的解释是一致的。民众们编排得如此井然有序,是不是因为上层人物对每次行动或过错都会一清二楚?③ 肯宁顿曾注意到:"《新大西岛》足以证明,对培根而言,长寿和身体健康以及舒适富足的生活要好于政治自由。"④

但是本撒冷的生活并不是充满恐惧的灰色世界。实际上,人们像这里的犹太人一样"非常热爱本撒冷国",在某种意义上说,他们过得很"幸福",书中也多次告诉了我们这一点(页65,46,50,56,63)。说实在的,他们为什么还要过别的生活呢?他们缺少什么东西吗?他们的政府像父母一样的仁慈。这个

---

① Robert K. Faulkner,《幻想与权力:培根的双重进步政治学》(Visions and Powers: Bacon's Two-fold Politics of Progress),载于《政治评论》(Polity) 21卷,1988,页125。

② [译按] 原文及《新大西岛中》中均为"the very eye",为符合汉语习惯将其译为"核心",这里作者把它按直言义来理解,即为"眼睛"。

③ 在这个意义上说,"眼睛"让人想起色诺芬的《居鲁士教育》(Education of Cyrus)。居鲁士继承帝国之后,通过大量的赏赐让人们互相监视。"自然而然,国王就有很多'耳目'……",并且,"所有人在行事时总是很注意,仿佛近在咫尺的人都是国王的耳目"。居鲁士因为乐善好施而被称为"父亲"。但居鲁士却是个暴君,他的统治是工业社会以前最为专制的统治(卷八,章二,节9-12)。

④ Richard Kennington,《培根对马基雅维里的人道化》(Bacon's Humanitarian Revision of Machiavelli),该手稿尚未发表,页31。

国家的"眼睛"即萨罗门学院每天都会关注任何没有满足的需要。叙述者把这片土地比作神,并承认,他喜欢它是因为本撒冷人注意让自己的同伴们过得舒适,并满足他们的要求。因此,本撒冷像上帝一样既让人爱戴又让人畏惧。培根对马基雅维里很熟悉,深知二者结合的重要性。上帝和君主都受人爱戴和畏惧。本撒冷和它的领导者也是一样。本撒冷由于满足了人民的需要而受到爱戴。由于是通过施展庞大的权力来满足人民,它又被人畏惧。热爱本撒冷是因为它对待国民仁慈,并让他们过上舒适和平的生活。畏惧它是因为隐含在那个未知的明白人手中的权力。因此,尽管现代生活将会提供非常诱人的好处,培根仍然预示到,它们最充分最快速的发展要取决于像上帝一样的东西,详细说来,就是科学的极权监控。

三、宗教和谐

本撒冷所代表的希望的第三个特征与宗教有关。与欧洲一样,本撒冷是基督教国家。与欧洲不同的是,它没有任何形式任何程度的宗教冲突。第一次表明这个岛国接受了福音是那卷羊皮文书,第一位官员曾把这卷文书交给那群旅行者中"最前面的那位"。文书上印有天使基路伯的翅膀和十字架(页39)。那位高级官员的第一个问题就是他们是不是基督徒。得知他们是基督徒时,他感谢了上帝。他还要求他们"以耶稣的名义和功德"起誓(页41)。外乡人安置处的总管是基督教神父。他对他们感到满意,因为他们的第一个问题涉及福音如何传到这里,这表明他们首先追求的是天国。福音通过神奇的启示来到这片土地上,接着马上几乎被所有人接受。家宴如果不是最主要的庆祝活动,也是最主要的之一。它据说是"极其自然的风俗,表现了人们的虔诚之心,非常受到人们尊重",并且,在家宴的过程中,还穿插有基督教赞美诗、祈祷和声明。萨罗门学院的院士"出于对上帝和人类的热爱"向叙述者讲述了学院的真实情况。但这些特写和引用只是小心翼翼地模糊了宗教的杂合性，这种宗教本来旨在适应科技政体的需要而不是遵循真正的活生生的上帝的要求。

首先，欧洲人的确从羊皮文书上的十字架得到了安慰，因为他们认为这个符号"预示着善意"（页39）。但十字架与善意或没有恶意之间并没有明显的联系，因为众所周知，基督徒在欧洲因为宗教和政治原因而互相残杀。那位高官问的问题"你们是基督徒吗？"也很奇怪。他懂西班牙语，因此肯定知道如何辨认欧洲船只和欧洲人。他用"基督徒"这个词而没有用天主教徒或新教徒等词语表明他超越了教派纷争。他的基督教是普世性的。他没有问他们是否来自基督教国家，因为他肯定知道所有欧洲国家都承认信仰基督。他也没有问他们是否是真的信徒，因为坦率的发问无法发现这种事情的真相。他似乎只希望他们不是海盗，因为在做完感谢上帝的动作之后，他接下来要他们发誓自己不是海盗（页40），却没有让他们发誓他们是基督徒。

第二，外乡人安置处的总管按他自己的说法是基督教神父，他坐这个位置也适于神父的身份，因为他监管的是慈善机构（页44）。但他是我们遇见的唯一一个神父，并且，他只照看欧洲人。[①] 尽管他是个神父，文中却不称其为神父，而是根据其世俗职务称其为总管。"在这个意义上说，他的地位与他的教会分离了。"（同上）即使总管本人也区分了他的公务和职业，因此，他工作不同，其依据也有所不同。文中说他德高望重，这是因为他的人道，而不是因为他的虔诚行为。文中说那位高级官员看起

---

① Robert K. Faulkner,《幻想与权力：培根的双重进步政治学》，前揭，页124。

来也德高望重（页39），但按照福克纳的说法，这只是因为他穿着华贵（同上）。总管说他只想得到神父应得的报答，也就是他们的友爱和健康的身心。但我们没有看到任何证据表明他关心过哪个人的灵魂。再说一遍，新来的旅行者被问及是不是基督徒时只是在通称意义上讲的。这里没有关心何谓正统的问题，而这个问题则是培根时代教派争执的焦点。正是这种问题破坏了和谐，但在培根笔下，和谐是本撒冷最吸引人的特点之一，也是科学进步所必需的。同样，如果一个基督徒不注重正统学说，他确实不能真正地关心另一个基督徒的精神幸福（《提摩太前书》4：16；《提多书》1：9，2：1）。他们关于福音如何传到岛上的这个问题似乎使德高望重的总管激动不已，后者表扬他们，认为这个问题说明他们首先追求的是天国。但他们明显没有这样做，而且问这个问题与追求天国也没有任何关系。实际上，总管的话除了增加自己虔诚的基督徒形象外，只是让人注意到他们没能首先寻求天国。它要求读者以本撒冷来衡量希望中的天国，而本撒冷则是一个高度以技术为中心的只在表面上皈依基督教的国家。

第三，书中讲到启示性的奇迹是为了解决一个问题。培根想表明，大到所有的宗教，小到基督教都与他的科学相兼容，不仅如此，他们还相互促进相互支持。但所拉门纳禁止外乡人入境法要早于福音的来临和传播。实际上，禁止外乡人入境准确来说是为了把新思想拒之门外以维护这里完美的幸福生活。因此，那个奇迹不仅巧妙地克服了法律给国家的基督教化带来的障碍，而且在福音到来时去除了法律上的偏见。福音要传到本撒冷也没有别的办法了。但培根写作时被迫面对的不是这些限制，而是他要让所拉门纳的建制早于耶稣。这个历史关系意味着培根式科学观与基督教没有干系。① 他们过去有希伯莱《圣经》经文，据外乡人安置处总管说，所罗门曾给所拉门纳以灵感，这些文中确实讲过，但总管对这些事并不十分熟悉（参见他所用的字眼，如"有人觉得"、"我认为"、"我得出这种结论"和"我确信"；页58）。此外，奇迹发生的时间造成基督教需要科学认定，而不是相反。② 因此，是萨罗门学院一个睿智的人（科学家③）宣布奇迹是真的。他宣布之后，那束光柱就散开了，露出装有经文和书信的方舟。这段叙述还让我们对他们的孤立行为发出疑问。如果他们是基督徒，他们为什么不与其余的基督教团体交流，不与整个教会交流？为什么他们不归顺教会的权威？他们的传教士在哪里？这些传教士又关心什么问题？我们又一次看到，上帝统治灵魂的天国如果有那么一点地位的话，它也服从于人类征服自然的世俗王国。

伦福萨人立即乘船划向他们认为来自天国的神迹，并尽可能地靠近。这种鲁莽与信仰神圣的上帝不符合。并且，提到上帝时反复强调他是造物主而不是法官。他们几乎是自然神论者。我们现在知道，本撒冷人熟知希伯莱《圣经》或至少能够得到它，因为所拉门纳在三百年前建立起来的萨罗门学院就是根据希伯莱国王命名的。因此，萨罗门学院的那个贤人提到的"书本"讲到，上帝显示奇迹是出于完美的神圣目的，这些书肯定指的是《旧约》。自然神学即独立理性不会讲这些。他所用的词汇表明，

---

① 温伯格的观点类似于此，参见 J. W. Weinberger，《培根乌托邦中的科学与统治：〈新大西岛〉导读》，前揭，页876（注释61），878。

② 从某种程度上说，培根在《新工具》中要力图获得的就是教会的接受和支持。

③ 培根的第一哲学（Philosophia Prima）或最为统称意义上的科学是知识各个分支的来源，培根又称其为智慧（Sapientia）（《论学术的发展和价值》卷三，章一）。

他为之祈祷的上帝是在希伯莱《圣经》中显示的上帝。他们的书因此至少是解释希伯莱经文的神学书籍。

然而，这个上帝缺少了一样东西：神圣性。他们要求上帝"进一步显现这个伟大的神迹，怜悯我们，让我们了解它的含义及用意，您把它显示给我们在某种程度上就是以隐秘的方式给我们许诺这些东西"（页48）。他们从未想到，这个奇异的事件可能表示在审判他们的罪行，而是认为，这件事像其他任何有价值的东西一样"有用"，因此，他们才毫不畏惧地向前接近这个神造的景象。甚至可以说，对于本撒冷人而言，只要他们还确实信仰上帝，上帝只有有用才能得到他们的承认（即崇拜、赞美和感谢）。正是由于这个原因，上帝才仅仅被当作造物主（页48，58、59、83），而不是法官和救世主，本撒冷人也仅仅从实用的角度来看待他的创造物。作品中到处充斥着这样的例子。有一处提到进行奖赏的上帝（这并不一定暗示上帝也进行惩罚），却是欧洲人讲出来的，而且对话没有回答（页41）。也有一处提到灭顶之灾，但这个判决不是来自于上帝，而是本撒冷（页60）。家宴是"极其自然的风俗，表现了人们的虔诚之心，非常受到人们尊重，……集所有的善于一身"。在这种场合，提桑的祝福指的是长寿，而不是坚持正义或服从每个人心中都有的正义的最高审判者（页64）。我们看到，约邦甚至提到基督生于贞女，但没有谈及他的死亡和复活。即使在叙述"犹太梦想"，谈论弥赛亚端坐于耶路撒冷的王座上时，他也只字未提对各个民族的审判（页65）。在萨罗门学院，每天都有颂扬上帝业绩的圣歌和仪式，但这些业绩不包括他的救赎行为，至少书中没有提及。基督在一些地方被称为救世主，但培根努力掩盖救赎的性质。欧洲人刚到时，那位高官让他们"以救世主的功德"起誓，但这毕竟针对的是欧洲人。在家宴中，唱赞美诗是为了感谢"救世主的降生"，但出生带来的好处笼统地被描述为"幸福"而不是救赎。

至于其他地方称基督为"我们的救世主",我们最好先考察一下那个启示性的奇迹再做解释,正是由于这个奇迹,该岛国才称基督为救世主。

总管提到了"我们救世主升天"(页47)这件事,并以此开始讲述福音如何来到本撒冷,这个国家后来又如何皈依基督教。然而,证实奇迹的那个萨罗门学院的代表向上帝祈祷时,没有丝毫意识到他或他的人民由于犯罪而堕落,但后者是皈依基督教前必需的。尽管巴多罗买的信提到"拯救",但总管说这片土地被从"无信仰的状态下"拯救出来。"罪"(sin)这个词在十七世纪很常见,但在这里似乎被故意回避了。实际上,文中只有一处明确提到"罪"。那位商人长篇大论地斥责欧洲的性道德之后,叙述者确信自己人犯了罪,评论约邦时,他说:"他让我想起了我们的罪……"谈到他本人时,他说:"我承认,本撒冷具有比欧洲更优秀的正义"(页68),因此,他承认的不是基督的正义。叙述者认为,"罪"忤逆的不是上帝的正义而是本撒冷的正义,因为他只是意识到,自己没有达到本撒冷的荣耀。

经书和巴多罗买的信来时装在"方舟"里,这是"雪松木制成的箱子,虽然漂在水里,但仍然保持干燥,一点也没有被水弄湿"(页48)。这里凸显了上帝的两种行为。第一个是上帝决定让洪水毁灭世界,而让诺亚乘方舟得救。第二个是在西奈山上燃烧但没有烧毁的草丛,上帝通过这个草丛向摩西显灵并授之十诫。后一种只暗含其中,但总管还揭示出方舟在保护诺亚即他所说的"旧世界"时的作用。然而他说,方舟不是把"旧世界"从上帝的判决和愤怒中拯救出来,而是从洪水中拯救出来。这就预示了下文,因为下面讲到大西岛也是被洪水毁灭的(培根让我们注意到,他与柏拉图的故事不同之处在于,在后者的叙述中,大西岛遭受地震而灭亡)。他起初把这次毁灭说成上帝的判决,后来却只把它说成"历史灾难"(页54-55)。培根显而易见在避免使用"罪"和审判这样的概念,他反复将我们的视线从经文和那封信也即福音书上移开,而集中在装经文和信的方舟上。巴多罗买说,他将方舟任凭海水带走,还说上帝将命令一些人收到它。他本可以不说方舟而说"这些圣书",使它们受到应有的注意。这是否过分注意了本来偶然无心使用的词语?是不是在一个无力的挂钩上偏要挂上极有分量的重物?接下来的几行就会证明这些观察是正确的。总管结束时说,这片土地是被"方舟"所拯救。他紧接着又说,他的人民得到拯救,脱离了无信仰状态而不是罪恶和死亡,并且,"旧世界"得到拯救是脱离了洪水而不是上帝的审判。

那么,方舟的意义何在?它的目的不仅是否定性的贬低,而且是肯定性的说明。如果方舟本身装有很多书的话,与所有(非科学)书籍相比,方舟本身对本撒冷人这个信仰科学的民族来讲具有更大的吸引力。方舟随波漂流,却保持干燥。它上面加了防水剂了吗?在某种意义上,方舟采用自然达到自己的目的即安全运送书籍,但自己却不会被自然征服。进一步讲,只要方舟在水中保持干燥,被征服的就是自然。在《新大西岛》开篇,大海代表未知和不可征服的世界。能够在漂流中保持干燥的方舟表示对自然的征服。培根认为,后者才是本撒冷得到的真正拯救。如此一来,《圣经》中的老方舟代表圣约,表示上帝的创造或恩典,上帝根据圣约拯救其选民。与此相反,新方舟代表了对自然的征服,通过这种征服,所有人都可能得到拯救。同样,"旧世界"从洪水中被拯救出来,而本撒冷"这片土地"则从无信仰的状态下被拯救出来。如果这种观点正确的话,那么,准确来讲,本撒冷的无信仰就是不信仰自然。任何国家只要愿意通过科学掌握自然从而遵从自然,它就可以得到这种拯救。

故事讲述的离奇的启示和奇异的福音传播是否类似于叙述者称说的本撒冷犹太幸存者的"犹太梦想"?也就是说,犹太人是不是暗中在本撒冷起着重要作用？正如犹太人所做的那样，基督教徒是不是希望成功地把他们被要求做的事与他们想做的事调和起来？约邦描述的犹太化的本撒冷（但他本人并不相信这一点）是不是等同于并解释了我们处处目睹的基督教化的本撒冷？根据我们看到的约邦的讲述线索，整个启示故事可能只是一些基督徒异想天开的"基督教梦想"，因为他们从内心深处希望把本撒冷及其代表的一切与基督统一起来。讲述启示故事的是外乡人安置处的总管，他毕竟不是个明白人。再想一想，围绕萨罗门学院的建立情况，他需要考虑多少因素（页58）。另外，他是基督教神父（虽然有些怪异），因此，这些事情的真实情况关系到他的利益，正如纳克兰和摩西的神话关系到犹太人的利益一样。但因为上帝的神圣性和嫉妒性，把基督与某种对抗性的权力相调和的任何努力实际上都会倾向于那个对抗性的权力。我们看到，官员认可基督教这个事实没有引起什么问题。本撒冷对于自己的原则中增添了什么宗教内容并不在意，但前提是要保持和谐，要努力从事决定国家力量的科学研究和其他事情（如人口增长与保密）。因此，神话与宗教意义重叠在一起，无论其是基督教梦想还是犹太梦想，如果它们有利于这些前提条件，在这里都得到容忍甚至鼓励。然而，任何危及这些前提的东西，如传教狂热或过分强调教义，都会被禁止。

然而，这种观点没有解释在保密法制定之后福音如何能够让本撒冷接触到它并接受它的问题。从启示性奇迹的表面来解释就是，派出去收集信息的特工即"光明商人"早先把它带了回来。但是，如果在基督教到来之前，培根式希望已广为人们所接受并得到实证，那么不言而喻，这就难以说明，培根有什么理由让那么多人愿意皈依基督教，结果使得国家在表面上具有基督教特点。另外一个可能的解释是，本撒冷国在1492年（或许在这以前）意识到欧洲的航海业即将快速发展，本撒冷的孤立状态也因此很快就会结束。这就预示着在接下来的几个世纪里,可能发生侵略战争。尽管本撒冷拥有肯定很惊人的军事技术,但侵略仍然不是什么好事。技术的差距最终可能消失。这就具有了讽刺意味,因为培根认为,正是这种科学使本撒冷免于外国入侵或自然灾害带来的文明兴衰的周期性波动,因此使它区别于雅典和原来的大西岛。① 考虑到这些合理的解释,那么下述事实就显得自相矛盾,即那些欧洲旅行者将受委托把这种科学的好消息带回欧洲,而按照本撒冷的观点,欧洲现在仍然野蛮和危险。也就是说,如果不是科学直接导致了本撒冷的和谐与人道,那么它就是自相矛盾的。旅行者漂流到本撒冷时,后者转向和谐的时机已经成熟。因此,心怀这种计划的本撒冷统治者可能在前一个世纪引入了基督教。这种基督教经过了驯服和修正,并与恰当的神话结合在一起,但仍然可以辨别出来,其目的是使科学文明更能吸引欧洲的统治者,因为培根本人在改变后者的观念时遇到了巨大困难。

第四,在有些地方看起来虔诚的家宴却完全颠覆了培根时代基督教的正统思想。这种宴会被称为"极其自然的风俗,表现了人们的虔诚之心,非常受到人们尊重……"(页60)。宴会以"祈祷"开始(但没有细节描写,页61),以唱赞美诗结束(页64)。有些诗赞美亚当和诺亚,因为他们成功地让世界住满了人。有些诗赞美"忠信之父"亚伯拉罕,因为他繁荣了上帝的家族。其余的是专门赞美耶稣的降生,"因为他的出生才让所有人获得了幸福"。然后,提桑退出,"独自到一个地方做祈祷"。接下来是赐福。然而,关于这件事的华丽描写削弱了风俗的真实性,它从根本上和人的第一印象相悖。例如,后来谈到家宴时,

---

① J. W. Weinberger,《培根乌托邦中的科学与统治:〈新大西岛〉导读》,前揭,页878。

文中说"人们都非常尊重和遵从这种自然的风俗"，这里，"遵从"取代了"虔诚"（页61）。这个遵从若适于替代虔诚，应该是遵从上帝，然而，它却是遵从提桑。用完宴席之后，娱乐活动开始前，提桑把象征丰产的宝石奖励给两个最优秀的儿子。

总之，基督教被变成了自然宗教，即一种生殖崇拜和自然造物主崇拜（页48，83），强调是肉体的再生而不是精神的再生。因此，亚当和诺亚在这里处于显著的地位。它强调的不是亚当的道德过错，而是他繁衍后代的成就。它关注的是诺亚的父亲身份而不是他的忠信和正义感。提到忠信的地方都把忠信当作一种与生俱来的权利。要是亚伯拉罕真的只生育出忠信的男女该多好呀！初一看，关于基督出生的陈述似乎在说，只是通过基督的降生所有出生的人才可能获得幸福。即使这是其本意，也不准确，因为基督的降生是上帝的体现，它只有在预示到基督的死亡时才是一种赐福。即使如此，其条件并不只是我们出生就可以了，还要我们能够接受基督（比如，要考虑到地理环境和禀性等）。但这并不是它要表达的意思。它表达的至多是，只有通过基督的降生，所有出生的信徒才可以获得幸福。但这样的表达又很拙劣，与培根这样谨小慎微技艺精湛的作家不符，除非他意图隐瞒什么东西。这句的措辞更容易让人解读为，所有出生的人只有通过基督的降生才能得到幸福。但是，在培根时代，任何一个所谓的基督徒都会对这个普遍主义的救世学说感到深恶痛绝。在叙述福音降临本撒冷的神秘启示中也可以发现同样的歧义。巴多罗买的信中有这样一句话："人民从当天起就会从天父和耶稣基督那里得到拯救、和平与恩典"（页49）。它不仅提出了拯救本身，还指出了拯救的途径。然而，下一段提到了读经和拯救，却只字未提悔罪、相信和皈依基督教。各个民族的人据说都读了这封信，"这样一来……把本地从无信仰的状态下拯救了出来"（页49）。但是，单单接受不能得到拯救。这种被动的宗教与上面那个普遍主义的例子是相互配合的。①

尽管提桑向其每个子女祝福看起来像原来的圣约，但祝福的名义则是圣三一。最后一句话"让你的人生幸福长久"悄悄引用了雅各（Jacob）在法老面前的证言："我寄居在世的年日是一百三十年，我平生的年日又少又苦，不及我列祖在世寄居的年日"（《创世记》47:9）。雅各然后给法老祝福。这与提桑祝福的差别在于他们提到的人生的长短和质量。然而，这种预期上的差别不是由于从原来的圣约到新圣约的转变，而是由于对自然的态度发生了从旧到新的转变。我们从故事末尾萨罗门学院的实践活动可以看出，本撒冷的儿女们把自己长久幸福的人生寄托于实验科学的艰苦工作上，而不是圣父、圣子、圣灵的赐福和恩典。祝福行为还反映了对世俗世界的不同态度。雅各的人民像所有上帝的子民一样是人间的朝圣者或寄居者，他们"羡慕一个更美的家乡，就是天国"（《希伯莱书》11:16）。然而，这些本撒冷人把世俗世界当作自己的家园，集中全国的力量，致力于让国家变得尽可能的舒适安全。

文中有选择性地提到了亚当、诺亚和亚伯拉罕。在这种背景下，以他们那种方式佩戴葡萄（页63）和麦穗（页64）明显表示其宗教中包含生殖崇拜。祝福是要过上长久幸福的生活。如果家宴真正表现了人的"虔诚之心"的话，基督应处于中心地位，而不是仅仅用于陪衬这个或那个赞美诗或祝福。但仪式的中心却是提桑。如果它表现了人的"虔诚之心"，那天就应该颂扬提桑通过诚信和正义的生活而效劳于上帝，而不是他通过养育众多的

---

① 这段话还引用了《使徒行传》（二章1—16节）中关于语言能力的叙述，其中，传播福音的信使具有奇异的能力。这是来自圣灵的能力。按规定，只有信徒才能够获得这种能力。但在《新大西岛》中，得到福音的人都获得了这种能力。没有改变信仰就产生了奇迹。

儿女效劳于国家。也难怪宴会开始时提到的虔诚不久就消失了,取而代之的是遵从(参见页60,61)。最后,甚至"尊重"都失去了,变成了"自然规律会在这么一个庄严的仪式中起如此大的作用"(页66)。有意思的是,家宴在某种程度上类似于罗马天主教的弥撒。那些手持葡萄藤的人希望有一天自己也成为提桑,就像那些祭台助手渴望成为神父一样。提桑的身体取代了基督的身体。本撒冷人没有因为教义而四分五裂,因为没有可以引起分裂的教义。国家太平的部分原因就在于此。但与上帝的关系和谐吗?本撒冷(还有培根)已经做出了回答。

最后,萨罗门学院的"院士"是故事中最德高望重的人,但却没有以此来称呼他。他出现时的场景最具宗教性,但他的职务却是科学家。在这一点上,他与外乡人安置处的总管正好相反,后者职业是神父却执行公务。尽管总管流下"热泪",所罗门学院的院士只是"一脸的慈悲相"(页46,69)。本撒冷的保密法不仅针对外部世界,政府还对人民保密,科学机构还对国家保密。在这个未知的明白人的国度里,明白人与那些被了解的人之间有着重要的区分。总管不是个明白人,因为他不得不猜测萨罗门学院建立史的某些方面。萨罗门学院的院士是个明白人。他是个非常矛盾爱装样子的人物。因此,考察一下他的言行应该可以大大揭示出下列问题的真实情况:这个岛国的宗教和谐;整个本撒冷以及它所代表的培根式希望。

这位"院士"不仅仅是科学家,也不仅仅是行政人员或公务员。他出行时"仪式相当隆重"。在这种场合,"仪式相当隆重"是指君主所具有的气派和高级教士所具有的庄严。他的衣着华丽。叙述者禁不住长篇大论地讲起他引人注目的衣服和游行(页69-70)。虽然还不熟悉这位科学家,他已具有很高的政治和宗教权力。在游行队伍中,走在他前面的两个随从手持的东西明显表示宗教权力:"一个托着权杖,另一个托着牧杖,和牧羊杖差不多……"（页70）。然而，参加的人里没有贵族。文中提到，为了避免"混乱和麻烦"，没有人骑马，这个理由没有说服力，因为这些观众最不可能制造混乱。按照叙述者所言，他们排出的序列比最优秀的军队都更井然有序。游行队伍中也有行会代表，但没有在社会、宗教或政治方面的显贵。"他独自坐在……"

院士有三次祝福，一次是在游行中对群众的祝福，一次是在私下接见所有欧洲外乡人时的祝福，最后一次是单独对叙述者的祝福，当时他让叙述者把现代科学的好消息带给世界。外乡人按照要求在他面前深鞠一躬，但不清楚这是尊重他的宗教权力还是服从于他的政治权力。院士举起没有戴手套的手"做出祝福的姿势"时，那群人（又一次按照要求？）"弯下腰来，亲吻他的披肩"（页71）。在房间里，他坐在"平台上"的宝座上。不仅座位装饰华丽，他头上的"华盖"也很艳丽（页71）。在私下接见中，他请上帝保佑叙述者，并按神父的方式称呼其为孩子。然而，他也因此表明，他所拥有的"最珍贵的宝石"不是福音书，而是"萨罗门学院的真实情况"（页71）。清醒的读者读到这儿时被迫发出疑问，院士以其名义讲话的"上帝"是什么，这个"上帝"又提供了什么样的祝福或希望。尽管他声称，"出于对上帝和人类的热爱"，他要揭示萨罗门学院的真实情况，但学院本身的目的仅仅是"拓展人类帝国的边界，实现一切可能实现之事"，而不是荣耀上帝，也不是传播福音或建立正义，因此，他只字不提道德规范，更不用说神的规范。这与那个总管兼神父讲的科学目的正好相反，后者消息不灵通或心存偏见，认为科学的目的是"研究上帝的作品"（页58）。讲述萨罗门学院的事务接近尾声时，院士让我们注意到那里的宗教活动。然而，它们都集中在上帝的（自然）创造物和人类的物质利益，而不是神的完美或人们心灵的皈依（页83）。学院的这些礼拜要求"上帝"让学院的科学成果具有"较好的神圣用途",但这里表明,"神圣"仅仅意味着有助于向人们提供舒适与安全。

院士关于萨罗门学院的叙述显示,很多研究都是针对治病、保护健康和延长寿命。在农学、冶金、物理学、气象学以及各种工程方面,他们都做了大量工作,并特别注意军事应用。也有大量的资源被投入到开发舒适品和享乐用品上去,如食品、饮品、布匹、香水等等。但这里却没有神学部,也没有伦理学或政治学部。然而,对于最后一科政治学,全书都有证据表明,他们认真研究过并加以精确地应用。培根并不打算让政治学脱离他新的征服性的科学领域,因为政治学已在本撒冷取得了胜利。萨罗门学院当局决定是否公开一项发明或发现,甚至决定是否应当向"国家"公开(页82)。在公开发布关于即将到来的瘟疫、灾荒、风暴等通知时,他们似乎任何时候都没有受到国家的指示(页83)。正是这位院士宣布废除古代关于保密和外乡人的根本法,也可以说是宪法。做出这个决定的依据明显是自己的权力或他与学院其他成员共同拥有的权力(页83)。① "我允许你公开此事……"(着重为笔者所加),此事即是指他向叙述者所披露的萨罗门学院的学术和事务。他没有说"以国王的名义"或"以本撒冷政府授予我的权力"。培根式科学就是要正确地重组所有知识,尤其是在科学团体或机构的指导下进行重组,从而彻底征服自然。这种征服把基督和恺撒、教会与世俗政权放到了第三个部门,从而用后者取代前两者,但这能否统一两者呢?霍布斯(Thomas Hobbes)曾做过几年培根的私人秘书。他在下一代人中呼吁,为了保证国家太平,应该让这个法官作为宗教问题的

---

① Timothy Paterson,《基督教在培根政治哲学中的作用》,前揭,页438。

最高权威。①

表面上的基督教掩饰了所谓的文明宗教,后者从属于这个独特的科学社会的需要。本撒冷人让他们的宗教分歧服从于本撒冷的统筹安排,使后者能够长久下去,以便使这些安排给他们带来幸福。分歧也因此不会被当真,也不可能被当作真正的分歧。与此相应,即使基督教也被变得文明、人道,不再令人讨厌,虽然上帝说"不要想我是来叫地上太平,我来并不是叫地上太平,乃是叫地上动刀兵"(《马太福音》10:34)。道德上的重新解释使其排他性失去了效力;十字架由于去除了罪和救赎的概念而不再具有攻击性。也难怪我们见到的唯一一个神父似乎没有做神职工作。书中只有两例崇拜:一次是在家宴上,由提桑代表的自然占主导地位;另外一次是在萨罗门学院,这里既没有讲道者也没有神父,只有满怀感激的自然和自然上帝的受益人。这些人是忠实的信徒,他们不需要神父,只需要方法,不需要先知,只需要发现。那个萨罗门学院的院士是这个科学研究与开发机构的最高官员之一。人们以宗教的方式向他表示最高的敬意,而且他露面时也是高级教士的派头,这些都恰如其分。培根并没有提出对基督教的这种道德解释,②但他也没有仅仅追随传统。实际上,他在借为己用。如此一来,他毫无疑问既获得了传统追随者的同情,又利用了传统的权威,但像伊拉斯谟和摩尔这样的基督教人文主义者根本不会接受他提出的基督教道德。详细来讲,它经过

---

① Thomas Hobbes,《利维坦》(*Leviathan*, C. B. Macpherson, ed., Penguin Books, 1968) 卷二,章42,页567 - 568。法林顿与其他人一样,完全忽视了这一点。Benjamin Farrington,《工业科学哲学家培根》,前揭,页169;《培根:计划科学的先锋》(*Francis Bacon, Pioneer of Planned Science*, New York, 1963),页114。

② Hiram Haydn,《文艺复兴的逆流》(*The Counter - Renaissance*, New York, 1950),页38。

了特殊塑造，以便支持新科学，并能够存在于后者的道德、形而上学和认识论的界限之内。按照这种方式推出希望，其结果是，世界可以免于宗教纷争所带来的痛苦，甚至免于内心罪恶感引起的痛苦，而且，教会权力将不会妨碍将带来幸福的研究，即"拓展人类帝国边界"的研究。

四、国家太平

上述希望的三个方面预示了第四个方面，即国家太平，它具有明显的政治性。本撒冷人特别有礼貌并不是因为他们具有纯洁高尚的道德，尽管有约邦关于婚姻的论述，而是因为他们"彬彬有礼"。也就是说，他们乐意接受别人统治，是因为他们着眼于特定的目的。那些欧洲人在去往外乡人安置处的路上，"两排人彬彬有礼，夹道欢迎我们，仿佛对我们的来到并不感到惊讶"（页41，着重为笔者所加）。旅行者们路过时，他们伸开双臂，表示欢迎。对于三十七年来都没见过来访者的人来讲，他们看起来训练有素，受过严格的管理。他们行动起来像听话的孩子，排队迎接这伙人。伟大的萨罗门学院的院士被前呼后拥地走在街上有点近似君主或教皇来访，从这里也可以看出同样的一点。群众的井然有序让人难以置信，给叙述者留下了深刻印象：

> 街上的人井然有序地站着，即使排好战斗序列的军队也没有他们那么整齐。窗口旁同样也没有拥挤现象，每个人都站在自己的位置，仿佛有人把他们安放在那里（页70）。

把群众比作军队表明，彬彬有礼意味着效率。因此，外乡人安置处的房间"装修十分实用①",即能够有效满足基本需要(页42)。这种效率并不是要造就少数优秀高尚的人物,也不是要人们追求天国,而是要为每个人提供基本的无可争议的物品,即舒适、安全和一定程度的自尊。

亚当夏娃游泳池是一种"更文明的方法",能够有效促成男女的婚姻,避免因一方看过对方再加以拒绝而使对方遭受前者"亲密的了解"所带来的侮辱。男女双方婚前未看到过对方的裸体,婚后如果不满意配偶的身体就会增加通奸的几率。建立这些游泳池不是通过向青年人说教,希望他们保持克制,抵制强大的情欲,而是要以本撒冷的方式规范婚姻需求。但这个制度本身出现了问题。培根在约邦描述完游泳池之后,就让人立即把约邦叫走了,从而使约邦免于面临一些明显的问题。比如,他没有讲那个观看未来配偶身体的"朋友"是什么性别。那个"朋友"自己很有可能会迷恋于别人的心爱之人,希望将后者据为己有而捏造事实。当然,那位朋友观看他们与求婚者的意中人"几个人一起裸泳"时也有机会看到其他男女。没有明确点出那位朋友的婚姻状况也可能导致通奸的发生。读者在此处可能会注意到,约邦从来没有明确否认本撒冷的通奸和离婚行为。尽管一夫多妻制的存在遭到了否定,但叙述者关于婚姻关系好坏的问题没有得到正面回答。"培根通过一个关键性的插叙,让约邦不再说下去,从而描述了一种旨在控制本撒冷色情行为的体制,但这种体制实际上加剧了选择配偶过程中的色情性,即吃里扒外的行为。"② 这些强烈情欲会不会破坏社会太平?会不会使这个民族

---

① [译按]这里的"实用"即是"civilly",与上文中的"彬彬有礼"为同根词,它是个多义词,为符合汉语意思,译成"实用"。

② J. W. Weinberger,《培根乌托邦中的科学与统治:〈新大西岛〉导读》,前揭,页882。

难以驾驭？我们看到，这些情况不会发生。从政治上征服人性其中一个关键点就是要满足这些情欲，而不是压制或惩罚。这就是"更文明的方法"。

培根还从马基雅维里那里吸取了经验。那些人民正是由于又爱又怕自己的本撒冷才让他们易于统治。至于恐惧，尽管国家作为未知的明白人令人感到畏惧，这里似乎还使用了心理科学。这些官员虽然表面谦恭但却有等级关系。各处的可视的标志就意在激起特定的敬畏之感。我们甚至看到，欧洲人自己的举止也像规规矩矩的本撒冷人。比如，讲述萨罗门学院的法律时，那位总管提到他为外乡人准备的物品中有一种水果，这些外乡人也尝过："我们都站起身，向他鞠躬"（页57）。再也没有比这更礼貌的起身（反抗）① 了！彬彬有礼的产生还由于有明确的指示。我们看到，欧洲人在觐见萨罗门学院院士时，"按照事先安排，我们进门时先深鞠一躬……"（页71）；"按照事先吩咐，我双膝跪下"（页83）。

然而，与马基雅维里不同的是，培根表现了更多的爱心。人民热爱他们的国家和法规，互相之间明显能和谐相处，明显是因为本撒冷的安排让他们感到满意或幸福。这里又一次展现了科学的希望。说到底，任何希望都是要达到某种程度的幸福。基督教的希望是另一种和平和欢乐的状态，在这种状态中"不再有死亡，也不再有悲哀、哭号和疼痛……"（《启示录》21∶4）。究竟什么时候人们曾经一直保持着幸福状态？然而，看一看本撒冷人是怎么宣称的："愿本撒冷人民幸福"（页63）。与此相反，《诗篇》宣布："以雅各的神为帮助并寄希望于上帝的人便是有福"（《诗篇》146∶5）。然而，我们这些读者会发现并拥抱这个新的

---

① ［译按］这里，作者玩了个文字游戏，引文中的起身"rose up"也有"起来反抗"之义。

希望，因为它的承诺更合理，更容易实现，能够直接满足人们的需要。如果这种幸福的状态得以产生的历史和地理条件只有本撒冷才有，那么它就不会给予人们任何希望。事实上，实现这种状态的条件基于学术的改造和人们对自然整个态度的转变，而培根也已经为它们命了名。因此，这些条件通向尘世间无与伦比的希望，它们广泛存在，甚至到处都可以复制。

所拉门纳王发现自己的王国处于一片"幸福繁荣的景象"（页56）。尽管他被当做本撒冷的立法者，但这种幸福并不来自于任何一条法律。尽管人民以前过着幸福的生活，这位国王还"全心全意致力于为国家和人民谋幸福"。① 这句话的意思是，他希望让幸福的人民幸福，我们看到，它的意思是说，他希望"使他那时恰如其分的建制永垂不朽"。因此，"恰如其分的建制"就是一些建立起来的东西，能够使人幸福的东西，如机构、惯例或生活方式。所拉门纳的法律本身应该表明，它们依据什么标准来维护自己认为在所拉门纳以前的本撒冷就存在幸福的地方。

所拉门纳的建制有两个：保密法和科学。第一个要禁止外乡人入境，目的是为了保持当时的幸福状态，因为"让国家衰退的方法可能多如牛毛，让国家兴盛的方法却如大海捞针……"（页56）。我们可以说，这是保持幸福预防腐败的否定方法，但它没能让我们搞清楚幸福的基础是什么。第二个创新是萨罗门学院，这个机构从事各种应有尽有的科学研究与开发。这就指出了所拉门纳以前的科技，这才是本撒冷人幸福的基石。故事中讲到，所拉门纳在位的一千一百年前，阿尔塔本国王与大西岛作战。紧挨着这一段的前面，我们可以找到这个论断的根据（页

---

① 试与所罗门做一比较。所罗门只希望给予国家和人民以正义，这不能简单地等同于幸福。

52，54）。大西岛及其盟国哥亚（秘鲁）和提兰贝尔（墨西哥）据说"都拥有强大的军队、巨大的财富和发达的海运业"。① 大西岛三次被称为"伟大的大西岛"。根据文中的描述，他们的海军似乎无可匹敌。强大的力量使他们敢于两面出击。但是，尽管很强大，本撒冷比他们还要强大。结果，阿尔塔本让自己的军队切断了敌人的海军和陆军之间的联系，"用更强大的兵力从水上和陆地包围了他们的海军和营地，不发一枪一弹就迫使他们投降"。这肯定是由令人难以置信的优势造成的，而军队或战舰上的数量优势不能解释这一点，因为侵略者很容易知道对方的数量。像培根这样的政治家会懂得这一点。战略战术本身也不足以让敌人放弃。这一次巨大的冲突结果却兵不血刃，其原因也只能归结于令人惊奇的以前处于保密状态的科技或欺骗技术。阿尔塔本后来表现出的怜悯就支持了上述结论。他只是让他们发誓以后不再进犯，"就毫发无损地将他们全部遣返"。不仅哥亚兵不血刃地遭到平定，那个所谓力量更为强大的大西岛可能由于恐惧，在以后的一百年内也没敢轻举妄动，这之后就被洪水毁灭了。无论阿尔塔本的王国与世界的其余国家相比具有多么大的技术优势，这个故事强调的只是这种技术有能力保证安全。阿尔塔本没有屠杀敌人来颂扬自己的力量和国家的荣耀，而是觉得将来的和平和自由肯定有保证，这就够了。所拉门纳是不是从多个方面发

---

① 大西岛与提到的其他两个国家哥亚和提兰贝尔的关系不太清楚。这两个国家是大西岛的同盟国呢，还是附属国、诸侯国或组成部分？大西岛可能就是哥亚和提兰贝尔的所在地。培根的表述仿佛是认为大西岛本身是个国家，但不清楚他用这个词到底是指三个国家或仅仅指后两个国家。准确说来，大西岛被认为从事了"这些雄心勃勃的事业"，但文中只说哥亚和提兰贝尔发动了战争，一个针对地中海地区，另一个针对阿尔塔本的王国。这种模糊性以及培根把大西岛等同于包括南北美洲的美洲使我倾向于把它解释为一个地区或大洲。

展了这一思想？其中包括让人们过上舒适的生活，甚至还保证人们免于疾病、衰老和死亡？所拉门纳所做的至少是进行体制化，从而宣传和促进当时已经建立起来的任何"恰如其分的建制"，因为它们会保证太平。

有人会争辩说，基督教以前的本撒冷虽然不信奉犹太教，但仍然受益于希伯莱宗教的智慧，并且，它的幸福也因此至少可以部分地归结于这种源泉。的确，从其中的各种事实来看，比如，那个贤人在奇异的光柱面前所念的祈祷，我们甚至可以说，他们知道上帝，即亚伯拉罕、以撒（Issac）和以色列人的上帝。在这个奇迹发生的三百年前，所拉门纳本人很熟悉希伯莱宗教，后者给他留下了深刻印象，以至于他根据那个智慧的希伯莱王把自己的科学机构命名为"萨罗门学院"（页58）。但这只是那位总管的看法，而且有争议。另外，即使总管说得对，打动那位伟大的本撒冷国王的只是所罗门的科学兴趣而不是他的宗教或个人虔诚。所拉门纳建立的不是上帝的会所或教堂，而是自然上帝的会所，这里的自然上帝是自然神学中的神。他没有把自己人民的幸福寄托于所罗门的虔诚、正确的信仰和道德服从，而寄托于他的科学或者说改进的科学。他看到幸福之源在于一些人要遵从自然，从而支配自然，而不是在于所有人都遵从支配性的上帝。再者说，如果古代以色列人的宗教是所拉门纳以前本撒冷幸福的基石，在那种条件下，幸福或上帝的赐福会要求他们完全遵守法律。然而，有两个理由可以驳倒这个观点：首先，不可能如此遵守法律规定；其次，培根没有提及此事。

所拉门纳以前的本撒冷不信仰犹太教，基督教当时尚未出现，但它却声称自己幸福，这使我们质疑福音书对于人类幸福的必要性。有意思的是，本撒冷的幸福不依赖于上帝圣约的恩典，与基督的死亡和复活相比，它大约要早三百年。此外，外乡人安置处的总管称萨罗门学院而不是基督的教堂或所罗门的教堂为

"世界上自古以来最崇高的机构"。在解释萨罗门学院时，总管两次提到所罗门，称其为"希伯莱王"。这使读者联想起一个与此类似的头衔，即犹太王。彼拉多（Pilate）曾把这个名号置于钉在十字架上的耶稣身上。读者当然会发出疑问，既然这个国家明言信奉基督教，那么，以这个更伟大的国王即耶稣命名的机构在哪儿。总管声称，这个学院是根据所罗门来命名的，要"致力于研究上帝的作品"，但耶稣不仅是上帝的完美体现，而且在重新创造世界中，通过他的救赎行为完成了上帝最伟大的作品。然而，对于这件事，本撒冷人表达感激之情时似乎不仅十分吝啬而且模棱两可。

这片土地的特征就是国泰民安或宗教宽容，从这个特点的一个侧面，我们尤其可以看到充满这个国家的幸福。犹太人在本撒冷仍然信奉他们的宗教，不会受到别人的干扰。用后来自由传统的话说，他们得到了宽容。但宽容是有条件的。他信奉自己的宗教，"如此甚好"，但这只是因为他们在宗教问题上变得通情达理。与欧洲的犹太人不同，他们不会对普普通通的（或者名义上的）基督教深怀敌意。更为重要的是，只要人们"非常热爱本撒冷国"，本撒冷政府并不关心何谓正确的信仰。犹太人通过"犹太梦想"或编造故事把对本撒冷的忠诚与对上帝和他的律法的忠诚调和起来，从而成功地做到了这一点。然而，如果没有这种调和行为，也就是说，如果没有折衷宗教原则和教条，倾向于通情达理，就不可能有宽容。这样一来，本撒冷表面上的宗教自由掩饰了更为重要的不自由。本撒冷觉得可以容忍这个不信国教的民族，是因为他们遵守本撒冷的原则，因为与他们的宗教相比，他们更热爱本撒冷和它提供的物品。在这一点上，萨罗门学院发挥着主导作用，而家宴和亚当夏娃游泳池也贡献了自己的力量。然而换一个角度看，本撒冷甚至比看起来还要自由。在培根时代，你不能在热爱英格兰的同时蔑视基督教，但却明显可以把热爱本撒冷和热爱上帝之子分开。如此一来，基督教变成了普遍主义的道德说教，只在表面上具有排他性和冷酷性，从而服务于国家太平的政治目的。换句话说，只有当人们首先热爱本撒冷国及其幸福时，尘世的太平才能降临到他们头上。

五、抱负的实现

另外一点需要注意的是，本撒冷的所有人都受益于这四种好处，但有些人会越过这些好处，渴望得到个人荣誉。萨罗门学院的领导层，或许包括那个创立者在内，都认识到，雄心勃勃的人总会存在，必须通过某种方式满足这些人，否则，他们会威胁到本撒冷体制的长治久安。正因为此，那些做出过重大发明的人都会获得特殊的荣誉和大量的奖赏（页 82-83）。那位萨罗门学院的院士描述了一座所谓的"名人堂"，里面陈设了世界各地各个时期"所有主要发明家或发现者的塑像"。为了详细区分荣誉的高低，也因而为了更强地刺激具有远大抱负的科学家，制造塑像的材料从铁到金各种各样。最高的荣誉或许是被任命为所罗门学院的院士，但书中没有告诉我们，院士是如何成为院士的。然而，确凿无疑的是，人人都想得到的舒适和安全并不能让所有人感到满足。另外，慈善和宗教都不足以激励人去发现和发明，也不足以指导我们要去发现什么，为谁而发现。最后，与科学希望的其他更为明显的好处相比，文中很少提到个人荣誉，但它同样也是科学的目标，因而也是科学希望的一方面。

结　论

从广义上说，《新大西岛》展示了两种对立的希望，它们分别基于两个对立的王国，基督教王国（上帝的王国）和培根的王国（人的王国或自然的王国）。我们发现文中有两次提到基督教希望，但要么受到质疑，要么被拒绝。去往外乡人安置处的路上，旅行者们对那位官员说，上帝肯定会奖励他的慈善行为。天国的奖励这个说法没有收到对方的任何反应，但它是基督教希望的一个方面，在要求人们忍受尘世的劳苦和冤屈方面毫无疑问起着重要作用。因此，对方为什么要保持沉默？是不是因为本撒冷这个"完美之子"体现的另一种希望过于强大，而使这些旅行者提出的欧洲基督教的特征从来没有在这片土地上生根发芽？

文中有一处提到表示满足或幸福的"乐土"，紧接下来就更为明确地提到了基督教的希望（页46-47）。在问及福音如何到达这个国家之前，叙述者认为，他的同伴和主人们"希望将来有一天在天国中再相遇，因为我们双方都是基督徒……"我们应该注意，那位欧洲的叙述者是在与总管会面的开始讲这番话的，而会面的结局则是，这些欧洲人皈依了基于科学进步的本撒冷希望（页60）。就在此处，作品一分为二，① 叙述者宣布了他们的解放：

> 没有了灭顶之灾，我们现在成了自由人，生活得快快乐乐。我们出去到市里以及其他允许去的地方看了看，熟悉了市里的诸多方面。我们发现，这个高贵的城市充满着博爱和自由，渴望把外乡人当作自己人。这足以让我们忘却我们在祖国难以舍弃的一切东西。……若世上有一面值得世人仰望的镜子，那就是这个国家（页60）。

乍一看，"自由"意味着自由游荡（如"出去"）。然而，

---

① J. W. Weinberger，《培根乌托邦中的科学与统治：〈新大西岛〉导读》，前揭，页872-873。

这种解读不对，因为用培根的话说，他们仍然只能到允许去的地方。他们仅仅是免于死亡了吗（页43，44）？文中提到"灭顶之灾"表明还不只这些，但这个词儿似乎用得不恰当。因为在开篇一系列突出总管的事件中，叙述者提到了他们担心被判处死刑，它至少表示了这种含义。一旦欧洲人打算留下来（或意识到可以留下来），他们就不再想这个问题。但值得注意的是，这场会见以正统的基督教希望开始，以暗指培根的希望结束。温伯格说，他们的解放是"能够不受限制地得到他们已熟知的肉体享受，与此相应，他们也不再受到神意和恩典的束缚"。①

基督教的希望和本撒冷或培根的希望之间的区别在于，在后者那里，天国与神的审判不起任何作用。结果，就不存在神的律法，因此就没有先验的正确标准来干扰内心或规定思辨的理性具有合法的地位，去发现能够判断人类思想行为的标准。然而，要通过科技把我们从偶然性中解放出来，就必须相应地在逻辑上从那些不是由我们首创的道德原则中解放出来，甚至最终要从那些我们尚未创造的道德原则中解放出来。② 理解这一点的人对于上述结论肯定不会感到惊奇。从比喻义上讲，只要这些欧洲人是旅行者，是逗留的人或流浪者，他们就代表了基督教。只要欧洲是他们梦想见到的家园，那么在这个特定的戏剧背景中，它就代表了基督教的天国希望。在一个特定时期，他们所梦想的就是从本

---

① J. W. Weinberger，《培根乌托邦中的科学与统治：〈新大西岛〉导读》，前揭，页880。

② "人类渴望从任何排他性的主张中解放出来，认为我们可以自由地创造价值，这和下一种解放同属一个类型：人们通过科技克服偶然性，自由地生产我们想要生产的东西"，George Grant，《计算机不会把其使用方法强加于我们》（The Computer Does Not Impose On Us the Ways It Should Be Used），收于《超越工业增长》（Beyond Industrial Growth, Abraham Rotstein, ed., University of Toronto Press, 1977），页127。

撒冷解放出来，返回欧洲（"鬼知道我们还能否再见到欧洲"，页43）。也就是说，他们希望保持现状。

然而，他们最后还是选择了本撒冷。因此，他们作为旅行者就具有了多种意义。旅行的是他们的心灵而不是他们的肉体，他们的心灵呼吁留下来。① 他们已经忘记了自己以前在欧洲热爱的东西。更有甚者，他们信仰的基督教（至少他们对此熟知于心）也不再约束他们的心灵和言行。结果，他们不再畏惧神的审判，也不再追求神的奖赏。这就是文中提到的灭顶之灾所具有的含义，他们从此也就脱离了这种危险。拯救既不来自于信仰②也不来自于善行，③ 它只来自于萨罗门学院的财富，但前提是人民应当非常幸运，拥有像所拉门纳这样的"神圣工具"把它变成现实。在本撒冷的经历永远改变了他们。他们永远不会再回去，因为他们已尝到了培根科学成功制造出来的许多东西。他们的心会

---

① 部分原因可能是他们担心自己若不留下会被杀害，因为欧洲已经得到关于新世界的许多令人惊异的报道，而对这个岛屿却闻所未闻。他们或许也看到，总管确信欧洲不会相信本撒冷的故事与禁止外乡人入境法之间有矛盾之处。但文中讲到了他们的新自由，并且他们忘记了过去所有难以舍弃的东西，这表明，他们受到了本撒冷的吸引，并没有因为拒绝本撒冷所带来的后果而厌恶本撒冷。本撒冷显而易见是一个幸福的国度，而人们对幸福的渴望也非常强烈，这种渴望几乎人人都有。总管提出，无论他们在这儿待多久，他都会为他们支付所有的费用，满足他们的所有要求，可能还包括最低下的要求，这一点也不容忽视。

② "我们渴望搞清楚……贵国（本撒冷）人民又是怎样皈依基督教的"（页47）？

③ "让我们……改过自新"（页43）。"因此……我们要注意自己的言行，这样才能与上帝和睦共处，获得这些人的好感"（页44）。

向西张望……然后就向东去了。① 他们选择留在本撒冷时就不再是旅行者了。他们放弃了基督教和它的希望，认为希望在当下已经实现。

像旅行者一样，我们也打算改变信仰或转向。我们和他们一样已经偏离了（道德的、智力的和信仰的）美德，转而关注更为低下的肉体幸福，而美德本来是公认的目标（在实践中如果不总是如此，至少在理论上是这样），用来指导生活和有关生活的判断。正如旅行者已经改变，不再是往昔的他们，我们自己的本质也从根本上改变了，因为我们依赖于培根科学，献身于它，并寄希望于它。这种转向确实使我们大为受益。医疗以及所有令人舒适的用品就很值得一提。在这方面，培根肯定功不可没。他巨大的成就发挥了人道作用。然而，正是因为它如此巨大和美好才使得人们更难看到它的代价，也更难想象另一种选择是什么样子。

欧洲旅行者被这片土地上难以置信的超人的完美给迷住了，但培根自己却比较清醒。从故事背后隐藏的阴暗描写可以清楚地看到这一点，如可怕的发明、放纵、欺骗和控制。这个希望是个"幻想"，其精心创作旨在激励幻想家、大胆的知识分子和年轻的冒险家。在这一点上说，它具有误导作用和欺骗性，培根捏造它的目的在于寻求那些具有雄心壮志的人，具有冒险精神的人，

---

① 怀特认为，永恒的循环和变化及其明显的徒劳促使人追求永恒不变的东西，比如上帝、不变的真理等。参见 Howard White,《柳林中的和平：培根的政治哲学》，前揭，页 17。培根认为变化的过程是希望之源而不是徒劳和绝望的温床，他把人的目光不可逆转地引向东方。"你的财宝在哪里，你的心也在哪里"（《圣经·马太福音》6: 21）。这种联系不是偶然的。我们也可以这样说，你的希望在哪里，你的财富就在哪里。

具有仁慈思想的人,甚至包括那些支持这项伟大事业的虔诚教徒。① 只要它不是幻想,只要它代表了与人道相伴而行的残暴,只要本撒冷缺乏天使般的正义和贞洁,科学文明就根本不是希望,也因此会被隐藏和掩盖。②

但这个希望并不纯粹是个骗局。它期望的征服大部分已经实现。然而,这并没有实现培根的承诺。与基督教的福音相对应,他也承诺幸福或满足。"愿本撒冷人民幸福"。基督教的希望是至善,是对每一种人类欲望最深层次的最后满足,因此它是幸福和安息。培根则承诺,要在世俗世界里实现这种永恒的安息(《伟大的复兴》,页29)。但他所承诺的满足有没有终点呢?有没有和平呢?如果没有,承诺得到实现了吗?若本撒冷人已经"得到满足",那么萨罗门学院就会大量地裁员。培根或许认为这种"满足"不可能。他或许像他的学生霍布斯一样认为,不存在至善,只有至恶即暴死。这样的话,最高的人类希望就是无

---

① Robert K. Faulkner,《幻想与权力:培根的双重进步政治学》,前揭,页112,124。

② 福克纳表明,这个希望在某种程度上不具有真实性,是故意的行为。"这些强大的统治力量实际上不就是在欺骗人心吗?它们承认要满足人们需求,但不可能全部满足,就像光柱一样,只能作为诱饵,通过这个诱饵,科学贩子才能让人们转向新的信仰"。Robert K. Faulkner,《培根和进步事业》,前揭,页253。《论说文集》的"论变迁"一文表明,科学在早期可能已穷尽了学术,想到这一点可能让人感到"头晕目眩"。关于永生和复活这样的具体问题,培根在几部作品中表明了它们的可能性,如"奥菲斯"(《论古人的智慧》第十一章)。但本撒冷还没有能力这样做,尽管培根式科学在这里已确立了一千九百年。然而,这里也没有任何根据表明这些事情不可能。佩特森似乎不确定培根最终是否期望取得这样的成就,尽管他提出了"不可否认的文本作证据",并说培根至多看到,这种可能性在遥远的将来会得到实现。Timothy Paterson,《培根的奥菲斯神话》,前揭,页434。

限延续的舒适安定的生存，在遇到横祸时有希望复活，但这两种情况都要依赖于人工。

这里，基督教的希望与培根式希望之间的分歧再一次明朗起来。对于基督教希望而言，本撒冷的一切所指出的尘世上的永生将是绝望的根源，因为它将无限阻止他进入上帝直接赐予的幸福之中。培根认为，生命本身比死亡要好，因此世俗的永生才是合人心意的东西。与这种没有上帝的永生相比，基督教更倾向于"死亡"，与上帝在一起。其修辞上的承诺让现实的希望变得不足挂齿。另外，培根的希望要小于他的承诺，因为适合这种希望的人要少于那些看起来活生生的人（即针对那些酷爱真理和智慧的宗教人士）。他们大部分人尽管看起来人模人样，实际上则是温顺的绵羊。培根的计划在体现人道的同时也在非人化。按照培根的意图，现代科学或许具有不同的层次。对于大多数人来讲，应有不断增长的舒适和安定，但并不是完全如期望的那样，还要付出不确定的代价。对于少数雄心勃勃的明白人来讲，应有荣誉和统治权，但不是那位创立者所拉门纳所拥有的权力。最高的希望可能是一个人的希望。这个人的追随者与科学工作者和科学受益者一样多，他的荣耀与科学的进步一样伟大和永久。这种希望就是培根的希望，如果它可靠的话，它最终或许是唯一可靠的希望。

图书在版编目（CIP）数据

论古人的智慧/（英）弗朗西斯·培根(Francis Bacon)著；李春长译.--北京：华夏出版社，2017.10

（西方传统：经典与解释）

ISBN 978-7-5080-9258-4

Ⅰ.①论… Ⅱ.①弗… ②李… Ⅲ.①培根(Bacon,Francis 1561-1626)－哲学思想 Ⅳ.①B561.21

中国版本图书馆CIP数据核字(2017)第194047号

论古人的智慧

作　　者	[英]弗朗西斯·培根
译　　者	李春长
责任编辑	陈希米
责任印制	刘　洋
出版发行	华夏出版社
经　　销	新华书店
印　　装	北京汇林印务有限公司
版　　次	2017年10月北京第1版 2017年10月北京第1次印刷
开　　本	880×1230　1/32
印　　张	9.125
字　　数	238千字
定　　价	59.00元

华夏出版社 地址：北京市东直门外香河园北里4号　邮编：100028
网址：www.hxph.com.cn　电话：(010)64663331(转)
若发现本版图书有印装质量问题，请与我社营销中心联系调换。

西方传统：经典与解释
Classici et Commentarii
HERMES
刘小枫◎主编

古今丛编

孟德斯鸠的自由主义哲学
——《论法的精神》疏证　[美]潘戈 著

莫尔及其乌托邦　[德]考茨基 著

试论古今革命　[法]夏多布里昂 著

托兰德与激进启蒙　刘小枫 编

图书馆里的古今之战　[英]斯威夫特 著

但丁：皈依的诗学　[美]弗里切罗 著

在西方的目光下　[英]康拉德 著

大学与博雅教育　董成龙 编

探究哲学与信仰
——基尔克果与苏格拉底　[美]郝岚 著

民主的本性
——托克维尔的政治哲学　[法]马南 著

梅尔维尔的政治哲学
——《切雷诺》及其解读　李小均 编/译

席勒美学的哲学背景　[美]维塞尔 著

果戈里与鬼　[俄]梅列日科夫斯基 著

自传性反思　[德]沃格林 著

黑格尔与普世秩序　[美]希克斯 等著

新的方式与制度
——马基雅维利的《论李维》研究
[美]曼斯菲尔德 著

科耶夫的新拉丁帝国　[法]科耶夫 等著

《利维坦》附录　[英]霍布斯 著

或此或彼（上、下）　[丹麦]基尔克果 著

海德格尔式的现代神学　刘小枫 选编

双重束缚　[美]基拉尔 著

古今之争中的核心问题
——施米特的学说与施特劳斯的论题　[德]迈尔 著

论永恒的智慧　[德]苏索 著

宗教经验种种　[美]詹姆斯 著

尼采反卢梭　[美]凯斯·安塞尔-皮尔逊 著

舍勒思想评述　[美]弗林斯 著

诗与哲学之争　[美]罗森 著

神圣与世俗　[罗]伊利亚德 著

论古人的智慧　[英]培根 著

但丁的圣约书　[美]霍金斯 著

古典学丛编

探究希腊人的灵魂　[美]戴维斯 著

尤利安文选　马勇 编/译

论月面　[古罗马]普鲁塔克 著

雅典谐剧与逻各斯
——《云》中的修辞、谐剧性及语言暴力
[美]奥里根 著

莱园哲人伊壁鸠鲁　罗晓颖 选编

《劳作与时日》笺释　吴雅凌 撰

希腊古风时期的真理大师　[法]德蒂安 著

古罗马的教育　[英]葛怀恩 著

古典学与现代性　刘小枫 编

表演文化与雅典民主政制
[英]戈尔德希尔、奥斯本 编

西方古典文献学发凡　刘小枫 编

古典语文学常谈　[德]克拉夫特 著

古希腊文学常谈　[英]多佛 等著

撒路斯特与政治史学　刘小枫 编

希罗多德的王霸之辨　吴小锋 编/译

第二代智术师
——罗马帝国早期的文化现象　[英]安德森 著

英雄诗系笺释　[古希腊]荷马 著

统治的热望
——修昔底德笔下的阿尔喀比亚德和帝国政治
[美]福特 著

论埃及神学与哲学
——伊希斯与俄赛里斯　[古希腊]普鲁塔克 著

凯撒的剑与笔　李世祥 编/译

伊壁鸠鲁主义的政治哲学
[意]詹姆斯·尼古拉斯 著

修昔底德笔下的人性　[加]欧文 著

修昔底德笔下的演说　[美]斯塔特 著

古希腊政治理论　[美]格雷纳 著

神谱笺释　吴雅凌　撰
赫西俄德：神话之艺
[法]居代·德·拉孔达波　等著
赫拉克勒斯之盾笺释　罗逍然　译笺
《埃涅阿斯纪》章义　王承教　选编
维吉尔的帝国　[美]阿德勒　著
塔西佗的政治史学　曾维术　编

古希腊诗歌丛编
诗歌与城邦　[美]费拉格、纳吉　主编
阿尔戈英雄纪（上、下）
[古希腊]阿波罗尼俄斯　著
俄耳甫斯教祷歌　吴雅凌　编译
俄耳甫斯教辑语　吴雅凌　编译

古希腊肃剧注疏集
希腊肃剧与政治哲学　[美]阿伦斯多夫　著

古希腊礼法
希腊人的正义观　[英]哈夫洛克　著

廊下派集
廊下派的城邦观　[英]斯科菲尔德　著

希伯莱圣经历代注疏
希腊化世界中的犹太人　[英]威廉逊　著
第一亚当和第二亚当　[德]朋霍费尔　著

新约历代经解
属灵的寓意　[古罗马]俄里根　著

基督教与古典传统
加尔文与现代政治的基础　[美]汉考克　著
无执之道
——埃克哈特神学思想研究　[德]文森　著
恐惧与战栗　[丹麦]基尔克果　著
托尔斯泰与陀思妥耶夫斯基
[俄]梅列日科夫斯基　著
论宗教大法官的传说　[俄]罗赞诺夫　著
海德格尔与有限性思想（重订版）
刘小枫　选编
上帝国的信息　[德]拉加茨　著
基督教理论与现代　[德]特洛尔奇　著
亚历山大的克雷芒　[意]塞尔瓦托·利拉　著

中世纪的心灵之旅
——波纳文图拉神学著作选　[意]圣·波纳文图拉　著

德意志古典传统丛编
穆佐书简　[奥]里尔克　著
纪念苏格拉底——哈曼文选　刘新利　选编
夜颂中的革命和宗教
——诺瓦利斯选集卷一　[德]诺瓦利斯　著
大革命与诗话小说
——诺瓦利斯选集卷二　[德]诺瓦利斯　著
黑格尔的观念论　[美]皮平　著
浪漫派风格——施莱格尔批评文集　[德]施莱格尔　著

美国宪政与古典传统
美国1787年宪法讲疏　[美]阿纳斯塔普罗　著

品达注疏集
幽暗的诱惑
——品达、晦涩与古典传统　[美]汉密尔顿　著

欧里庇得斯集
自由与僭越
——欧里庇得斯《酒神的伴侣》绎读　罗峰　编译

阿里斯托芬集
《阿卡奈人》笺释　[古希腊]阿里斯托芬　著

色诺芬注疏集
居鲁士的教育　[古希腊]色诺芬　著
色诺芬的《会饮》　[古希腊]色诺芬　著

柏拉图注疏集
哲学的奥德赛——《王制》引论　[美]郝兰　著
爱欲与启蒙的迷醉
——论柏拉图的《会饮》　[美]贝尔格　著
为哲学的写作技艺一辩
——《斐德若》疏证　[美]伯格　著
柏拉图式的迷宫——《斐多》义疏　[美]伯格　著
哲学如何成为苏格拉底式的　[美]朗佩特　著
苏格拉底与希琵阿斯　王江涛　编译
理想国　[古希腊]柏拉图　著
谁来教育老师——《普罗塔戈拉》发微　刘小枫　编
立法者的神学
——柏拉图《法义》卷十绎读　林志猛　编
柏拉图对话中的神　[德]薇依　著

厄庇诺米斯　[古希腊]柏拉图 著
智慧与幸福
——柏拉图的《厄庇诺米斯》　程志敏 选编
论柏拉图对话　[德]施莱尔马赫 著
柏拉图《美诺》疏证　[美]克莱因 著
政治哲学的悖论
——苏格拉底的哲学审判　[美]郝岚 著
神话诗人柏拉图　张文涛 选编
阿尔喀比亚德　[古希腊]柏拉图 著
叙拉古的雅典异乡人
——柏拉图《书简七》探幽　彭磊 选编
阿威罗伊论《王制》　[阿拉伯]阿威罗伊 著
《王制》要义　刘小枫 选编
柏拉图的《会饮》　[古希腊]柏拉图 等著
苏格拉底的申辩（修订版）　[古希腊]柏拉图 著
苏格拉底与政治共同体　[美]尼科尔斯 著
政制与美德——柏拉图《法义》疏解　[美]潘戈 著
《法义》导读　[法]卡斯代尔·布舒奇 著
论真理的本质　[德]海德格尔 著
哲人的无知　[德]费勃 著
米诺斯　[古希腊]柏拉图 著

亚里士多德注疏集
亚里士多德《政治学》中的教诲　[美]潘戈 著
品格的技艺　[美]加佛 著
亚里士多德哲学的基本概念　[德]海德格尔 著
《政治学》疏证　[意]托马斯·阿奎那 著
尼各马可伦理学义疏
——亚里士多德与苏格拉底的对话　[美]伯格 著
哲学之诗
——亚里士多德《诗学》解诂　[美]戴维斯 著
对亚里士多德的现象学解释　[德]海德格尔 著
城邦与自然——亚里士多德与现代性　刘小枫 编
论诗术中篇义疏　[阿拉伯]阿威罗伊 著
哲学的政治
——亚里士多德《政治学》疏证　[美]戴维斯 著

普鲁塔克集
普鲁塔克的《对比列传》　[英]达夫 著

普鲁塔克的实践伦理学　[比利时]胡芙 著

莎士比亚绎读
莎士比亚的历史剧　[英]蒂利亚德 著
莎士比亚戏剧与政治哲学　彭磊 选编
莎士比亚的政治盛典　[美]阿鲁里斯/苏利文 编
丹麦王子与马基雅维利　罗峰 选编

洛克集
上帝、洛克与平等　[美]沃尔德伦 著

卢梭集
论哲学生活的幸福　[德]迈尔 著
致博蒙书　[法]卢梭 著
政治制度论　[法]卢梭 著
哲学的自传
——卢梭的《孤独漫步者的遐思》　[法]戴维斯 著
文学与道德杂篇　[法]卢梭 著
设计论证
——卢梭的《社会契约论》　[美]吉尔丁 著
卢梭的自然状态　[美]普拉特纳 等著
卢梭的榜样人生
——作为政治哲学的《忏悔录》　[美]凯利 著

莱辛注疏集
汉堡剧评　[德]莱辛 著
关于悲剧的通信　[德]莱辛 著
《智者纳坦》研究版　[德]莱辛 等著
启蒙运动的内在问题
——莱辛思想再释　[美]维塞尔 著
莱辛剧作七种　[德]莱辛 著
历史与启示——莱辛神学文选　[德]莱辛 著
论人类的教育
——莱辛政治哲学文选　[德]莱辛 著

尼采注疏集
尼采引论　[德]施特格迈尔 著
尼采与基督教
——尼采的《敌基督》论集　刘小枫 编
尼采眼中的苏格拉底　[美]丹豪瑟 著
尼采的使命
——《善恶的彼岸》绎读　[美]朗佩特 著

尼采与现时代
——解读培根、笛卡尔与尼采 [美]朗佩特 著

动物与超人之间的绳索 [德]A.彼珀 著

施特劳斯集
原著
论僭政（重订本）——色诺芬《希耶罗》义疏
[美]施特劳斯 科耶夫 著

苏格拉底问题与现代性（增订本）
——施特劳斯讲演与论文集：卷二

犹太哲人与启蒙
——施特劳斯演讲与论文集：卷一

霍布斯的宗教批判

斯宾诺莎的宗教批判

门德尔松与莱辛

哲学与律法——论迈蒙尼德及其先驱

迫害与写作艺术

柏拉图式政治哲学研究

论柏拉图的《会饮》

柏拉图《法义》的论辩与情节

什么是政治哲学

古典政治理性主义的重生（重订本）

回归古典政治哲学——施特劳斯通信集

苏格拉底与阿里斯托芬

研究作品
论源初遗忘
——海德格尔、施特劳斯与哲学的前提
[美]维克利 著

政治哲学与启示宗教的挑战 [德]迈尔 著

阅读施特劳斯 [美]斯密什 著

施特劳斯与流亡政治学 [美]谢帕德 著

隐匿的对话
——施米特与施特劳斯 [德]迈尔 著

驯服欲望
——施特劳斯笔下的色诺芬撰述 [法]科耶夫 等著

施米特集
施米特对自由主义的批判 [美]麦考米特 著

宪法专政
——现代民主国家中的危机政府 [美]罗斯托 著

施米特对自由主义的批判 [美]约翰·麦考米克 著

伯纳德特集
古典诗学之路（第二版）
——相遇与反思：与伯纳德特聚谈 [美]伯格 编

弓与琴（重订本）
——从柏拉图解读《奥德赛》 [美]伯纳德特 著

神圣的罪业 [美]伯纳德特 著

布鲁姆集
巨人与侏儒（1960-1990）

人应该如何生活——柏拉图《王制》释义

爱的设计——卢梭与浪漫派

爱的戏剧——莎士比亚与自然

爱的阶梯——柏拉图的《会饮》

伊索克拉底的政治哲学

大学素质教育读本
古典诗文绎读 西学卷·古代编（上、下）

古典诗文绎读 西学卷·现代编（上、下）

中国传统：经典与解释
Classici et Commentarii

鯀亜甫甬

刘小枫 陈少明 ◎ 主编

周易古经注解考辨 / 李炳海 著
浮山文集 / [明]方以智 著
药地炮庄 / [明]方以智 著
药地炮庄笺释·总论篇 / [明]方以智 著
青原志略 / [明]方以智 编
冬灰录 / [明]方以智 著
冬炼三时传旧火 / 邢益海 编
《毛诗》郑王比义发微 / 史应勇 著
宋人经筵诗讲义四种 / [宋]张纲 等撰
道德真经藏室纂微篇 / [宋]陈景元 撰
道德真经四子古道集解 / [金]寇才质 撰
皇清经解提要 / [清]沈豫 撰
经学通论 / [清]皮锡瑞 著
松阳讲义 / [清]陆陇其 著
起凤书院答问 / [清]姚永朴 撰
周礼疑义辨证 / 陈衍 撰
《铎书》校注 / 孙尚扬 肖清和 等校注
韩愈志 / 钱基博 著
论语辑释 / 陈大齐 著
《庄子·天下篇》注疏四种 / 张丰乾 编
荀子的辩说 / 陈文洁 著
古学经子 / 王锦民 著
经学以自治 / 刘少虎 著
从公羊学论《春秋》的性质 / 阮芝生 撰

刘小枫集

古典学与古今之争 [增订本]
这一代人的怕和爱 [第三版]
沉重的肉身 [珍藏版]
圣灵降临的叙事 [增订本]
罪与欠
儒教与民族国家
拣尽寒枝
施特劳斯的路标
重启古典诗学
共和与经纶
设计共和
现代性与现代中国：现代性社会理论绪论
诗化哲学 [重订本]
拯救与逍遥 [修订本]
走向十字架上的真
卢梭与我们
西学断章
现代人及其敌人
好智之罪：普罗米修斯神话通释
民主与爱欲：柏拉图《会饮》绎读
民主与教化：柏拉图《普罗塔戈拉》绎读
巫阳招魂：《诗术》绎读

编修 [博雅读本]

凯若斯：古希腊语文读本 [全二册]
古希腊语文学述要
雅努斯：古典拉丁语文读本
古典拉丁语文学述要
危微精一：政治法学原理九讲
琴瑟友之：钢琴与古典乐色十讲

经典与解释辑刊

1 柏拉图的哲学戏剧
2 经典与解释的张力
3 康德与启蒙
4 荷尔德林的新神话
5 古典传统与自由教育
6 卢梭的苏格拉底主义
7 赫尔墨斯的计谋
8 苏格拉底问题
9 美德可教吗
10 马基雅维利的喜剧
11 回想托克维尔
12 阅读的德性
13 色诺芬的品味
14 政治哲学中的摩西
15 诗学解诂
16 柏拉图的真伪
17 修昔底德的春秋笔法
18 血气与政治
19 索福克勒斯与雅典启蒙
20 犹太教中的柏拉图门徒
21 莎士比亚笔下的王者
22 政治哲学中的莎士比亚
23 政治生活的限度与满足
24 雅典民主的谐剧
25 维柯与古今之争
26 霍布斯的修辞
27 埃斯库罗斯的神义论
28 施莱尔马赫的柏拉图
29 奥林匹亚的荣耀
30 笛卡尔的精灵
31 柏拉图与天人政治
32 海德格尔的政治时刻
33 荷马笔下的伦理
34 格劳秀斯与国际正义
35 西塞罗的苏格拉底
36 基尔克果的苏格拉底
37 《理想国》的内与外
38 诗艺与政治
39 律法与政治哲学
40 古今之间的但丁
41 拉伯雷与赫尔墨斯秘学
42 柏拉图与古典乐教
43 孟德斯鸠论政制衰败
44 博丹论主权
45 道伯与比较古典学
46 伊索寓言中的伦理
47 斯威夫特与启蒙